本书在研究过程中得到国家社会科学基金重点课题“社会体制改革的总体目标整体规划和配套设计研究”的支持，项目批准号13AZD017。

Clash and Break-in

Sociology of Public Services Delivery

交锋与磨合

公共服务提供中的社会关系

丁元竹 /著

图书在版编目(CIP)数据

交锋与磨合:公共服务提供中的社会关系/丁元竹著.—北京:北京大学出版社,2015.11

ISBN 978-7-301-26199-6

Ⅰ.①交… Ⅱ.①丁… Ⅲ.①社会服务—社会关系—研究 Ⅳ.①C916 ②C912.3

中国版本图书馆CIP数据核字(2015)第192833号

书　　名　交锋与磨合:公共服务提供中的社会关系
　　　　　Jiaofeng yu Mohe
著作责任者　丁元竹　著
责任编辑　陈相宜
标准书号　ISBN 978-7-301-26199-6
出版发行　北京大学出版社
地　　址　北京市海淀区成府路205号　100871
网　　址　http://www.pup.cn
电子信箱　ss@pup.pku.edu.cn
新浪微博　@北京大学出版社
电　　话　邮购部62752015　发行部62750672　编辑部62765016
印 刷 者　北京鑫海金澳胶印有限公司
经 销 者　新华书店
　　　　　730毫米×980毫米　16开本　17.25印张　256千字
　　　　　2015年11月第1版　2015年11月第1次印刷
定　　价　48.00元

目　录

引言
公共服务、社会信任与社会转型

只有当我们的人民不再怀疑社会公平，才有成功的社会。

——〔俄〕普京

一部基本公共服务提供的历史同时也是一部社会史。包括教育、医疗卫生、基本社会保障等公共服务的历史，也就是那些，曾经是家庭和社区的基本责任逐步转化为政府和市场的责任的历史。从最初由家庭承担其成员的基本公共服务，通过亲情的关系兑现服务，到现代政府，再到现代政府通过制度安排让市场和社会组织来兑现这些服务，反映了基本公共服务与家庭和社区渐行渐远的过程，冲突与磨合的过程，同时也是一个社会结构和人际关系变动的过程：从在亲情关系中享受公共服务到在与陌生人的人际关系中接受公共服务，这是一个怎样的过程和怎样的变迁？这是一个家庭关系逐步让位于家庭以外的人际关系，在政府法律和社会契约下，个人与机构建构的关系。尽管一个世纪以来，世界各地的人们在重建社区的呼声中奔走呐喊，理想意义上的邻里关系及和睦的家庭关系依然在大部分国家和地区是一种理想。基本公共服务体系建设到了社区，然而邻里关系并没有培育起来。基本公共服务体系与邻里关系的重新塑造和现代社会结构的重构，内含深刻的社会学道理,也必将推动社会学的现代化。这是我们撰写本书的初衷。

我们把社会学的理论与方法引入基本公共服务和公共服务领域的一个重要原因还在于,人们已经越来越认识到传统意义上的社会保障、社会福利和基本公共服务体系的可持续性正在遭遇挑战,这种模式需要变革的迫切性与日俱增,发挥市场和社会的力量来解决这个问题似乎已经成为当务之急。如何从历史和大视野看待这个问题,俄罗斯总统普京将个体的力量引入福利体制改革的考量。"很多人现在已经发现,'依靠别人'维系全民福利国家的时代已接近尾声。"①我的理解是,同舟共济、互助互利的社会保险制度会因为人口结构的变化遭受挑战,人口老龄化迫使国家和个人寻求新时期的解决问题之道。

在这个信息爆炸的时代,我们选择信息的途径决定了我们的认知方式,而我们选择信息的途径又取决于我们的社会关系。社会关系决定信息来源和对于信息的选择,最终又决定了认知方式。

一、人与人关系的难题:不信任和博弈

(一) 不尽如人意的公共服务提供

我们的世界是一个人际关系的世界,人们摆脱不了各种各样的人际关系,正如马克思所说,人的本质是一切社会关系的总和。原因很简单:人们的社会生活至少要通过三层关系才得以实现。**一是**人与自然的关系,人们从自然界获得自己需要的各种资源,最好的办法是人在从自然界获取资源的过程中与自然界保持协调和平衡,这样,就不会发生当前人们担心的环境和生态问题。**二是**人与人之间的关系,包括财富的分配,人们在财富分配过程中形成利益关系,有些是直接的,有些是间接的。公平正义始终是人类追求美好社会的核心价值和理想,自古以来,建设美好社会始终是人类孜孜以求的理想。**三是**心与心之间的关系,在交流和交往的过程中,态度、情感等通过言外之意、不言而喻、表情、体态等表达。这就是人和人类。公共服务

① 《普京文集(2012—2014)》,世界知识出版社、华东师范大学出版社2014年版,第7页。

作为人类的基本需要，通过政府的制度安排和各类组织方式得以实现，通过需求者和提供者的互动得以完成。完善公共服务体系，我们需要知道如何建立完善的人际关系。因此，我们将其称为公共服务社会学。建立一门学科绝不是本书的目的，本书也无意去建立一门学科，因此，我们并不着眼于这本书的系统性，而是关注现实中的公共服务问题的社会学解释。本书的根本目的是要探索公共服务领域中的社会问题，是因为作者在对现实问题的思考过程中，发现公共服务，尤其是面对面的公共服务隐含着人与人之间关系的特点，必须通过对这些问题的解释和分析，进一步提升公共服务的质量和水平，并把对公共服务的研究推向一个新的阶段和水平。本书的另外一个目的是，社会事业在中国一直是政府推动社会发展的重要内容，从计划经济时期至今，社会事业通过收入分配、教育、科技、文化、社会保障、就业等问题的解决，在改善着人们的生活品质，提升着居民的生活质量，事实上，社会事业与公共政策中的公共服务具有重合和交叉的部分，社会领域的学者和公共领域的学者都在研究同一个对象，使用的方法和话语系统却不一样，本书试图通过对公共服务提供过程中的人际关系的分析，寻求在深层次打通这个长期隔离的领域，促使它们一道工作，来推动公共服务体系的完善和发展，也在公共管理和社会学之间找到进一步合作和协同发展的路径。

让我们从一些现实中发生的事实谈起。这些年，人们对服务的讨论和关注越来越多，从最初的私人服务，到后来的基本公共服务，再到现在的社会服务——一种与社会工作有着密切关系的服务。服务越来越成为人们消费和生活的重要内容，人们对于服务质量的要求越来越高。但是，人们谈论服务本身居多，谈论服务提供者与被服务者的关系却不多。既然服务涉及服务提供者和被服务对象，服务质量就离不开二者之间的关系，面对面的服务取决于人际关系的质量。直到今天，服务者与被服务者仍经常发生冲突，甚至是暴力冲突，一个时期里，医生和患者之间的矛盾冲突成为大众关注的话题，还有其他服务领域的冲突也引起人们的高度关注，只是人们依然没有从服务与人的关系来思考这类问题。下面便是其中几个例子：

医生在看病过程中被病人伤害。2013 年 10 月 25 日，浙江省温岭市第一人民医院三名门诊医生在看病过程中被一持刀男子捅伤，其中一名因伤势过重不幸身亡。近年来,类似的医患矛盾时有发生,且有上升趋势,处置难度也日益增大,医患纠纷常常伴随着“武力冲突”:封堵医院大门、围攻医护人员、打砸医院、打伤甚至打死医护人员。目前,解决医患纠纷的途径通常有三种:调解、行政处罚和诉讼。按照《医疗事故处理条例》,一般赔偿标准都不高,加上病人及其亲属对医院的主管部门——卫生行政机关缺乏信任,往往会导致工作开展不畅。医患矛盾、环境问题引发的群体事件以及土地征用和房屋拆迁引发的社会冲突成为影响社会和谐的三大社会问题。社会上对这类问题的解释是:医生的职业操守有待提高,医生的收入待遇需要改善,等等。问题是,情况是不是就这么简单?

小学生遭老师逼迫写1 000字检查而自杀。2013年10月30日,四川省成都师范附属小学五年级某班一名10岁的小学生因班级比赛时不遵守纪律,受到老师的惩罚:老师让其写1 000字检查或者罚站一小时。当天下午,学生因感到写检查字数多,有压力,从30层高楼跳下身亡,轰动社会,给家庭带来巨大痛苦。

敬老院护工虐待老人。某省一家敬老院护工虐待老人,视频播出后在当地甚至全国引发强烈关注,人们纷纷谴责。处理结果是“冷血护工”被处以治安拘留,护工工作的老年公寓被取缔,当地民政部门两名责任领导被免职和撤职。事情是这样的,每天的凌晨,该敬老院的一名男性护工就把老人叫醒起床,用绳子捆住老人的腿,甚至对老人边辱骂边打,给老人喝尿,在虐待老人过程中,这名护工还时常发出得意的笑声。此类信息也经常在一些老年人中传播,引起老年人的恐慌。

业主委员会与物业公司冲突增多。近年来,一些小区业主与物业公司之间的冲突时有发生,出现了业主拒缴物业费和物业公司停水停电,甚至发生业主与物业公司员工之间的暴力冲突,也有小区发生业主组织起来驱赶物业公司,实行自治的先例,而且这类例子还不少。据说已经成为一个全国性问题。

出租车司机对客人的伤害。某男士参加好朋友儿子的婚礼,在候车过程中与拒载的出租车司机发生冲突,遭到出租车司机的袭击,司机从车内抓出一个瓶子，冲着乘客的眼睛处喷射。双方矛盾恶化，该男士报警。经医院检查，医生开了消炎药，该男士花了100多元治疗眼睛，没能参加成朋友儿子的婚礼。

公交司机与乘客冲突。2013年10月13日早上，东北某市发生一起惨案，一公共汽车司机与乘客发生冲突，司机身中数刀身亡，乘客在逃。

从社会行为来分析，最简单的公共服务过程包含两个行动者：服务者和被服务者。在服务过程中，二者都是有着各自目的的行动者，其目的是使个人利益得到满足。从这一前提出发，解释上述例子的先决条件是，被服务者是否信任服务者。无独有偶，信任问题也困扰着俄罗斯社会。不信任是曾经作为计划经济国家的俄罗斯的普遍现象，现任总统普京承认，“虽然我们一直在讲和谐和慈善，但现实中人与人之间的信任度很低，公益事业无人愿为，对他人漠不关心，无法超越一己私利，这些是我们社会的老大难、慢性病。”[①]这该如何去解释？是近几十年俄罗斯过渡时期的特点，还是俄罗斯历史的传统？相较于美国等西方国家，俄罗斯之于我们依然是一个神秘的国度，尤其是最近几十年，但是，开展两国的比较研究，或许会形成意想不到的结论和认识。

公共服务提供的社会学就是要系统地研究公共服务提供中人们的社会行为、社会群体、人们之间的社会关系、态度和行为的影响。换句话说，公共服务提供的社会学的主要任务是解释发生在公共服务领域中的社会现象，在某种情况下，这些社会现象可能是人们行为的总和。因此，这些行为的总和就体现为一定的制度安排。在这本书中，我们将发挥社会学的想象力，进一步拓宽公共服务供给的议题，从个体和群体行为、态度等去理解公共服务供给这个关乎每个社会成员的议题，以超越公共管理和公共政策对于公共服务供给的有限理解。涉及教育、医疗卫生、社会保障、社会福利、社会救助、社会服务、公共文化的供给，实际上就是服务者与被服务者之间的一些生活琐事，在生活琐事中，社会学可以发现其中的规律和深层次的东西。这些深

① 《普京文集(2012—2014)》，世界知识出版社、华东师范大学出版社2014年版，第5页。

层次的东西包括民德、民俗等。

(二) 付出多大代价才能避免冲突?

并不是每一项服务都会伴随着暴力和冲突,但是,服务过程中的冲突似乎从来没有停止过,甚至还有愈演愈烈的可能。如果不采取新的措施,下面就是一些新的可能性:

遭幼师虐待儿童常做噩梦①。某省一家幼儿园里,一位90后老师拽着孩子双耳,从地上提起,老师似乎很开心,孩子却痛苦地哭,照片发布后,引起广泛关注,刺痛很多人的心。愤怒的人们最终找到了这位老师。据说,这位老师这样做只是因为好玩,人们还发现,在她的网络空间中储存了700多张类似照片,虐待儿童行为的照片还为数不少,花样很多,诸如用胶条粘孩子的嘴,将孩子扔进垃圾桶。人们不禁要问,怎样保护我们的孩子?

教师与家长之间的沟通。当前学校教育中,教师与学生之间的问题,往往会牵涉家长的参与,有些家长通情达理,师生关系、教师与学生家长之间的关系还比较好处理,若是遇到不通情达理的家长,老师往往会受到伤害,处理不好,还会进一步恶化师生关系。

汶川地震后心理咨询师最不受欢迎②。2008年的汶川地震后,大批心理咨询师涌向灾区,由于专业知识和实践经验缺乏,热心的帮助却对灾民造成了二次伤害,一些安置点甚至打出了"防火、防盗、防咨询师"的横幅。热心的志愿者在心理、能力、情感上都不足以帮助别人,遇到无法解决的心理问题时会感觉无助。

基层政府强制拆迁,导致被拆迁户过激行为。某省城抵制城中村改造已形成街垒对峙,造成两败俱伤。例如该市木器厂拆迁、棕树营拆迁等,政府方面没有拆成,居民方面日常生活受到不同程度影响,并造成高度社会紧张。最近正在修建的环湖路已经因为征地补偿款问题引

---

① 《浙江遭幼师虐待儿童常做噩梦 影响或伴随终生》,2012年10月28日,央视《新闻周刊》,http://news.qq.com/a/20121028/000079.htm。

② http://www.guancha.cn/society/2013_06_04_149152.shtml.

发严重社会冲突，并导致该渔村一名村干部和一位村民在冲突中死亡。

智能服务如何也“离线”。各地都在推进智能服务，智能手机、平板电脑等移动终端越来越普及，各类社交软件蓬勃发展，使得越来越多的人机不离手，这似乎已经成为一个世界性问题。如何实现既让智能系统发挥作用，又减少不必要的上网，这是一个新的社会问题。尤其在家人和朋友面前看手机是不礼貌的，缺乏对别人的起码尊重。社会需要“离线”共识，在这种共识中培育社会。

环境污染引发的群体事件。2012年7月28日，东部某沿海城市发生了一起大规模群体事件。当地百姓占领市政府大楼，并捉住市委书记，将其上衣剥掉，换上环保服装。这起事件是由其上级政府对一合资制纸排海工程项目的批准触发的。数万民众举行示威，抵制造纸厂“将有毒废水排放到附近海域”，号召“保卫家园”。由环境问题引发的社会冲突已经成为与医患矛盾、土地征用房屋拆迁并列的三大社会问题之一。

社会学并不对上述每一个具体事件及其原因感兴趣，相反，它更为关注是什么样的社会力量导致这些问题的产生，它们背后的原因是什么。例如，我们承认，随着学校和学生人数的增加，教师越来越难以给个别学生以特别的关照，在这个过程中，教师中的官僚制也就表现出来，官僚制可以确保教师一视同仁地对待每一个学生，但是会忽视每个学生的特殊需要和个性特征，甚至扼杀学生的创造性。这是现代教育的一个基本矛盾。于是，社会上也出现了在家教育的探索，而在家里教育自己的孩子，通常又会造成孩子与社会的隔离，导致孩子社交能力不足、社群意识不强等弊病。

我们发现，最容易沟通的事情也往往最容易被人们接受，如果服务的提供者和被服务对象能够互相提高各自的自尊心和成就感，那么他们之间的沟通就会更加容易，他们的合作也会更加密切，二者尽可能努力避免难堪，达到生活意义上的有序。这种生活意义上的有序实际上依赖于社会规范、外在的法律和内在的道德约束，潜移默化，形塑着人们的行为。人类的行为非常复杂，理解它们的特点并非易事，不理解它们还真会带来很多麻烦。人类在不同的历史阶段上，沟通的内容是不一样的。沟通是一种最基本的人类行为，人类正是通过沟通才实现了共生与共存。

传统农业社会的沟通，是一种面对面的交流，表现为邻里之间、个人之间、族群之间的交往与沟通。这种沟通方式发生在传统社会，主要是农业社会。那个时候大家都居住在同一村落里，从事农业活动，生产方式基本相同，日出而作，日落而息，生活方式也差别不大，没有社会流动，是一个熟人社会，正如费孝通教授所言："乡土社会是安土重迁的，生于斯、死于斯的社会。不但人口流动很小，而且人们所取给资源的土地也很少变动。在这种不分秦汉、代代如是的环境里，个人不但可以信任自己的经验，而且同样可以信任若祖若父的经验。"①

随着生产方式发生变化，工业革命开始后，大量的农村人口离开农村进入城市，这些来自不同农村社区的人在城市就业和工作，尤其是公寓式住宅的建设和普遍使用，以及现代商业城的崛起，彻底改变了人与人之间交往的模式。个人和家庭，拥有自己的小轿车，周末到大型超市采购，然后可以足不出户，人与人之间缺乏交往，就出现了陌生人的社会。在这样的背景下，有人提出重建社区。经济建设往往与社会建设不一致，经济建设讲究效率和效益，社会建设讲究公平正义，经济建设者喜欢从大空间布局服务资源和生产资源，于是就出现了设在城市郊区的购物区和设在城区的居住区，利用现代交通工具，人们往返于生活区与购物区之间，传统社区中的购物点已经变得无足轻重，以往人们在这些购物点的交流和娱乐也不再显现。社会建设中的"五分钟便利圈""十五分钟便利圈"也变得可有可无。如何协调经济建设与社会建设之间的关系可真是一件大事，需要建设者们仔细思考和设计，而且是从顶层进行设计。

20世纪70年代，交往方式发生了根本性变革，促成这一切的是信息技术的广泛应用。信息技术的广泛应用推动了经济的全球化，经济全球化的进一步发展又引领了全球的社会化，微信、QQ等正在改变着人们之间的沟通方式。前不久到南方出差，遇到一个在信息技术领域颇有发展的成功人士讲到这样一个故事：一个孩子要过生日了，母亲提出要带她买件衣服作为

① 费孝通：《费孝通文集》第五卷，群言出版社1999年版，第357页。

生日礼物，孩子说不需要衣服，因为同学们都穿校服，衣服平时穿不着，还是给买一个微信或QQ上的小产品吧，因为现在同学都是在QQ上写作业的，这类小产品大家都有，是网络圈子里的人们认同的标示。可见，网络改变了人们的生活方式、学习方式和认同方式：即便是在一个家庭，成员们坐在一起，也不再是亲切交流，而是各自刷着自己手机屏幕，观看新的信息。人们生活的关注点变化了，人们生活的内涵是不是也变化了？生活的意义是什么？难道不需要我们深入思考吗？

就社会来说，在没有全球信息化之前，主权国家与主权社会是统一的。全球化条件下，情况就变得复杂起来，信息可以通过互联网、卫星电视、手机短信等把不同国家的居民联系起来。这就给一些主权国家的社会管理带来一定难度。在全球化经济下，明显感到与主权政治实体不一致的情况是，全球互联网系统下的个体分布在世界各地、不同国家，他们可以形成虚拟组织，也可以单独成为主体；在扁平的互联网系统中，国际非政府组织、跨国非政府组织获得巨大便利性；跨国界的卫星电视频道形成了跨国界的收视群体，也形成了跨国界的文化传播、文化认同。在这种情况下，国际经济、政治、文化、军事等领域的每一次波动，都会影响到国内居民。国际市场的变动会影响居民的消费和生产行为。

能否沟通，取决于多种因素，但是关键是人们的心态。心态取决于长期的磨炼。价值观的培育和形成绝不是一朝一夕的结果，要经过长期潜移默化的教化和行为规范。所以不要寄希望于一时一事的价值观宣传，而是要着眼于一代一代人通过家庭教育、学校教育、社会培育等各个环节、一环紧扣一环的不懈努力，实现价值观在人们内心的积淀，并逐步通过行为表现出来。

（三）出租车引发的社会问题

从打车者招手开始，乘车人与出租车司机之间的人际互动过程就开始了，出租车停下，打车人上车，若是互相问候，就会开始一段或者不断交流的行程，或者默默无语的旅途，取决于二者的性格和当时的心情。出租车已经成为人们重要的代步工具，与生活息息相关，密不可分。出租车体制机制的每一变化,都会影响人们的出行,引起人们的高度关注。2008 年以来,各地出租车司机罢运、停运事件时有发生,引发了一系列社会问题,截止到 2013 年年底,全国有出租车 100 多万辆,出租车司机 200 多万人。这个行业不大,司机规模有限,但行业特殊、社会影响大,需要引起注意。为此,我们进行了深入研究。在调研访问中,地方反映最多的是出租车行业定位不清的问题,他们迫切要求有关部门对这个行业给予准确定位,以便用来指导地方的法规和法律的制定工作。不同的座谈会上,人们争论也非常激烈。

2013 年春夏之际,北京市将出租车的起步价由原来的 10 元调整到 13 元,在社会上引起广泛的关注,尽管政府举行了听证会和在听证会之前进行了深入的调查研究,但是媒体反响还是不小,报纸、网络、电视都在讨论这一问题。为什么会出现这样的现象? 因为它涉及大众的利益,也就是公共利益。正是在这个意义上,美国的人类学家对出租车现象进行了深入研究,发现了一些深刻的社会问题,把一百多年来纽约的出租车纠纷、暴力等问题都揭示了出来,通过这些揭示,展示了一部纽约社会史。

出租车问题上的争论的实质是,如何确定政府和市场的关系,也就是说在出租车发展和管理中如何确定政府的责任和市场的作用,以及在政府把经营权通过招标方式让渡给企业后,企业与司机之间如何进行权、责、利的安排。这实际上是中国改革过程中基本问题和方向性问题在出租车行业的具体反映。

就政府和市场的关系看,有人主张出租车行业是公共交通的重要补充,有公益性特征,政府应当给予补贴,承担起一定的财政责任。有人把出租车当作私人物品,主张全部放开,市场化管理。透过这些分歧,我们认为,在公共服务领域,人们的认识还有一定局限性,在公共服务的类型、性质、功能、政府管制方式方法等问题上还有待于进一步深化。我们的理解是,即便是公共服务或公共物品,也未必一定要政府补贴。政府对于公共服务和公共物品的责任在职能上是多方面的,补贴只是其中的一种,除此之外,还有多种形式。

当前中国经济社会发展、政府自身改革和创新正处在一个关键时期。中共十六届五中全会、《中华人民共和国国民经济和社会发展第十一个五年规划纲要》、中共十六届六中全会和中共十七大提出并反复强调的实现基本公共服务均等化战略思想深入人心，与之相关联的各项战略措施不断得到贯彻落实。2009 年 3 月《中共中央国务院关于深化医药卫生体制改革的意见》和 2009 年 9 月《国务院关于开展新型农村社会养老保险试点的指导意见》的颁布是我国基本公共服务迈向新阶段的重要标志。中共十七届五中全会通过的《中共中央关于制定国民经济和社会发展第十二个五年规划的建议》对基本公共服务做了进一步的阐述："逐步完善符合国情、比较完整、覆盖城乡、可持续的基本公共服务体系，提高政府保障能力，推进基本公共服务均等化。"中共十八届三中全会《决定》要求紧紧围绕更好保障和改善民生，促进社会公平正义深化社会体制改革，推进社会领域制度创新，推进基本公共服务均等化。

当前，基本公共服务作为纯公共物品是政府应当承担的责任已经成为社会共识。各地在推进基本公共服务均等化进程中采取了积极有效的措施，取得了令人振奋的成效，得到了人民群众的赞扬和拥护。各项政策推动了基本公共服务的供给和居民基本权利的实现。基本公共服务建设和发展标志着我国各级政府职能转变成绩显著。

当前和今后一个时期，政府在基本公共服务建设取得显著成效的基础上，应不失时机推动其他公共服务，包括准公共服务领域的改革和创新。与基本公共服务不同，准公共服务或准公共物品介于纯公共服务和私人物品之间，介于政府公共服务和市场服务之间，是一个混合领域，它由受益者付费。它既以商业交易为中心，同时又必须兼顾经济和社会因素，其界限、性质、模式等直接影响政府职能的发挥，也影响市场体制的建设和完善。很多情况下，政府介入其价格决策。准公共服务在我国是一个庞大领域，涉及公共交通、高等教育、医疗卫生、水电道路，等等。这些领域目前也是我国改革和发展面临挑战最多、最为艰难的领域。人们关注议论最多、最不满意的收入分配体制问题也多发生在这个领域。

出租车定位体现出政府职责是否明确、市场边界是否清晰。进而决定这个领域的政府职能是否可以得到强化、市场作用是否能够充分发挥。定位不明晰会导致政府职责弱化、市场机制失灵。出租车行业具有准公共服务性质。从调研情况看,一些领导干部和部门管理人员对于政府职能、市场体制的理解存在一些模糊认识,直接影响了对出租车行业的准确定位。出租车行业的特点要求各级政府选择更为有效的公共服务制度安排。制度安排的效用递减和行政体制自身的弱势,使得如果政府亲自安排出租车服务供给,会令这个行业无法经济有效地提供服务,而且,会产生财政赤字负担过重,也不能迅速回应公众的多元化需求。

如果说基本公共服务供给体制的建立考验政府财政支出能力和支出结构协调能力的话,准公共服务供给体制的建立和完善将考验政府的管制能力,也考验政府如何与市场划界并不断培育市场的能力。进一步说,完善准公共服务供给体系,是对政府职能转变的又一考验,也是完善社会主义市场体制的更加基础性的工作。

改革开放三十六年来,我国经济领域的改革与发展取得了举世瞩目的成就,但是在关键领域和重点环节上的改革还有待于进一步加强。完善经营权和改革收入分配体制已经成为当前和今后一个时期我国体制改革的核心。如何进一步推进政府职能转变,加强政府自身改革与创新,并在此基础上完善市场体制,为经济社会发展注入强大活力和动力,是"十三五"时期经济社会发展的关键问题。我们认为,在"十二五"时期推进基本公共服务均等化的基础上,因势利导,加强和完善准公共服务领域的改革是实现政府自身改革和创新、完善市场体制的重要途径。

无论是从历史还是从国际经验看,积极推进准公共服务领域的改革和创新,对于推动"十三五"时期经济社会发展,完善市场体制,推进政府自身改革和创新都具有十分重要的意义。要把完善和创新准公共服务作为新时期改革和创新的着力点。通过这个着力点,进一步转变政府职能。

出租车行业所具有的特点、城市化自身的要求、居民出行的便利性、旅行者的便利性、出租车司机的工作和生活需求等等,要求政府利用自己的管制优势,同时根据市场配置资源的优势,结合现代信息技术有效地设计这个行业的供给体制,既满足现代城市发展的要求,又满足出行者的需要,也能兼顾出租车司机的利益,提高整个行业的发展水平。所有这些,都已经超出了政府和市场的边界,进一步跨入了政府、市场和社会三者的关系的磨合与冲突之中。

当前中国正处在经济转轨和社会转型阶段,完全竞争的市场机制还没有形成,政府在经济领域中发挥着十分重要的作用,也承担着一些不应该承担的工作,市场也不能完全弥补生产者和消费者的私人成本和社会成本,难以完全发挥配置资源的作用。在这样的条件下,政府干预一些经济领域和公共领域也是必要的。同时,社会也还在建设过程中,人们的社会生活还没有成为社会建设的核心。

任何一种制度要发挥作用,必须具备发挥作用的制度环境,包括价值体系。一些地区的出租车行业若干年前学习国(境)外经验,把出租车牌照私人化,既反映了当时整个国家在迈向市场经济体制过程中探索和认识的艰难性,也反映了相当长一个时期我国对国(境)内外经验的心态。时过境迁,面对新的发展形势,重新回顾历史,探索适合中国国情的制度需要更加谨慎。一些地区出租车的经验和教训说明,将国(境)外的经验和做法置于具体的地区发展中,其作用发挥的逻辑条件已经发生了变化。不考虑这些变化,会带来出乎预期的结果。今后的出租车制度设计中要特别注意这一点。中国出租车行业的发展已经踏上必须自我创新的道路,除此之外,别无选择。

现在看来,把中国现阶段归结为处于"经济转轨和社会转型"这样一个历史阶段的说法过于简单。中国过去三十六年的改革中,在一些领域的改革和转变有些是转过了头的,现在需要再向回转,出租车经营权私有化就是一例。这些因素的出现增加了发展和改革的难度,也赋予了改革新的内容。这都要求我们重新研究和认识当前面临的改革形势和任务。

中国的出租车行业不仅仅是经济管理的重要内容,也是社会管理的重要内容。全社会关注出租车行业是因为它具有公共服务职能。2008 年以来,我国出租车行业罢工、停运事件时有发生,究其原因主要有:出租车经营权的个别环节不完善导致出租车公司与司机之间利益关系紧张,非法运营挤压了合法经营的利润空间,燃油补贴不到位、不合理,公司之间争夺生意,罚款多,等等。利益关系和收入分配不合理是所有问题的核心,也是出租车司机停运、罢运的源头。从调研的情况看,出租车司机的收入分配问题主要表现在收入水平的合理性和实现“体面劳动”、有尊严的生活上。大部分出租车司机认为他们的付出和收入之间不成比例，付出多、收入少、劳动强度大，自称是“弱势群体”。主管部门和企业则认为司机们的收入在城市的平均工资之上，尤其与企业中打工仔比较还是较高的。各自的参照系不一样，问题也许就出在这里。当前出租车行业利益关系的冲突是整个国家收入分配制度亟须完善的具体体现。要真正实现这个产业的健康持续发展，必须从源头上解决问题。

还有，一些地区和城市，出租车司机中的大多数甚至绝大多数是外来人口，或者是郊区居民，其社会保障、社会救助、社会福利、住房等存在一系列需要从社会管理上加以解决的问题。北京的出租车司机有相当一部分是郊区居民，有些是在土地征用后，把开出租车作为自己谋生的手段，有些是靠近北京的河北农民，如接近北京市大兴区的河北固安就有大量的农民成了北京出租车司机。每天经过几十公里到北京城谋生，下午或晚上又回到他们郊区的家里。他们是未来城镇的居民？这不仅取决于他们所在企业的变革方向，更取决于他们家乡的农村城镇化的速度，以及整个北京市的经济建设和整体布局。

二、转型时期的立体困惑

（一）转型时期的国家与社会

毫无疑问，中国和世界，都在经历着一场巨大的转型。尽管这种转型在中国和世界其他国家的含义不尽相同，但是，转型是现实。承认变革，才会认识变化，才会调整思维和认识问题的角度。今天的中国，这些发生在公共服务领域，尤其是发生在面对面提供服务的领域中人与人之间关系的冲突，其实展现了一个转型国家的“立体困惑”，经济增长方式转变过程中的利益关系调整，从农业社会向城市社会转型中的人际关系适应，以及在涉及民族关系中的心与心之间的认同。这类问题，一不小心就会延伸到政治和国家安全领域，在这个问题上，我们已经经历许多血的事实，教训惨痛，切不可忽视。现实生活中，看上去非常敏感的问题，其社会根源其实非常简单，各类事件几乎重复了无数次，只是没有立即改观的迹象和路径。改变现实，既需要有关部门的积极努力，更需要全社会的广泛配合，既需要发挥市场在配置资源中的决定性作用，也需要更好地发挥政府和社会的作用。公共政策与社会政策一道实施，比单一实施会更有效。公共服务与社会治理综合施策，比单一施策更能治本。进一步说，今天的公共服务的供给不是仅靠公共政策专家能够解决的，它需要立体式的改革措施，需要政府、市场、社会和个人的亲密配合。也就是，需要新的智慧。我们讲公共服务供给的智慧的本意也在这里。

转型时期，一切皆处于剧变之中，人们遇到了过去不熟悉的东西，旧的社会秩序被打破了，新的社会秩序还没有建立起来，人们对于各自的行为还不熟悉，甚至还难以接受，对一些重大问题根本形不成共识，多数人接受和承认的社会规范还没有形成，不能成为社会所坚持的行为标准，对此还需要耐心。在这个过程中，正式规范因缺乏非正式规范的支持而难以达到预期目的。一个社会中，只有为大多数人接受的非正式社会规范稳定下来，正式社会规范才会真正有效地运行起来。

熟悉是对可接受性的基本检验，能够被人们接受的理念和行为往往具有很强的稳定性，而这些，在现时代，我们的社会经济都不具备，所以有时发生冲突是不可避免的。传统的智慧来源于传统中形成的熟悉和共识，它容易被人们接受。经济转轨、社会转型、科技革命，使人们之间的关系处于重组过程中，新时期必须有新的共识和新的智慧。我们还没有找到在现代互联网、微信与人际交往之间的理想的关系模式，那些在咖啡厅见面的情侣和朋友，人人手捧平板或手机，各自刷自己屏幕的现象比比皆是，如此见面的必要性在哪里？它会不会改变人类未来的交流和交往的方式？让我们拭目以待。

（二）千万不要忘记“人”

重人贵生乃中国传统文化的特点。天地万物，人是最宝贵的。只有紧紧围绕人开展服务，才可能把基本公共服务推进到现代文明。就公共服务提供而言，这个新的智慧的核心就是，公共服务供给要着眼于服务提供者与服务对象之间的关系,在一种和谐的人际关系中实现服务的目标和提升服务质量。譬如,在教师与学生的密切交流中,提升学生的认知水平、道德品性和处世能力,而不仅仅是依靠知识的灌输实现教育的目标。“学校作为一个社会化的机构,完善提供了教导儿童社会价值和习俗的功能。”①医院虽不是社会化机构,但医院的人际关系也极为重要。所谓中医讲的“望、闻、切、问”,“望”是需要时间的,需要细致的观察;“闻”是听声音,没有细致的视听也无济于事;“切”需要平静的心态;“问”的学问最大,病人的很多疾病实际与其生活方式有很大关系,包括家庭生活。很多情况下,病人是不愿意说出来的,如何让病人说出一个一般意义上“不愿意说出来的我”和“不能说出来的我”是医生真正了解病人症结的关键,在这样的情形下,没有病人和医生之间的相互信任可能吗?这也是为什么一些慢性病人愿意和需要与专门的医生建立长期的人际关系,因为只有这样,医生才能了解病人的病史和身体发展的趋势,及时采取切合实际的治疗和提供正对病人症结的咨询。这些没有服务提供者的智慧是不能实现的,现在的问题是,政府和医疗改革机构关注的往往是制度层面的事情,不会关注人与人之间关系层面的事情,在关注制度建设的时候,忘记了“人”。而人,无论从什么意义上讲,都是人与人关系的总和。对于总和状态的人,需要去理解,而不仅仅是依靠数字的分析和统计,这实际上涉及对人性的认识和基本的价值观。“我们对他人的行为所作出的反应,取决于我们对他人行为含义的解释。我们的认知、评估和定义决定了现实。”②这就是理解的意义与价值,认识是需要理解的,而且是设身处地的理解。一个局外人要理解一个局内人,首先要使自己成为一个局内人,然后再跳出来看局内人,理解和解释才会融为一体。

2012 年 1 月,在谈到俄罗斯的发展时,普京指出,“今后几年的关键要素不是国内生产总值数据、黄金储备量、国际机构排名和俄罗斯在世界主要经济体中的地位,而是人。人应当首先感受到积极的变化,拓展自身能力。”③这是一个让中国人反思的战略和决策问题。要走出 GDP 的崇拜,不与其他

---

① 〔美〕理查德·谢弗:《社会学与生活》,世界图书出版公司 2009 年版,第 87 页。

② 同上书,第 97 页。

③ 《普京文集(2012—2014)》,世界知识出版社、华东师范大学出版社 2014 年版,第 5 页。

国家争高低，致力于本国人民的福祉。只有把人民的福祉摆在重要位置，人民的积极性和创造性才能成为经济发展的动力。“如果只依靠官员、人数有限的大投资者和国企的决策，我们注定失败；如果我们所依赖的民众是消极的，我们注定失败。”[①]依靠民众，说起来容易，做起来难，特别是涉及利益问题时，既得利益者或群体若是掌握话语权往往会跳过依靠群众的程序，独自决策，这也是为什么很多政策不能有效、公平地实施的主要原因。还有一个局限性来自于认识本身，例如转基因食品对于人类的危害到底存不存在？科学界没有一个统一的意见，各执一词。这也给政府决策带来困难和障碍。

医疗政策、教育政策等必须考虑如何才能真正带来人的安全的问题，这是一个世界性课题。中国真正开始为全民提供公共服务的历史非常短暂，在此之前，国家仅仅为部分人群提供福利特征的公共服务，尤其是机关事业单位以及国有企业等。当中国政府从教育产业化和医疗卫生产业化的噩梦中苏醒过来，强调政府作用的时候，实际上，在一系列的制度安排领域还没有足够的知识、经验的储备。就世界范围内来说，“福利国家的历史非常短暂，人类几乎在全部历史时期都非常贫穷。例外的情况只是最近在欧洲人生活的小块地区上生存了几代人的这段时间，这对人类生存的全部时期来说几乎无足轻重。如今人类进入一个前所未有的大富大贵时期，人们也认为将来会是如此，美国更是如此。”[②]中国在近两个五年规划，“十一五”和“十二五”时期，把基本公共服务作为保障和改善民生的重要制度提供给全体人民，但对于如何提供这类的基本公共服务经验缺乏，仅仅在2013年，国务院常务会议才通过了有关政府购买公共服务的意见，在此之前，在2012年夏天，通过了《国家基本公共服务体系“十二五”规划》。对于如何提供，老实讲，政府没有明确的认识，居民也不知道自己享受基本公共服务的权利的边界在哪里。政府把人民群众最关心、最直接、最现实的基本公共服务摆在重要位置，提升了居民的消费预期和欲望，成为以民生为重点的社会建设的核心，在社会主义现代化建设进程中迈出了坚实的步伐。但是，若是政府仅仅

---

① 《普京文集(2012—2014)》，世界知识出版社、华东师范大学出版社2014年版，第5页。

② 〔美〕约翰·肯尼思·加尔布雷思：《富裕社会》，凤凰出版传媒集团、江苏人民出版社2009年版，第1页。

认为提供了基本的制度保障和基本的服务体系建设就算履行了社会管理和公共服务职能就显得过于简单。政府如何在自己的价值层面上把服务者和被服务者有机协同起来,不仅需要制度建设和服务体系建设,还需要全面推进价值体系的完善,把服务深入到人与人之间、心与心之间的关系中。在这一点上,社会学家费孝通教授在二十多年前就看得非常清楚,"小康之后人与自然的关系的变化不可避免地要引起人与人关系的变化,进到人与人之间怎样相处的问题。"[①]不论是日常生活,还是日常工作,人们的活动总是在与别人的交往中完成的,交往过程中的言语、态度、心态、表情、手势都会对对方产生影响,形成不同的理解,产生不同的反应。在这里还要关注信任问题,信任会让人放心,患者对医生的不信任、个体对社会的不信任似乎在眼下已经成为一种普遍现象,折射了人们对于外界的不放心,这种不放心一开始就把病人置于与医生的博弈状态,一种互相不接受的结构状态。人们忽视了这样一个事实:在一个急剧变化的世界中,理念和价值的作用往往不及稳定社会的作用大。由此我们可以理解和解释,为什么在传统社会中,士绅可以在基层治理中通过传统伦理发挥巨大作用。

中国正在着手制定全面建成小康社会的最后一个五年规划,"十三五"时期国民经济和社会发展规划,若是在这个规划制定过程中,不把步伐迈出一步,关注公共服务过程中人与人之间的关系和心与心之间的关系,那将使这个规划的意义和价值大打折扣。为什么我们这样说?是因为我们认为,中国经济已经步入新的历史阶段,2013 年中国的人均 GDP 已经达到 6 700 美元,如果按照购买力平价计算,可能会接近 10 000 美元,在这样一个发展阶段上的社会已经完全不同于温饱时期的社会,人们更加关注公平正义,这会深深嵌入人们的心里,体现在人们的行为中。对于这样一个阶段上的公共服务供给,就需要更加细心和细致。

---

① 费孝通:《费孝通文集》第十二卷,群言出版社 1999 年版,第 297 页。

三、重新定位市场与社会的关系

（一）市场和社会都绕不过“人”

当然，我们也要承认，对于公共服务的认识，要经历一个过程。从一开始的注重基本公共服务的基础设施建设和设备的配备，再到人员的配备，这是一个过程，有了人财物，服务的基本构架就搭建起来了，可以工作了。但是，这并不意味着，这套服务可以有效运行，令被服务者满意。有效运行的公共服务体系还要靠制度以及这套制度背后的价值体系。不可否认，我们沿用了搞经济建设的方式来搞公共服务体系建设，把主要精力和工作放在了基础设施的建设和设备的配备上，从考虑就业的角度安置人员，但是对于这样一套建立起来的制度如何有效运行考虑得不多。而且最初的考核也主要着眼于财政投入多少，社会融资多少，没有考虑实际效果，也没有考虑建立由第三方评估的绩效评价体系。

中国过去的改革，不论是改革的启动还是后来的各项改革措施，基本上都是从单个部门或领域开始推进的，包括始于20世纪70年代末的联产承包责任制，以及进入新世纪以来的医药卫生体制改革，无不如此。这种单向改革由于缺乏立体设计在遇到相关问题时就推动不下去，甚至出现其他问题。以医药卫生体制改革为例，2009年启动的医药卫生体制改革主要目标是解决医院的以药养医，通过实行基本药物制度抑制医院的药物收入，但是没有考虑到医生的收入问题，在全社会居民收入都在增加的情况下，以这样的方式改革确实在一定程度上解决了老百姓看病贵的问题，但是，没有解决医生的积极性问题，医疗的质量主要取决于医生和病人之间的互动以及医生的认真负责的精神。负责任的医生通过各种友善、积极、负责的方式与病人进行深入交流，可以使病人和盘托出自己的各种情况，以便医生做出准确的诊断，从而真正达到医疗的目的。而现实的情况是，医生为了争取更多的门诊数量，在极短的时间对病人进行诊断，往往会出现误诊、误判，达不到预期的效果。

我们生活在一个几乎所有的服务都必须通过人与人之间交往才能实现

的时代。在过去的四十多年里,从撒切尔和里根时代,英、美开始尝试用市场的方式来供给所有的服务,包括用金钱实现牢房升级、购买代孕、投资移民、碳排放交易、付费猎杀珍稀动物等,人与人之间、服务者与被服务者之间的关系,越来越体现在金钱上,金钱关系替代了人与人之间的友好、关爱、尊敬、互助。如果服务者和被服务者之间仅剩下逐利关系,就会出现服务者以利益最大化为目的的经营行为和被服务者以最小付出实现最大产出的行为,若是二者之间达不到各自预期的目的,就会出现问题,尤其是在医疗领域,服务者和被服务者之间的信息是不对称的,被服务者对于药物和治疗的知识并不完全掌握,如果治疗者以实现利益最大化为目的,就会出现大药方、大检查、大治疗等本不该发生的事情,医患之间的冲突也是自然的事情了。

(二)我们能够保卫社会吗?

按照张维迎教授的观点,市场的基本逻辑是:如果一个人想得到幸福,他(或她)必须首先使别人幸福。更通俗地讲,利己先利人。[①] 这种对于市场的理解和解释是建立在各种前提和假设基础之上的,首先,作为市场主体的个人的本性必须是善良的。如果是不善良的,或者是人性恶的,人类必须建立社会契约,以法的精神约束人性恶。其次,社会针对市场和人们行为规范的法律必须是健全的,且人人遵纪守法,政府也遵纪守法。再次,社会的道德体系健全,社会公德完全内化为人们的行为规范,并时刻约束人们的行为。最后,政府部门和公务员依法履行自己的职责。通常,世界上达到这几个方面的社会并不像人们想象的那么多,那么完整。使市场在配置资源中发挥决定性作用和更好地发挥政府的作用暗含另外一层意思是,政府要为市场发挥决定作用创造更好的环境和秩序,包括法律环境和社会秩序。所谓法律环境是指通过法律的制定和执行,确保公平的竞争环境。所谓社会秩序就是政府通过履行社会管理职能确保社会稳定,并稳定居民的生活信心和消费信心。由于缺乏完善的环境要素,在建立和完善市场体制过程中,

---

① 张维迎:《市场的逻辑》,海南出版社2010年版,前言。

社会遭遇了一定程度的侵袭。

郑永年教授提出要保卫社会①。按照市场的逻辑,我们能够实现郑永年的“保卫社会”的目标吗?郑永年从改革的角度分析了中国过去十年间出现的各类社会问题,诸如房地产、社会阶层、社会冲突、社会暴力、道德伦理、收入分配、教育等,提出了从公正的社会体制入手推动社会改革,使发展成果更多更公平地惠及全体人民。我们能够保卫社会吗?若是按照张维迎的判断,如果一个人想得到幸福,他(或她)必须首先使别人幸福,医患冲突是不应该发生的,医生为了赚取收入,必须以病人为中心,全心全意为病人诊断;病人为了治病,必须全力配合医生,服从医生,二者互相配合,最后实现双赢。但是,现实中,恰恰没有出现这样的逻辑,问题出在哪里?是市场逻辑发挥作用的条件和环境不具备,还是市场不是按照这样的逻辑运行的?实际情况是,当前的法律、道德、体制、机制等不支持这种逻辑。

使市场在配置资源中发挥决定性作用对于抑制腐败具有重要作用,市场需要公平的环境。这个人们在实践中体会得更深。最近外出调研,与朋友小坐,聊天,其中有一位经营茶叶的朋友和一位经营办公用品的朋友。经营茶叶的朋友说,尽管大的经济走势趋于下滑,对自己的生意有一些影响,但是,总体不大,**一是**自己经营茶叶时间不久,与政府和企业的关系还没有建立起来。当前,贯彻中央号召开展群众路线教育和贯彻执行八项规定,政府机构和企业不能采购茶叶作为礼品和福利送人和发放福利了,这些政策对自己影响不大,自己的企业刚刚开始生产和打品牌,政府机构还没看上自己。相反,那些过去依靠政府购买生存的茶叶经营机构受到的影响就大多了。**二是**坚定不移地开拓市场。至于今后如何发展,这位朋友说,将积极开拓市场,通过提升质量和打造品牌来使企业充满生机与活力。还有一位朋友是经营办公家具的,过去70%的营销是依靠市场,30%依靠政府采购,这次影响有一些,但是不严重。总的看来,贯彻群众路线和实施八项规定,不仅对于反腐倡廉具有决定性意义,对于促进国民经济走向正规和稳定持续发展也具有重要意义。进一步说,市场经济是一种平等经济,它鄙视特权和

① 郑永年:《保卫社会》,浙江人民出版社2011年版。

腐败,给每一个人创造机会。有人担心,大吃大喝被禁止了,会不会影响经济发展。目前,一些高档饭店、楼堂馆所、会馆商会等冷冷清清,惨淡经营,似乎显示了经济的不景气,但是,仔细分析就会发现,用公共财政支付的餐饮消费最终来自税收,来自人民创造的财富,这种形式的再分配,对人民不公,最终会遏制全社会的消费,形成畸形消费和收入差距的进一步拉大。这实际上也是一种对市场与政府关系的进一步切割和明晰。

中国的公共服务在过去三十六年大致经历了从计划经济时期的供给制服务到市场化服务,再到基本公共服务的历程。计划经济时期,"为人民服务"是一种社会风尚,得到党和国家领导人的倡导,学生的好人好事会得到老师、同学和周边人们的赞扬,学校、医院的服务公事公办,但是,由于资源短缺,"走后门"依然盛行,这被叫作"资产阶级法权"。改革开放后的一个时期,利己主义盛行,"雷锋叔叔不见了",世风日下,人心不古。尤其是,在20世纪90年代兴起的教育产业化和医疗卫生产业化,把基本公共服务领域的人与人之间的关系变成了赤裸裸的金钱关系。进入21世纪,政府要重新承担起提供基本公共服务的责任,把公共产品作为基本制度向全体人民提供,但是,已经遭到金钱侵蚀的人与人之间的关系并不会在短时间内消失,新的充满人情和关爱的人与人之间的关系也不会在一夜之间建立起来。在这个问题上,需要耐心,更需要行动,通过人们日常生活中的行为的培育和约束,逐步建立起内心的社会秩序,并将其外化为外在的社会行为。

如果我们能够保卫社会,那么,我们要保卫的是什么样的社会?是理论和原则意义上的公平正义的社会,还是人们经常讨论和回味的被滕尼斯描述为具有认同、归属感的社区共同体,抑或是其他?

第1章
公共服务提供的智慧

小康之后人与自然的关系的变化不可避免地要引起人与人的关系的变化,进到人与人之间怎样相处的问题。这个层次应当高于生态关系。在这里我想提出一个新的名词,称之为人的心态关系。心态研究必然会跟着生态研究提到我们的日程上来了。

——费孝通

人际交往是一种智慧,甚至它是人类社会生活中最复杂的智慧。通常,在一个工作组织内部,也存在着一个人与人之间关系的氛围,有时候人们将其称为工作共同体,这个工作共同体通常是与组织的目标紧密联系在一起的,但又不仅仅限于组织工作的目标。在组织工作之外,还有着一个同事之间的人际交往,包括亲密与疏远、交流与隔阂、认同与反感,这种氛围与工作效率没有直接关系,但深深影响着组织的运作。现代社区研究者们往往不注意这类社区的存在与发展,但它确确实实是存在的,而且无时无刻不在工作组织中发挥作用。

既然公共服务体系必须通过人与人之间的交往来实现,我们就必须把人们之间的关系摆在重要位置。即便是在商品交换的领域,人与人之间的交往也非常重要,比如说,在饭店吃饭,假如顾客要确保食品安全,他(她)最佳的选择是对服务员保持客气和友好的态度。在学术意义上,公共服务属于公共管理的范畴,是诸多公共管理学者研究的重要课题。社会学又是另外一个领域,分属不同学科。在当代政府职能中,公共服务和社会管理也分属于政府的五个基本职能之一,何以在公共服务领域中发现社会学的道理?我们还是基于公共服务供给过程中人与人的关系来看,事实上,在这个意义上,社会学不仅存在于公共服务领域,也存在于行政系统中,凡是有人的地方都有社会关系的发生,也会有社会问题,处理得不好,会影响各个系统的运行。例如,政府治理不仅依赖于法律法规,也依赖于非正式的社会规范,这些社会规范通过人们的日常行为表现出来,行为者的态度、心情、心态都会对决策产生影响,保持一个组织系统的良好运行取决于组织者的智慧。政府、社会组织领导人的品质是实现良治的基本要素之一。

一、公共服务提供的智慧

公共服务供给的智慧的实质是,公共服务的对象对于享受的公共服务满意,公共服务提供者有成就感,二者在服务和被服务过程中,都实现了自己的目标。这是一个服务的过程,也是一个社会互动的过程。要理解公共服务供给的智慧,首先要求对事件和解释这些事件的理论之间的关系有比较清晰的了解。因为每一方都有自己的责任和作用,它们之间存在着诸多的矛盾和问题,然而,每一个方面都可以独立存在很长时间,并扮演自己的角色。在实际运行中,每一方面都认为自己是可以独当一面的,各方面的不合作和摩擦往往是家常便饭。公共服务提供的智慧首先是政府的智慧,其次是服务机构的智慧,再次是服务者的智慧,最后是被服务者的智慧。

(一)政府的智慧和勇气

公共服务提供体现了现代政府的智慧和勇气。19 世纪工人运动风起云涌,革命的浪潮一浪高过一浪,这个运动被马克思和恩格斯描述为社会主义运动,他们得出了“无产阶级在这个革命中失去的只是锁链,他们获得的将是整个世界”的结论。针对工人阶级运动以及马克思和恩格斯的警告,资产阶级政治家,特别是德国的铁血宰相俾斯麦推动建立了德国的《工伤保险法》和《养老保险法》等一系列旨在缓解阶级矛盾的法律法规。1914 年英国建立了福利国家。1935 年,面对 1929 年世界经济危机的严重影响和美国社会的激烈冲突,罗斯福促进美国国会颁布了《社会保障法》,这一系列的措施使资本主义初期的矛盾得以缓解,有人将其称为资本主义 2.0。这不能不说是资产阶级政治家的智慧。换句话说,基本公共服务制度是人类 20 世纪所建立的最重要的制度文明之一,是人类文明的伟大发明。现代基本公共服务制度是工业革命基于对公共事务和社会问题处理而产生的社会法律现象,是指国家或社会依据一国宪法和法律,以政府作为责任主体,通过一定的制度安排和作用机制,为本国国民提供经济福利的国民生活保障和社会稳定系统。纵观世界各国的基本公共服务制度,无不表现为一种政府行为,在各国基本公共服务制度建立、发展和完善过程中,政府都“功不可没”。公共服务是政府对市场失灵状况做出的一种反应。完全的民主和市场情况下,在市场领域,市民是用金钱投票的。由社会成员能力不同导致的收入不平等决定了市民在交换领域的不平等和享受发展成果的不平等。进一步说,大多数市场国家的情况是,不管人们的收入有什么样的差别,对于同一商品,人们的支付价格是一样的。这样,收入差别决定了人们可以享用不同数量和质量的产品与服务。在市场失灵的情况下,政府需要对这种失灵做出反应,主要包括税收、担保、补贴、惩罚、法律和法规、公共物品提供、公私合营提供公共物品等,从而确保社会公平与公正。基本公共服务是政府的基本责任,是政府的智慧,也体现了政府的勇气。“如果政策不为大多数人所接受,不能反映大多数人的利益,那就不是真正的民主。当然,可以用响亮的口号和美好的愿景在短时间内赢得社会绝大多数的支持,但是,如果人民看到这样的愿景并未实现,他们就会长期远离政治,拒绝履行社会责任。俄罗斯历史上不止一次发生过类似情况。”①

要真正体现政府的智慧,政府还必须面对自己的失灵问题,而不仅仅是

① 《普京文集(2012—2014)》,世界知识出版社、华东师范大学出版社 2014 年版,第 2 页。

关注市场的失灵。“政府有些时候也会参与到暗中破坏市场的活动中来。腐败会降低经济运行的效率,因为受政府官员压榨的企业再投资的意愿会降低。冻结价格的措施则会削弱价格在配置市场资源中所起的作用。……有效的政府介入,很多时候是必要的,它能使市场的运作朝着既定的方向前进。但这也伴随着风险,因为政府的干预可能会造成反面的效果。”[①]这些发生在市场领域中的问题,也同样会发生在公共领域,当前,各地在购买公共服务过程中出现的个别官员向社会组织索取回扣就是明显的例证。

政府的智慧有时因为官僚体制的弊病被淹没了,在这样的体制下,官员的不作为,人浮于事,事不关己、高高挂起,多一事不如少一事,凡此种种,大大降低了政府的效率,甚至产生诸多负面的影响。这就需要提高公务员的公共文化水平,培育他们的公共价值,同时努力为他们创造一个良好的工作氛围。

(二)机构的智慧和技巧

机构的智慧是指服务机构如何获得服务资源和把这些服务资源提供给被服务者,并使被服务者感到满意。这首先需要机构有着良好的治理方式。近年来,腐败问题不仅侵蚀了公共部门,也蔓延至非营利组织,即社会组织,郭美美事件就是一个典型。当然,类似郭美美的事件还非常多,规范社会组织管理、建立和完善社会组织的善治机制就是在实现社会组织治理体系和治理能力的现代化。社会组织善治的意义在于,社会组织的财富归公共所有;社会组织的权利不是归捐赠者、政府官员或专业管理者所有,而是归那些来自不同背景的志愿者领导人组成的理事会所有。在美国,非营利部门理事会成员在法律的要求范围内——包括团体组织法以及根据州非营利法和联邦税收与公民权利法制定的章程来行使自己的权利。它的外部机构,如州司法部或内务财政部运用一些法规控制外,非营利部门大部分的权利行使包括自我规制、问责性和伦理实践,依赖于成千上万的服务于理事会的成员们 。一些非营利组织在财政、管理和治理实践中暴露出的严重的和引

---

① 〔美〕约翰·麦克米兰:《重新发现市场》,中信出版社2014年版,第193页。

人注目的弱点破坏了公众对于整个非营利部门的信心,恢复公众对于非营利部门的信心的办法莫过于社会组织的管理机构能够向公众保证它们只是充当守护人和监护人,它们能够保证非营利组织的问责性。在志愿部门,治理一般是指理事会成员和执行官发挥关键作用的行动领域。治理包括一种特殊的管理。治理者们负责组织的整个方向。治理不可避免地包括大量责任和判断。从法律的角度来看,治理者对组织负责,他们负责组织干什么、怎样干和怎样干好。他们还负责保证组织依法履行自己的义务。尽管治理者负有如此重要的职责,但是通常他们是以志愿者身份参与社会组织的治理的,理事会成员只是一份兼职工作,通常一个月参加一次理事会。就社会组织来说,它的治理更体现出志愿精神的价值。社会组织的治理结构取决于它自身的特点,这一点我们可以通过与营利部门的比较来观察。**一是**社会组织缺乏营利部门所具有的底线——最低利润底线, 社会组织必须具有一个明确的任务和目标,并且必须把这些抽象的目标变成可操作的目标和可以实施的行动方案。当然,如果营利部门没有明确的目标,也会陷入混乱,它们的努力也会付诸东流。但是,在一定时期和一定的资金底线内,营利部门可以混乱,缺乏目标。社会组织则不可这样,否则,它马上会陷入混乱, 社会组织必须不断重申自己的使命,这是毫无疑问的——因为社会组织依赖于捐赠者、志愿者,或者兼而有之。**二是**社会组织需要非常明确它要达到的结果和社会影响,营利部门则主要考核利润。**三是**营利部门的经营所得归自己所有或归股东所有,相反社会组织的所得不论来自捐赠者还是纳税人,都不归自己所有——它们是公共财产, 社会组织的理事们只是这些资金的看管人而已。所以, 社会组织非常强烈的问责性机制——问责它们的使命、产出、资源配置和它们的生产率,需要非常明确它们的责任。它们需要有效的、强有力的、直接的治理和清晰的治理结构。实际上,社会组织的理事会一直非常重要,如今人们对于它的作用的关注超过以往。这个细致的观察一直受到下列因素的影响:计量社会组织提供的服务需求、对于资助这类服务的私人或公共资金来源的极度竞争以及人们对于社会组织传递服务取决于它们领导人的效率这一日益增长的认同,等等。在美国,尽管社会组织的任务和规模千差万别,但大部分社会组织都拥有一样的理事会。它们拥有无酬金、来自外部的、利用业余时间参与管理的理事会成员。不过它们也拥有全职的、有酬金的执行官,称为总裁、执行主任、执行秘书、高级主管、行政官、执行副总裁、总经理,等等。在美国,社会组织全职的、有酬金的执行官不是最终的决策者,而仅仅是决策的执行者,最终的决策者是理事会,那些被称为志愿者的理事会成员承担着重大问题的决策责任,他们与社会组织没有利益纠葛,可以凭自己的价值判断、社会良知、智慧才能对社会组织的发展做出决断,确保社会组织的良性运行,确保公共财产合理、合法地运用于社会发展和公益事业。

(三)服务者的智慧与情商

服务者的智慧一方面表现在他们的业务水平上,另一方面表现在他们的职业操守和做人准则上。市场要讲诚信,这是从事市场活动的各个领域的专业职业人员的基本职业操守,企业家、学者都不例外。浙江温岭杀医案发生后,有人将其归咎于医生和医院追求私利和利润,无视病人的痛苦,缺乏职业操守,等等。职业主义价值观是指人们从事职业活动必须坚守道德底线,遵循基本职业操守。职业操守是从业人员在其所从事的职业活动中的行为规范和社会道德担当。良好的职业操守至少包括:诚信、遵纪、守法、诚实、文明、礼貌、公道。遵守职业操守和完善制度是统一的。就医生来说,仅仅靠遵守职业操守是不能完全约束其行为的,还必须有相应的待遇保障。医药卫生体制改革坚持公益方向没有问题,问题是政府在实行基本药物制度和遏制以药养医之后,应当建立起相应的财政制度,这恰恰是造成当前问题的原因之一。

信息化和互联网正在制造公共服务领域的"私人产品",例如,"私人定制"志愿服务[①]。北京市朝阳区以居民需求为导向推动志愿服务多元化发展。居民可以向自己所在的街道志愿服务机构提出服务需求,社区居委会和志愿组织根据需求分配志愿服务。目前,朝阳区达成志愿服务协议 2 000 余项,内容涉及关爱帮扶、文化教育、医疗卫生。这会大大改变以往那种形

① 《朝阳区 43 街乡推广"私人定制"志愿服务》,《北京日报》2014 年 4 月 7 日。

式主义的社会服务方式，拉近人与人之间的距离。

公共服务的提供是一种职业，从事公共服务提供的人们，不论我们怎么称呼——工作、职业、职务、责任，从业者为了获取报酬必须付出时间、精力和知识。基本公共服务的从业者的报酬通常是政府从纳税人的税款中支付的，这无关紧要，从业者的有薪劳动和提供服务有关，基本公共服务由家庭和社区向服务事业和产业转移表明这个职业的日趋专业化的趋势。“专业”不仅体现在技术上，还体现在规范上，“专业”要求从业人员拥有专业知识和一套专门的职业操守来约束自己的行为。医生是专业化的，出租车司机只是一种职业。不论是专业人士还是职业人士，增加收入无疑会增加他们的满足感，同时良好的人际关系——同事关系、服务对象与服务者之间的关系，也会增加他们的满足感，缩短工作时间也能大大提升他们的满足感，增加满足感的渠道是多种多样的。一个组织内部的良好人际关系可以使本来枯燥无味的工作变得有意义和可以接受，有时人们也会乐在其中。电子商务、视频门诊正在给服务业带来新的发展动力，也在改变人们的交往方式，传统意义上的必须面对面的服务受到电子商务和视频门诊的冲击，可能会带来更大的社会隔离。工业社会改变了传统农业社会的人际关系，信息技术正在改造工业社会的人际关系，信息化社会随之兴起。服务业的兴起成为现代社会的趋势。

（四）被服务者的智慧与为人

被服务者对提供服务的人的行为反应，决定于他（或她）对他人行为含义的理解。人类的认知、评估和定义决定了现实的行为。政府要讲公共价值，市场要讲职业操守，社会要讲公德。只有这样，才能建立起全社会的诚信制度建设的宏观环境。公德是指在一定的社会生活中，为了维护正常的社会生活秩序，全体社会成员应当对社会和他人负责的一些最基本、最起码的公共生活准则。梁启超在《新民说》中说：“夫所谓公德云者，就其本体言之，谓一团体中人公共之德性也；就其构成此本体之作用言之，谓个人对于本团体公共观念所发之德性也。”“公德之大目的，既在利群，而万千条理即由是生焉。本论以后各子目，殆皆可以‘利群’二字为纲，以一贯之者也。”人是社会的存在物,人要在社会中生活,就必须遵循社会组织为维持一定的社会秩序而建立的各种社会规范,其中社会诚信是最普遍的、最广泛的、渗透性最强的社会规范。作为个体的人之所以遵守社会规范,进行道德选择,是出于自身和社会生存与发展的需要。社会及他人的认同和赞许是人的一切利益中最基本的利益,而得到认同和赞许的关键则在于一个人是否有美德和具有社会责任感及社会诚信,品德高尚的人会得到社会和他人的赞誉。医患矛盾加剧呼唤"医患信任",而不是目前一些地方和医院实行的医生习武和增加保安人员。不要让偶然事件加剧社会秩序混乱,导致非常态化举措常态化,那不是社会建设的方向和目标。社会建设的目标是公平公正和正常秩序。社会建设的目标就是要建设人民健康的社会生活,人们之间的交往和沟通以及在此基础上的尊重、友爱和诚信。社会的正常秩序则是依赖建立于社会公德基础上的沟通、认同以及各种社会关系。良好的沟通仰赖于语言表达、内容传递、话语体系、心理坦荡和态度平和。这其中每一个环节都包含了修养和素质。

身份、社会角色、群体、社会网络和社会制度构成了人们社会关系的基本要素。服务者和被服务者分属不同的身份,扮演不同的社会角色,甚至在收入和社会影响上也从属不同的社会群体,有着各自的社会网络,这些就构成了他们不同的行为模式和社会态度,也就构成了社会秩序。

二、社会价值与制度

(一) 社会工作价值的启示

社会工作者是现代社会问题不断增多的产物。漫长历史,疾病不断产生,各种医疗服务应运而生,这些都构成了所谓的公共服务和基本公共服务,随着现代社会问题的增多,社会工作也应运而生。社会工作者有着自己的一套价值体系。"社会工作是一种助人解决问题与满足需要的专门职业。社会工作者在助人过程中同时注意个人与环境之双重焦点,亦即社会工作者一方面直接服务有需要的人士,同时并要促使社会环境、社会制度更对人们负责。因此,社会工作的基本目的除了关怀照顾及治疗外, 也具有改变社会的目的。也因此承诺去改善社会也就成了社会工作的特性之一了。”①社会工作者可以搭建人与人交流和关怀的平台,也可以创造这样的环境。社会工作的核心价值包括服务、社会正义、人的尊敬与价值、正直、能力。社会工作的主要目的是帮助他人解决生活中的社会问题,因此,它要求社会工作者在服务他人时,不能仅仅局限于个人的利益,而必须超越个人的利益,从而能够主动、自愿服务,而不是关注大量的金钱和报酬。这在某种意义上,与志愿者和志愿精神有很大的关联性。在提供社会服务的过程中,社会工作者对于被服务的对象,特别是社会弱势群体和边缘群体,要勇于为他们追求最大利益,并尊重他们的人格和人生价值。南方某省一地级市城区的关爱创益中心活跃着一批社工,他们热情、有爱心。这种热情和爱心来自社会工作自有的价值,通常人们将其称为社工价值,据说,早期的社会工作来源于宗教组织的互助,美国在大萧条时期就出现了这样的活动及其组织,后来慢慢地成为专业要求。该城区现有200多名社会工作者,在关爱中心还专门建立了社会工作服务中心,它是一个在民政部门注册的民办非企业单位,注册资金30 000元。不过,中心的一位部长很在乎中心的性质和定位,告诉我他们是事业单位。民间组织想向事业单位靠拢,事业单位想向政府机关靠拢,是时下的一种社会风尚,反映了整个社会的价值取向。任何制度背后都会有一套价值体系在支撑着,若是没有这样的价值体系支撑,制度是很难按照制度设计者的预期目标运行的,我们认为这是为什么张维迎的市场逻辑在现实中会变形和难以实现预期效果的原因之一。应把制度设计与文化建设有机结合起来。我们在西部考察,看到一个叫战旗的村子,建立文化大院,村民们每天晚上都到文化大院参加各种活动,通过参与文化活动增进了学习热情,加强了交流,形成了社区网络,进一步促进了社会治理。因此,公共服务中的人群关系,或者叫作社会关系,是一种社会变革的重要工具。公共服务的提供者在工作过程中,在服务他人中,若是能够像社会工作者一样,视案主如同伙伴,服务的质量会大大提升,人们的社会福祉会因为个人关系的改善、维持而大大提升。大多数情况下,社会工作者以一种荣誉感和

① 王永慈等:《社会工作伦理:应用与省思》,台湾辅仁大学出版社2002年版,第165页。

责任感在工作。

(二) 制度环境的意义

除了价值体系,还有制度设计本身。自从政府实行购买公共服务的政策以来,某城区政府每年要拿出2 700万元来购买社会组织和社会工作者组织的社会服务。购买的方式通常是公开招标,一年一次,社会组织感到不适应的是,每年一次招标需要每年都参与投标,中标的可能性在有无之间,这样就存在极大的不确定性,换句话说,影响着社会组织人员的稳定性。如何解决这个问题?选择是多样的,**一是**社会组织设计中长期项目,如3—5年的项目,政府每年评估,不达标自然淘汰,不再资助,这需要改革现有的预算体制。**二是**政府要改变观念,尤其是要调整在购买公共服务过程中要求社会组织能够提供配套资金的政策。配套政策本来是政府投资过程中,尤其是中央政府对下级政府、上游政府对下游政府的要求,实际上在实施过程中往往是不能实现的,现在又拿到政府向社会组织购买公共服务的政策中,体现了政府缺乏对社会组织的认识,对政府与社会界限、政府与市场边界分辨不清的问题。这也是我们为什么说,公共服务的提供需要政府智慧的因由了。

还有招标的形式变革实际上也体现了全面深化改革的内涵,由政府直接招标,还是政府委托独立的、专业化的第三方招标,实际上反映了政府如何处理自己与社会的关系及其认识程度。政府提出购买公共服务,把本来由自己直接承担的公共服务供给交给市场、社会组织和机构去提供是一大进步。但是,如何实现招标方式的变革,通过独立、专业的第三方进行评估和招标是更加深刻的变革,这才真正是挖自己的肉,是啃硬骨头。这是实现由"伙计"关系向"伙伴关系"迈进的关键一步。不管如何招标,避免腐败是关键。前几年就听西部某省一家农村合作社的负责人说过一个故事,市委市政府领导来到他们合作社,看了很满意,要求有关部门大力支持。朋友办的这家合作社还真是挺不错的,坚持绿色环保的同时,带领农民致富,卓有成效。待到具体部门来办理财政支持时,给合作社出了不小的难题,要求合作社把政府支持的资金返回经办人一定的比例,据有的朋友讲,这类回扣甚至高达50%。关键的问题是,返回的部分要如何出现在社会组织的账面上,这是合作社领导人最为难的。还有农村合作社的朋友告诉我,他向政府申请的资金是30万元,拿到10万元,经办人扣留10万元,另外10万元被乡镇政府扣留。农民办点事真是太难了,这样的政府官员不治理,国家何以安定?公平正义又何在?

在南方的一些地区,政府购买公共服务方兴未艾。某城区政府向社会工作组织购买公共服务,而社会工作组织在提供过程中遇到的问题之一是,需要相应的配套资金,就是,政府购买多少,社会组织也要相应地配套多少,如同政府在对下游政府投资和拨款中要求的一样。在财政分灶吃饭的体制下,中央政府要求地方政府配套资金是有其法理基础的,而要求社会组织也相应地准备配套资金就没有道理了。问题就在这里,是政府的观念出了问题?还是地方政府在执行中央政府的政策上理解有偏差?恐怕各种情况都会有。所以,一些地方直接参与此类工作的政府工作人员甚至说,最好不要去拿这笔钱。个人也认为这笔钱不好用,若是返还了有关政府官员,一旦东窗事发,说不定还要落个行贿的罪名。政府官员的角色错位是改革开放以来,尤其近十几年来的一种严重社会现象。这个现象表现在个别官员一方面承担着行政的责任,另一方面,又通过行政责任谋取非法利益,利用公权力谋取私人利益,当一个人同时拥有两个社会位置时,他就会面临挑战,出现社会角色紧张。如果制度允许,也许不是问题,一旦制度不允许,就会造成同一个人处在两个位置上的需求与预期之间的困境。时下,若干的公务员都面临着这样的困境。新的政策,要求官员"角色退出",重新扮演新的角色,以达到社会预期。

三、政府如何推动社会进步?

自从工业革命以来,政府在社会事务中发挥的作用越来越大,在一个时期,俨然主导了社会的发展,特别是最近一个多世纪。近年来,各地创办了大量的社会组织孵化器,政府在办公场所和设施设备方面给予了大量的支持。步入社会组织孵化器,可以看到办公设施应有尽有,一应俱全,但是社会组织和活动不多,有的甚至给人空荡荡的感觉。由此令人联想到一个时期以来,各地纷纷建设生物城或生命科学基地,基础设施完备,但缺乏人才和项目,没有实际效果。为什么会出现这样的现象? **一是** GDP 理念在作怪,建厂房、制设备就可以出 GDP,出了 GDP,就可以出领导干部,就可以升官。**二是**发展中的“人”的问题没有解决好,没有把人民群众的最大利益摆在首位,没有把人才的培养和开发摆在首要位置。**三是**不注重绩效。在某地实地考察中,心中一直不解的一件事情是,几年前看到的集“咖啡休闲、阅读交流、自我烹饪”为一体的社区活动中心不见了,阅读休闲部分搬迁到了一个专门的房间,这个房间开了一个对外进出的大门,可以对外营业。问社区的领导,他们说是,空间有限,书越来越多,才搬了出去。至于为什么会对外营业,他们的解释是,交给了一家社会企业在经营。原有的社会功能被肢解了,还能达到预期的目的吗?

中国各地正在学习和探索社会建设的路子,并在借鉴国际经验和港澳台经验的过程中推动地方的社会发展,解决现实中的社会问题。社会建设已经进入到一个需要理论指导,但又苦于缺乏社会理论的时代。中国的社会发展既不能模仿发达国家和地区的经验,又不能仅仅依靠摸着石头过河,可以想象,难度还是非常大的。某市建立了社会服务联会,从香港招聘了一位社会工作者来负责联会的运作。政府对于联会的成立非常重视,专门拨付面积 1 000 平方米的建筑用于办公和开展事业。联会将通过培训、展示、会议、工作坊、创益和社会创新来推动区域社会治理体制机制的建设。这是借鉴香港社会服务联会(简称社联)的尝试,他们聘请了一位香港社会工作者来经营这个社联。在香港,社联是一个代表非政府社会服务机构的联会组织,成立于第二次世界大战后的 1947 年,并于 1951 年根据香港法例 1057 章正式成为法定团体。当时,香港社会需要开展大规模救济工作,社联负责统筹及策划日趋多元化的各种救济和福利服务。20 世纪 70 年代,社联成为政府发展社会福利的重要伙伴。目前,社联有 400 多家机构会员,透过属下 3 000 多个服务组织,为香港居民提供 90% 的社会福利服务。这些探索值得支持和赞赏,中国社会只有在创新中才能健康发展。

四、兼有社会和市场特征的出租车行业

出租车司机、政府、出租车公司、客户甚至黑车司机等之间的博弈在眼下的北京等大城市比比皆是。这其中隐含着一些制度和体制的再设计与重构。政府对于黑车的打击和限制已经进行多年，我们在上下班的远郊区的地铁口仍然可以看到黑车司机的身影。为什么屡禁不止？这可能需要政府与社会之间实现某种程度的协商。社会，在某种意义上，是通过协商来架构的。黑车司机为什么会出现？北京远郊区的农民在土地被征用后，或者拿到较高的补偿，生活无忧，但就业困难。他们还不愿意接受一般的就业岗位。买辆汽车拉活，自由自在，由此也出现了他们与政府之间的互动过程。

中国出租车行业当前面临的问题是发达国家和发展中国家都曾经或正在面临的问题。

我国出租车行业的真正问题是什么？发生在现实生活中的出租车司机罢运，仅仅是表面现象，究其实质，可以把它放到我国改革开放的大环境中去找。

从出租车行业的定位看，在经济转轨和社会转型过程中，一些地区忽视了出租车行业的准公共服务特性，一味地把其推向市场，导致目前所面临的经营权私有化问题。无论是理论界还是政策制定部门，对出租车的市场地位还没有明确和一致的认识，对政府管理或治理模式也存在一定盲区，导致对于出租车定位一直争论不休。而这个问题的解决是解决所有问题的前提。必须明确出租车是混合公共物品，政府管制的最好形式是特许经营，企业经营的最好方式是混合管理。

从公共管理理论出发，出租车行业是“公共交通”还是“综合交通”不甚清楚。有些从业者武断地把出租车定位为“公共交通”的组成部分，他们认为应享受国家补贴。出租车行业具有公共服务性，其从业者作为利益主体，追求经济利润最大化，但并不意味着政府必须补贴。

财政分权体制下，各地采取了不同的管制和经营模式，尤其是一些财政能力薄弱的地区，把出售出租车经营权作为地方财政收入的一部分，导致各

地发展模式上的巨大差异和不同问题。经营权出售的另一个结果是经营权私下转让不断抬高出租车牌照价格,并使之居高不下,司机的利润空间越来越小,社会矛盾也越来越突出。

出租车是中国改革开放以来不断壮大的产业,是伴随着中国的城市化和企业改革逐步发展起来的,企业改革和城市化在出租车发展上打下了深深的烙印。城市化在各地的进展不一样,大城市和中小城市面临的问题、居民的收入不一样,出租车的运量和规模自然也不一样。

由于出租车行业经营权存在着问题,随着社会保障体系的完善、人民生活水平的提高,出租车司机的工作环境和工作强度问题也凸现出来。诸如许多司机反映,工时长、收入低、营运强度大、生活质量低下,等等。

2002 年挪威交通运输部的一份研究报告《规制出租车产业:挪威文献研究》指出,挪威出租车行业面临的主要挑战是出租车司机供给不足。与挪威相反,中国劳动力就业面临的巨大压力使得出租车司机与公司之间讨价还价的空间几乎为零。有的人为了取得出租车驾驶员资格甚至不惜给公司私下送好处费。据有关部门调查,北京市每 100 个拆迁户中会产生 30 名黑车司机。房屋拆迁获得的补偿完全可以使拆迁户有能力购买汽车,加上缺乏就业机会,一些人不得不从事黑车搭客活动。外来打工者或近郊区农民成为城市出租车司机的后备军,出租车公司依靠这取之不竭的后备军作为提高“份儿钱”和降低其他条件的筹码,使得出租车司机在低收入、高强度劳动面前别无选择。随着汽车产业的发展和人民生活水平的提高,拥有小汽车的城乡居民越来越多。就业难和私家车不断增多并存,黑车不断涌现。劳动力大军源源不断和黑车盛行是中国现阶段出租车行业面临的突出的和有特色的问题。

上述特点和条件要求中国出租车的宏观政策必须:准确地给予出租车一个合理的定位;在合理定位的基础上,考虑中国城市发展和政府、企业改革的方向来确定出租车产业发展的中长期目标和近期发展思路;在确定保护了各方(城市、居民和游客、出租车司机)利益的基础上,允许各个地区根据自己的特点和已经形成的现状,确定自己的发展思路。

出租车领域的特点和面临的问题需要政府干预。干预出租车行业发展,是世界各国的普遍做法。问题是政府如何干预。

要界定出租车行业政府管制的基本特征,必须明确这个行业的三个基本参与者的定位,它们分别是消费者、生产者、安排者。消费者直接享受和获得服务,消费者是分层分类的,主要是当地居民和外来旅行者,应当区别对待。生产者主要负责组织生产服务,直接或间接向消费者提供服务。安排者的主要作用是指定生产者给消费者。

对许多公共物品来说,政府基本上是安排者或提供者。在这种制度框架内,政府如何安排服务的生产是界定政府角色的核心。在任何情况下,特许经营权要发挥作用都需要有效的政府规制,包括稳定的、可以信赖的、可操作的法律体系。一般说来政府的职能更多侧重于创造和保护市场秩序。

在出租车制度安排中,必须妥善处理政府、企业和出租车司机之间的关系。就政府而言,要关注交通秩序(车辆多少、道路是否拥挤、路况等)、社会秩序(出租车司机的情绪、生活状况、收入的满意程度)、居民和游客出行便利性,特别是效率、服务质量和居民的满意度。就出租车企业而言,更关注于经营利润、企业形象、长远发展。就居民和游客而言,更关注出行的便利性、价格的合理性、司机的服务质量。就司机来说,则关心收入的稳定性、社会保障和福利的持续性、工作环境的安全等。就乘客和司机来说,如同美国学者雷格厄姆·郝吉思所说,“如果说纽约人希望得到舒适而便捷的交通,那么出租车司机寻求的则是安全就业、更高的工资和像样的工作环境。”[①]这也是我们在调研中感觉出租车司机谈论最多的问题。雷格厄姆·郝吉思对纽约出租车司机的描述与我们在中国国内看到的和听到的并无二样。在与某市出租车司机的座谈中,他们都把自己视为弱势群体——收入低、没有社会保障、工作环境恶劣,说出租车行业是一个“天然的带有无政府特征的行业”。“中国和纽约出租车司机都不幸地拥有的一个共同特征:他们大多数是囿于一个不尽人意的出租车租用体制内的穷人。”[②]在中国,出租车司机把自己比作“穷人”或弱势群体,是指他们的收入与付出不成比例。

---

① 〔美〕雷格厄姆·郝吉思:《出租车!纽约市出租车司机社会史》,“中文版序言”,商务印书馆2010年版,第5页。

② 同上。

在出租车领域的确存在私人经营条件下市场失灵问题,主要表现为以下几点。**一是**随着经济的发展和私人轿车的增加,城市的低收入群体会成为出租车乘客的组成部分,这点已经为发达国家的经验所证明。**二是**每个国家或地区都存在大量残疾人,他们会成为出租车的乘客和服务对象。**三是**城市发展过程中,大量游客和商务人员会需要出租车服务,这也是为什么一些宾馆、饭店、机场需要出租车大量停留和等待。如果完全市场化,弱势群体和残疾人难以搭乘出租车,游客和商务人员在信息不对称的情况下可能遭到出租车司机的盘剥。换句话说,在这个领域,如果完全市场化,会造成资源配置失效,市场失灵。

政府在出租车领域的作用可以界定如下:**一是**资源配置,通过支持和发展出租车行业,并根据各地具体的经济社会发展实施总量控制,解决市场扭曲问题,促进全社会经济福利最大化,在这个意义上,政府对出租车市场的适度干预有利于避免垄断和市场失灵。**二是**收入分配作用。通过竞标、税收、执行劳动合同等方式,对出租车公司进行调整,确保出租车司机的利益不受侵犯。换句话说,通过竞标和执行竞标标准,确保政府税收和对企业的管理,通过劳动合同法,确保劳动权益和社会保障政策得到执行。**三是**管理作用。政府通过订立合同、确定价格等确保竞标内容得到实施,保护消费者的利益,提高城市管理水平。

为了取得这个领域更为经济的资源配置效率和效果,政府必须干预。就政府来说,“无论开什么样的车、谁开车,有一个特质都是共同的,即:在世界各国,出租车行业普遍是由政府控制的,政府控制出租车服务的价格、运营方式和质量。无论是在小城镇还是世界性大都市,政府都会设法掌控是哪些人、在开什么样的出租车,并要保证在该行业所获得的税收。”①从各国的经验来看,政府对出租车领域的干预,确实矫正了这个领域的市场失灵问题,当然,各国的制度环境不一样,政府调节的效果也不一样。

政府要转变观念。在出租车领域,充分发挥市场的能力和作用,把出租车经营服务交给市场配置,通过实现竞争向市民和旅行者提供优质的出租

---

① 〔美〕雷格厄姆·郝吉思:《出租车!纽约市出租车司机社会史》,“中文版序言”,商务印书馆2010年版,第四页 。

车服务。

政府干预的方式很多,包括税收、对私人消费和投资的补贴、在公共领域直接供给服务和物品、强制和禁止,等等。根据我们的实地研究和对国际经验的分析,我们认为,政府可以把出租车行业当作准公共服务或混合公共物品,实行特许经营,适度控制出租车数量和价格,对出租车企业采取税收制度、对出租车的车型等外观实行强制规定,等等。

公共服务领域引入市场机制的关键问题是交易成本。"交易成本包括与承包方面有关的生存能力和信誉风险、服务中断的可能性以及潜在的相关费用,需要监控必要信息的可能性及其相关费用,对不履约进行处罚的可能性和有效性以及改变供应商的有效性。"①这触及到了市场经济的实质,市场经济包含了丰富的内容,它包括产权明晰、法治环境、追求利润、信誉信用以及公平竞争,这些特征既有经济的内涵,也有社会的特征,在深层上,经济与社会是很难分开的,实际上是可以打通的。

就特许经营来说,又可以分为排他性的和非排他性的两类。"特许经营是服务提供的另一种制度安排。排他性的特许是指政府将垄断性特权给予某一私营企业,让它在特定领域里提供特定服务,通常是在政府机构的价格管制下进行。非排他的或混合式的特许方式也是存在的,出租车行业即为一例。"②排他性和非排他性的特许经营,它们的区别在于后者的制度安排者是政府和消费者。在排他性特许经营这种制度安排中,政府授权某一组织直接向消费者出售某一服务或产品。非排他性特许经营包括场域特许使用和租赁。前者主要是指政府将一些特定公共领域安排给私人机构运营,后者主要是私人企业租用政府的有形资产。

"从国际经验来看,萨瓦斯把民营化的方式归纳为三大类:(1) 委托授权——有时又称部分民营化,它要求政府持续地、积极地介入,因为国家依然承担全部责任,只不过把实际生产活动委托给民营部门。委托授权通常通过合同承包、特许、补贴(补助或凭单)、法律授权等形式来实现。(2) 撤

---

① S. J. Bailey, *Public Sector Economics: Theory, Policy and Practice*, London: Macmillan, 1995.

② 〔美〕E. S. 萨瓦斯:《民营化与公私部门的伙伴关系》,中国人民大学出版社2002年版,第6页。

资——这意味着放弃某一企业、某一职能或某一资产。……(3)政府淡出——与要求政府积极行动的委托授权和撤资不同,淡出是一个消极和间接的过程,即政府逐渐被民营部门取代。”①可以将我国出租车行业今后的制度安排确定为服务特许经营。政府实行出租车服务特许经营是政府通过合同契约形式(竞标)委托出租车公司向市民、旅行者等公众提供个性化的公共交通服务。政府和公众共同对出租车公司提供的服务进行评价和监督。

政府不应当对出租车行业进行财政补贴。一方面,财政补贴必然使出租车服务成本刚性化和出租车的高管制化,由于财政补贴是对整个出租车行业进行,而非对具体使用出租车服务的弱势群体提供(在经济条件许可时可以尝试),这很难对具体的出租车服务供给主体的出租车公司及司机形成有效的激励约束机制,从而带来更多的负激励。另一方面,财政补贴很容易使出租车行业更多地倾向于获取财政补贴,而非通过提高效率以降低服务成本。同时,财政补贴的分布和政府财政资源投入的方向将决定出租车行业资源配置的方向,而非出租车资源与出租车市场需求相适应,这将不可避免地导致公共资源的不足和过剩共存的局面。如当前某些地区城镇居民对出租车资源的过度占用,出租车行业对公共资源的过度使用,本身就是财政资源投入决定出租车资源倾斜方向等的突出表现。

理顺有形之手与市场之间的边界,避免有形之手在出租车服务市场的缺位、越位与不到位,是实现效率与公平兼顾的基础。这需要政府改革出租车服务体系:对特殊人群通过财政补贴进行合理引导,监管出租车服务市场的价格,管制特许经营门槛,推动出租车服务体系的社会化投资、市场化运作。

在出租车管理体制中,政府、市民和旅行者、出租车公司、出租车司机构成政府出租车服务特许经营的四个关系主体。正确处理好四者之间的关系,规范出租车服务行为、提升出租车服务质量,是政府出租车服务特许经营的基础。成熟的出租车公司才能构成发达的出租车市场体系,才能与政府合作承担起提供出租车服务的职能。

---

① 〔美〕E. S. 萨瓦斯:《民营化与公私部门的伙伴关系》,中国人民大学出版社2002年版,第6页。

鉴于现阶段我国政府的改革正在推进,公共服务特许经营业务尚处于探索和完善阶段,市场主体正在明晰,运行机制正在建立,当前出租车行业的重点是通过出租车经营权的投放,引导社会资源投向出租车服务领域。无论是从理论上还是从国际经验来看,政府可以用多样化、混合式的制度安排来提供特定的服务。

第2章
基本公共服务拥抱什么?

至于我之所以称赞平等,是由于看到它鼓吹不服从的理念。我之所以称赞平等,是因为看到它使关于政治独立的模糊观念和本能的冲动深入人心,并由此提供了纠正它所产生的弊端的办法。正是基于这一点,我才分外爱慕平等。

——〔法〕托克维尔

社会制度是社会学研究的重要内容。公共服务制度也是一种社会学意义上的社会制度,即它是以满足社会需求为核心而通过政府组织起来的社会形式,它的核心宗旨是要求政府在市场失灵的前提下,重新对社会财富进行再分配,以确保处于社会边缘和不利地位的群体能够享受到基本的公共服务,这也就造成了一种新的社会互动方式,是近现代历史上对社会现实的再定义以及重构的过程。最初的社会结构中,养老等服务由家庭和社区来执行,尤其在被滕尼斯称为礼俗社会的社区中更是这样,居家养老实际上是农业社会大家庭中遗留下来的养老方式和制度遗产。工业化和城市化改变了这种格局,大量的人口离开家庭和传统的社区,进入城市,陌生人聚集在一起生产和生活,形成新的社会聚落,传统的家庭解体后的生老病死留给了城市,把政府推到了前沿,政府扮演了新的角色,至少在过去一百年间,情况是这样。也正是因为这样,公共利益就与政府的角色联系在了一起。在许多情况下,公共利益需要政府通过法制和强制的方式确保实施。公共利益需要政府作为,但是又不越位。

对我国近三十年来的公共服务供给状况的分析有三种主要的观点:第一,可以通过市场和社会组织来提供,这在20世纪90年代后期表现得尤为明显。当时,一个时期内,人们似乎认为市场可以解决一切问题,社会组织可以承担一切责任,愿意把公共服务交给市场和社会。第二,在反思教育产业化和医疗卫生产业化带来的问题之后,人们开始强调政府的责任,认为政府是公共服务供给的主体,有什么问题就找政府。这带来的问题也不少,有些人把什么问题的解决都归结为政府的责任,求助性的上访在一个时期内成为信访的重要组成部分。第三,政府仅仅是基本公共服务制度的安排者,不是唯一的提供者。但是,政府必须通过各种手段确保公共服务的提供和确保基本公共服务满足每一个公民的需求。

一、私人利益与公共利益

基本公共服务拥抱公平正义,这是它生来就有的一个根本特征。在市场化建设过程中,由于产权制度的完善,私人利益得到保障的程度在不断提高,私人利益满足的方式也在不断完善。但是,在任何情况下,私人利益都替代不了公共利益。眼下,正值国家和地方在进行"十二五"规划评估和准备在此基础上梳理"十三五"规划思路,并启动了"十三五"规划的基本思路研究,这其中包括基本公共服务体系规划。基本公共服务体系建设和基本公共服务均等化正作为推进新型城镇化的重要举措之一出现在各地的文件、学者们的讨论和媒体的宣传中。政府作为委托方和社会组织或企业作为代理人之间的关系非常复杂,主要表现在利益冲突和监控管理方面,"利益冲突和监控问题是委托人和代理人之间各种交易的通病。"[①]过分迷信政府购买公共服务可能会为错误诊断的疾病开出错误的药方。为了深入探讨

---

① 〔美〕唐纳德·凯特尔:《权力共享:公共治理与私人市场》,北京大学出版社2009年版,第161页。

这一问题,我们引入公共利益这一概念。

公共利益一般是指公共福利或一般福利,它是公共政策的核心议题。从经济学的角度说,它具有非排他性(non-excludable)和非竞争性(non-rivalrous),一个人的使用和获取并不影响其他人的使用和获取。通常包括公共领域的空气、灯塔和知识。几乎每个人都声称参与和增加公共利益是积极的,但若不明晰公共利益的组成内容和概念,将无济于事。按照《兰登书屋词典》(*Random House Dictionary*)的解释,公共利益包含两层意思:**一是**指公共福利或一般福利。**二是**与平民百姓有关的利益。[①] 本书所指的公共利益更倾向于后者,即与民众利益相关的、关系民生的利益。一方面,这样界定符合中国自20世纪90年代从“卫生产业化”和“教育产业化”转向完善基本公共服务体系的政策脉络的演变,另一方面,也符合当前中央提出的关注民生的战略部署,还适合于当前我国经济社会发展的阶段性特征。

个人如何看待公共利益,并在实现公共利益的过程中实现个人利益最大化,这是国人还没想清楚的一个问题。很多人在实现个人利益最大化过程中损害了公共利益,不知不觉、洋洋得意、暗暗自喜。我们认为,“从明晰公共利益到全面实现公共利益”是想探讨这样一个问题:从20世纪90年代开始,试图通过市场手段来满足人们的公共服务需求,以致提出“教育产业化”和“卫生产业化”并将其作为政策付诸实施,最终导致了人民群众看病难、看病贵、上学难、上学贵等一系列问题,为此,不得不在21世纪初期提出基本公共服务均等化和建立政府主导、统筹城乡、可持续的基本公共服务体系这一国家战略的重大调整。在公共领域,从老百姓买得起什么由市场决定转向老百姓需要什么由政府确保,也就区别了市场供给与公共福利,前者的目的是利润,后者的目的是公共利益。无论如何,这都是一个根本性的转变。例如,在美国,从谋取利润转向公共利益或公共福利,满足老百姓的需求,成了罗斯福新政以来政府公共服务的核心理念。在20世纪30年代的经济危机前后,罗斯福政府通过税收来实现政府提供公共服务的能力,从此,“国家作为供应者的角色,预示了它作为筹款人和收税人的功能。在‘新政’的治理

---

① http://en.wikipedia.org/wiki/Public_interest.

下，政府本身开始成为全国无可匹敌的最大企业。"[①]中国情况略微不同，在转向实现政府公共福利目标和实现老百姓的公共利益的过程中曾发生两件事情，**一是**中央政府把越来越多的公共服务职能交给了地方政府，由地方政府来实现其民生目标。**二是**地方在税收能力有限的环境下，不得不打土地和银行的主意，于是，在最近几年，地方政府成了全国无可匹敌的房地产开发商，而银行则成了地方政府债务的最大债主，也就出现了近期各方关注的地方债务问题。纵观历史，这是中国在实现公共利益过程中的"中国特色"。这个"中国特色"在经济面临下行压力的状态下，会更显现出社会领域的冲突，对此要引起注意。不论是由政府来负责公共服务供给还是由市场来负责，实质上都需要明确一点，政府自身是不创造价值的。充其量，政府在市场和社会之间扮演了财富分配者的角色，通常意义上，人们关注的是，它是否能够扮演一个公正、正义、公平的分配者的角色。纵观历史和现实，由于政治家、政策制定者、政策执行者本身是社会成员的一部分，有着自身的利益和诉求，加上决策过程的复杂性，他们往往或者主观上会倾向于某一利益群体，或者客观上做出不利于某一群体的决策，导致政策的不公平、不公正，缺乏公平性、正义性。比如，美国的老百姓从罗斯福的社会福利中尝到了甜头，得到了实惠，最初他们欢呼雀跃，"人们多少有点天真地把山姆大叔视为一个与老百姓的钱袋子完全无关的慈善之源。"[②]然而随着时间的推移，随着社会福利刚性特点的显现，人们渴望更高水平的福利，也担心福利体系潜在的问题：政府的官僚作风，对弱势群体的娇纵，联邦政府对地方政府权力的侵蚀而导致州政府的衰弱，等等。在经济大萧条时期，公共服务的效率问题、运行过程中的贪污腐化等问题暴露了出来。"在政府充当监管者的体制下，总是潜伏着这样的危险：当作'公共利益'来夸耀的东西，实际上会变成一个集团的利益——如果不是实业家、银行家或退伍兵的利益，那么便是农民、工会或者一大帮无用之辈的利益。"[③]"他（罗斯福——作者注）致力于通过提升物价和大规模经济扩张，而不是通过降低物价和注销债务来实现复

① 〔美〕狄克逊·韦克特：《大萧条时代》，新世界出版社2008年版，第91页。
② 同上书，第98页。
③ 同上书，第99—100页。

兴。他必须始终让自己的脚踩住加油器,而不是踩住刹车,前方的道路看上去尽管黑暗,但他必须一直向前开。"①罗斯福时期,利益集团业已形成,包括那些为政府服务的经济专家、公职人员也没有表现出人们想象的无私和诚实,更不用说那些大企业了。所以,在公共政策的制定过程中,所有相关利益者,都不是生活在真空中的,他们都有自己的利益和政治立场。

制定规划是为下一个阶段的发展勾画蓝图,推动决策。决策本身也是一个非常复杂的过程,既涉及认识方式的问题,也涉及如何把各种认识组合起来形成一个全景式的描述和分析。"政策制定的关键问题是信息的系统性和机构问题。碎片化的学术训练和碎片化管理机构阻止了我们系统地去分析问题,这种危机是一个体制问题。如果我们只看问题的一部分,这部分只是一个个人偏好的认识问题。在全球市场和国家规制、国家政策以及国家与全球之间的关系这样一个层面上,个人的碎片化认识将显得微不足道。每个人都认为自己提出的问题很重要,但是现实问题是一个系统性问题。"②这实际上告诉我们,决策的综合性和系统性,也就是如何建立综合决策机制的问题。建立综合决策机制不是一个新问题,十几年前就已经提出来了,只是如何落实的问题。进一步说,各种不同的认识背后必定牵扯到不同的利益群体,综合决策过程不仅是一个通过讨论补充各自不同认识缺陷的方式,更是一个利益博弈的过程。尤其在当下中国,利益群体的形成已经是一个不争的事实,如何在平衡各个利益集团的关系中形成新的利益平衡并实现公共利益最大化,是当前推进基本公共服务体系建设的关键。

二、基本公共服务拥抱公平正义

服务对象为什么会对基本公共服务的质量如此关注,并会因为服务不周引发冲突?这是由基本公共服务的性质决定的,尤其在中国这样一个政府背负过多的职能和责任的国家,公众对于政府的依赖远远大于对于自己

---

① 〔美〕弗雷德里克·刘易斯·艾伦:《大衰退时代》,新世界出版社2009年版,第161页。

② Olivier Blanchard, etc, *In the Wake of the Crisis*, the MIT Cambridge, Massachusetts, London, England, 2012, p. 170.

寻求解决问题办法的依赖。公共服务，尤其是基本公共服务拥抱的是公平正义和稳定有序，疏远的是贫困、排斥、无序和混乱，核心在于确保全体人民能够享受基本的公共服务，诸如公共教育、基本医疗等。这与公共服务产生的历史背景不可分隔。根据公共管理理论，公共服务是指由政府，包括地方政府通过法律法规、政策措施、财政税收等确保提供给公众的服务，这类服务会使所有人受益，具有非排他性和非竞争性，因此一般私人部门难以从财力上支付，而须由税收负担。基本公共服务具有公共服务或公共物品的基本特性，也具有非排他性和非竞争性。大部分国家的公共服务包括警察、军队、公路、公共交通、基本教育和保健。由于公共部门提供的服务很难把不付费者排斥在外，如路灯、义务教育等，因此，在大部分国家，基本公共服务制度都涉及地方政府，涉及均等化体系和财政税收制度，尤其是转移支付制度。“让所有的地方政府有能力为本地居民提供一定的、最低限度的公共服务是均等化背后的基本原则。”①这也是在工业化进程中形成的社会问题，是人们急于要解决的。在这个问题上，中国一直把基本公共体系建设视为服务体系本身的问题，这是不够的，要进一步深入到财政体制改革，尤其是转移支付制度的改革，进而深入到中央和地方的事权和财政责任的理顺，这是一项巨大的改革工程。

公共服务之所谓拥抱公平正义是基于政府与市场关系的性质。② 纵观历史，公共服务是政府对市场失灵状况做出的一种反应。完全的民主和市场情况下，在市场领域，市民是用金钱投票的。由社会成员能力不同导致的收入不平等决定了市民在交换领域的不平等和享受发展成果的不平等。进一步说，大多数市场国家的情况是，不管人们的收入有什么样的差别，对于同一商品，人们的支付价格是一样的。这样，收入差别决定了人们可以享用不同数量和质量的产品与服务。(见表2-1)在市场失灵的情况下，政府需要对这种市场失灵做出反应，主要包括税收、担保、补贴、惩罚、法律和法规、公共物品提供、公私合营提供公共物品等，从而确保社会公平与公正，尤其是

---

① The Republic of Uganda Local Government Finance Commission, “Introduction of Equalization Grant”, March, 1999.

② Holley H. Ulbrich, *Public Finance in Theory and Practice*, Thomson Learning, 2003, p. 3.

保证那些受到市场排斥人群的基本生活和基本利益。

表 2-1 有关国家和地区居民收入分配

国家和地区	年份	基尼系数	各组占全部收入或消费的比重(%)				
			最低的20%	第二个20%	第三个20%	第四个20%	最高的20%
中国	2005	0.42	4.99	9.85	14.99	22.24	47.93
中国香港	1996	0.43	5.26	9.39	13.85	20.75	50.75
印度	2005	0.33	8.64	12.22	15.81	20.97	42.36
日本	1993	0.25	10.58	14.21	17.58	21.98	35.65
韩国	1998	0.32	7.91	13.56	17.95	23.13	37.45
新加坡	1998	0.42	5.04	9.42	14.55	22.02	48.97
越南	2008	0.36	7.42	11.52	15.81	21.84	43.41
南非	2009	0.63	2.70	4.63	8.16	16.30	68.21
加拿大	2000	0.33	7.20	12.73	17.18	22.95	39.94
墨西哥	2008	0.48	4.73	8.65	13.08	19.87	53.67
美国	2000	0.41	5.44	10.68	15.66	22.40	45.82
阿根廷	2010	0.44	4.38	9.31	14.78	22.17	49.36
巴西	2009	0.55	2.85	7.13	12.41	19.04	58.57
委内瑞拉	2006	0.45	4.28	9.52	14.60	22.18	49.42
法国	1995	0.33	7.18	12.62	17.19	22.80	40.21
德国	2000	0.28	8.52	13.72	17.79	23.09	36.88
意大利	2000	0.36	6.50	11.98	16.75	22.75	42.02
俄罗斯联邦	2009	0.40	6.46	10.35	14.77	21.29	47.13
英国	1999	0.36	6.14	11.41	15.96	22.47	44.02
澳大利亚	1994	0.35	5.90	12.01	17.20	23.57	41.32

数据来源:国家统计局:《2013 年国际统计年鉴》,中国统计出版社 2013 年版。

基本公共服务是政府的基本责任。基本公共服务制度是人类20 世纪所建立的最重要的制度文明之一,是人类文明的伟大发明。现代基本公共服务制度是工业革命基于对公共事务和社会问题处理而产生的社会法律现象,是指国家或社会依据一国宪法和法律,以政府作为责任主体,通过一定的制度安排和作用机制,为本国国民提供经济福利的国民生活保障和社会稳定系统。综观世界各国的基本公共服务制度,无不表现为一种政府行为,在各国基本公共服务制度建立、发展和完善过程中，政府都“功不可没”。当前，我国的基本公共服务制度改革仍处于政策选择和制度完善之中，基本公共服务制度框架虽已形成，但对各参与主体的责任划分缺乏明确科学的界定，主要表现为在公民实现基本公共服务权利时政府机制与市场机制作用的界限不清，即政府应当在多大的程度上履行自己的职责，以保障公民基本公共服务权利的实现。“让所有的地方政府有能力为本地居民提供一定的、最低限度的公共服务是均等化背后的基本原则。”①关于这一点，即政府的责任问题，美国前总统克林顿在1996年竞选时曾经说过：“作为国家的职责，确切地说，作为总统的职责就是，通过创造有利于所有美国人的经济环境，通过确保所有美国人都有机会抓住经济增长带来的机遇，开辟一条通向未来的道路。”“在美国，这永远是获得成功的规律，而把握这个规律，一直是改变我们国家各个方面的关键。”②在经历了20世纪30年代以来的福利国家的种种利与弊、长与短之后，克林顿还是把机会均等放在了优先的位置。

公共服务之所谓拥抱公平正义也是处理好公平与效率关系的前提。③公共服务是政府为促进社会公平而采取的社会管理措施。公平意味着更合理地分配财富、收入和资源。在市场经济的社会中，经济资源聚集会导致极度的收入分配不平等，减少不平等成为发展中的重要内容，也是全世界公认的发展目标。通常减少这类不平等主要靠市场、私人部门自愿的再分配，以及政府的干预，通过政府在再分配中发挥主要作用。一方面，通过政府的再分配，实现财富、收入分配、资源和机会占有的更加均等。另一方面，通过实现平等和公平，促进社会稳定有序。“不平等和社会反抗之间的联系确实十分紧密，它们之间的关系是双向的。当一个社会发生叛乱或反叛时，其中必然存在可觉察到的不平等感，这一点显而易见；但是意识到下面这点同样很重要，即，对不平等的觉察及对这个难以名状的概念内容的确定大大倚赖于

---

① The Republic of Uganda Local Government Finance Commission, “Introduction of Equalization Grant”, March, 1999.

② Bill Clinton, *Meeting America's Challenges for the 21st Century*, Random House, Inc, 1996, p. 14.

③ Holley H. Ulbrich, *Public Finance in Theory and Practice*, Thomson Learning, 2003, p. 115.

实际反叛的可能性。”[1]所以,平等和稳定从来就不是分开的,社会管理既要促进社会公平,也要保证社会稳定。政府通过基本公共服务来实现社会公平,确保提供更好地保持社会稳定的社会治理。

基本公共服务权利与一般民事权利最大的不同是在国家与公民之间形成了直接的权利、义务关系,国家以更加积极的姿态,为社会创造更好的服务。基本公共服务权利所关心的是人的最基本的需求,其蕴涵了深刻的人性关怀,从这个意义讲,基本公共服务权利首先是基本人权。人权产生于17世纪反封建的资产阶级革命,在18、19世纪主要开展于欧美地区,基本公共服务权利制度出现在人权的第三个阶段,20世纪扩展到全世界,基本公共服务权利的确立体现了保护人权的基本价值取向。所谓基本人权,是指社会存在的每个人及其组合体(群体)享有由各国政府、社会(包括国际社会)负有主要保障责任的,在各方面(政治、经济、社会和文化领域)享有“人作为人”和“把人看作人”的起码的基本权利和基本自由,基本人权的权利主体是公民及其组合体,责任主体是各国政府和社会,其内涵是人们享有各方面的基本权利和自由,其本质是保护广大无权无势的平民百姓和弱势群体的基本权利和基本自由,基本人权体现了人权的本质。[2] 从道德意义层面看,人权属于应有权利,是指人作为人所应享有的权利;从法律意义层面看,人权属于法定权利,是一国通过国内法律所应确定的公民权利;从现实意义层面看,人权属于实有权利,是一种实实在在的现实权利。

公共物品及其外部性决定了政府必须扮演公共服务安排者的角色。[3]公共服务还体现了发展的社会属性。社会发展的内容具有公共物品、自然垄断和外部经济等特征,因而是市场无法有效提供的。在这里,教育和卫生最为典型,它们为全社会所需求,可以通过市场提供,具有外部性,要保持基本教育和基本公共卫生的公平性,政府必须介入。掌握公共权力的政府必须承担起供给公共物品、公共服务的责任,并对这些基本公共服务进行管理。在这里我们所谓承担不一定完全要政府亲自去做,但是政府必须保证

① 〔印度〕阿玛蒂亚·森:《论经济不平等》,社会科学文献出版社2006年版,第3页。

② 关今华、袁俊韬:《论社会保障本质——以基本人权为中心》,《福建法学》2006年第1期。

③ Holley H. Ulbrich, *Public Finance in Theory and Practice*, Thomson Learning, 2003, p.66.

基本公共物品对于全体人民可及，至于如何到达人民手中，基本公共物品的供给可以根据效率原则进行。社会公共服务具有典型的公共服务特征。

基本公共服务权利也是社会权利。社会权利是基于福利国家和社会国家的理念，为使任何人都可以获得合乎人性尊严的生存，而予以保障的所有权利的总称。这种社会权利表现为三个方面：第一，人有义务去满足他人的基本生存权；第二，强调正义、公平、履行义务、寻求公正的社会经济权。给予穷人实际的社会权，托马斯·潘恩进一步肯定地强调："不是施舍而是权利，不是慷慨而是正义。"第三，基本公共服务权利是一种接受权亦即积极人权，享有接受权是有资格接受某物或以某种方式受到对待的权利。[①] 社会权利是伴随着人权的国际化、人权的内容不断扩展而出现的，人权不仅仅局限在政治领域，还发展出经济、社会和文化权利即社会性权利，也即社会权。社会权之所以产生是基于以下几个方面的原因：(1) 人类对生存与发展的需求；(2) 自然威胁与社会威胁（含市场机制与竞争机制）导致的人类生存条件的脆弱性；(3) 资源和权利的稀缺性；(4) 道德与理性对人类需求的表达和实现将是一个长期的历史过程。[②] 作为社会共同体生活的一项原则，任何处于危难中的人都有权向他人呼救，所有的人都有责任解除呼救人的危难，因此，国家应当以积极作为的形态介入这一社会性权利的实现领域，使社会经济弱者获得实际上的自由。

理解了基本公共服务的上述特点，我们会进一步理解服务者和服务对象之间关系的实质，理解他们之间的权利和义务、担当和遵循，进而理解政府、社会、市场和个人的角色，这是我们规制基本公共服务体系建设中的各方的权利和义务的基本依据。

提供公共服务是我国社会主义初级阶段发展的内在要求。实现社会的公平正义，没有包括再分配和基本公共服务等一系列政策和措施是不可能的。实现社会的公平正义是社会主义初级阶段的主要任务，也是这个时期社会管理的主要任务。公共服务是政府在市场失灵的领域发挥作用，实现

---

① 李长健、李伟：《和谐语境下农民社会保障权的法律保护》，《北方论丛》2006年第5期。

② 刘俊海：《论社会权的保护及〈经社文公约〉在中国的未来实施》，刘海年主编：《经济、社会和文化权利国际公约研究》，法制出版社2000年版，第62页。

社会公平的重要途径。完善公共服务供给是实现社会管理的重要途径。公共服务具有非排他性和非竞争性。基本公共服务具有公共服务或公共物品的基本特性,包括非排他性和非竞争性,除此之外,“每个社会都会根据自己的经济实力、市场和制度环境,以及实际的公共需求,来做出合理的选择。”①考虑公共财政支出的能力,世界上一些国家又在公共服务中划分出基本公共服务。因此不同国家或地区,不同发展阶段或时期,基本公共服务的范围和特点是不一样的。这一方面取决于能够满足社会公共需求意愿的可用于再分配的财政收入是多少,还取决于政府失灵的程度、市场的发育程度、非营利部门的成熟状况、公共部门交易费用的高低等诸多因素。在我国,有研究认为,“基本公共服务,指建立在一定社会共识基础上,根据一国经济社会发展阶段和总体水平,为维持本国经济社会的稳定,基本的社会正义和凝聚力,保护个人最基本的生存权和发展权,所必须提供的公共服务,其规定的是一定阶段上公共服务应该覆盖的最小范围和边界,比如基本的公共教育、公共卫生、社会保障、基础设施、公共安全,等等。也就是说,基本公共服务回答的是特定阶段应该提供什么公共服务的问题。”②国际上也有人把基本公共服务称为核心公共服务(Core Public Service),如教育、保健、社会安全网等。③

我国现阶段的基本公共服务应当是,在我国社会主义市场经济基本框架已经初步建立但还需继续完善的条件下,政府为实现社会的公平和公正,通过完善财政体制和提供财政保障(包括一般性转移支付和专项转移支付)来使不同地区政府确保本地区居民有机会、有能力、有权利接近主要公共服务项目。基本公共服务是政府的基本责任,是公民的基本权利,它体现了发展的社会属性。就转移支付而言,基本公共服务均等化实质上是政府间对基本公共服务的责任分享。这种责任分享是建立在公共事务责任明确和财政责任合理划分之基础上的。考虑到我国现阶段的特点,尤其是在地区差别比较大的条件下,可以把我国现阶段的基本公共服务分为全国性基本公

---

① 刘小玄、赵农:《论公共部门合理边界的决定》,《经济研究》2007年第3期。

② 陈昌盛、蔡跃洲:《中国政府公共服务:体制变迁与地区综合评估》,中国社会科学出版社2007年版,第3页。

③ 吴敬琏:《从别国的历史经验中寻求富强之道》,《中国改革》2007年创刊号。

共服务和省市(直辖市)级基本公共服务。全国性基本公共服务是中央政府根据我国现阶段经济社会发展阶段和总体水平、我国现阶段的财政支付能力、全国城乡差别和地区差别状况以确定的满足全国居民基本需求的基本公共服务。省市(直辖市)级基本公共服务主要是指一些发达省市根据自己现阶段经济社会发展阶段和总体水平以及现阶段的财政支付能力,为满足本省居民需求确定的本省市内部的基本公共服务。一般说来,像在中国这样一个人口大国,基本公共服务的可持续性必须是始终放在首要位置进行考虑的。

三、如何为基本公共服务立规矩?

毫无疑问,人类对于公共服务的需求越来越多,供给主体也日趋多元化,现代公共服务体系也越来越复杂。为公共服务立规矩就是确定哪些服务可以成为基本公共服务。如何为基本公共服务立规矩?这包含了两层意思:**一是**如何实现基本公共服务;**二是**基本公共服务的各个利益相关者的基本遵循。关于基本公共服务的基本遵循我们留到本书的最后一章讨论。各个国家根据自己的历史发展、政治背景、文化传统、经济基础等因素确定了适合本国国情的基本公共服务体系。中国不能照搬一般意义上的国际惯例,也不能完全闭门造车,需要在借鉴国际经验的基础上,创新自己的理论与实践。根据国内外的经验,确定我国现阶段基本公共服务必须基于五个原则:现实性原则,即从我国现阶段的历史特点出发,根据人民群众最关心、最迫切、最需要解决的问题来确认我国现阶段的基本公共服务。国际性原则,一方面,我们需要借鉴国际经验来建立我们的公共服务体系,另一方面,我们在确定我国现阶段基本公共服务时,也需要与国际接轨。“如果我们能够从别人的成功和失败中汲取经验和教训,就能够把这条路走得更好和更稳。”①法制化原则,确定我国现阶段的基本公共服务必须依据我国政府的有关法律和政策。比如,《中共中央关于构建社会主义和谐社会若干重大问题

① 吴敬琏:《从别国的历史经验中寻求富强之道》,《中国改革》2007年创刊号。

的决定》就是很好的依据,另外,宪法也是我们确定我国现阶段基本公共服务时应当考虑的。战略性原则,从整个国家、全社会发展来考虑基本公共服务。发展性原则,充分考虑基本公共服务的供给对于社会成员发展能力的培养和对于社会可持续发展的影响。

现实性原则。从公共需求出发来确定基本公共服务。"一般市场经济国家是公共需求决定公共供给,在市场失灵的领域,公众愿意为满足其需求支付的税收构成政府公共开支的来源,公共产品主要是依赖税收来进行生产的。"[①]我国的公共财政体系正在建设之中,我国的决策体制也在不断完善,建立完善的公共需求决定公共供给的机制还需要不断努力。不过,从我国现阶段的历史特点看,当前我国面临的突出问题首先是公共服务总量不足,就业继续处于高压状态,社会保障不完善,收入分配差距不断拉大,社会事业基础设施薄弱,教育普及和劳动力受教育程度偏低,公共卫生体系不健全,精神文化生活不够丰富,城乡发展和地区发展不平衡,特别是农村社会事业落后,基层医疗卫生基础薄弱,文化体育设施十分匮乏。其次是我国公共服务产品分配严重不均衡,公共服务的分配存在失衡问题。农村居民、边远地区居民、广大弱势群体不能充分享受基本的公共服务。这些问题的存在,不利于满足不同群体享有教育、卫生、文化等公共服务的基本需要,不利于平衡不同群体的利益关系,影响社会公平公正的实现。再次,"看病难、住房难、上学难"被公认是人民群众最关心、最直接、最现实的问题。我们可以把"看病难、住房难、上学难"视为公众认同的公共服务需要。在国际上,公众认同是确定基本公共服务的方法之一,例如,在加拿大,教育、保健被大多数加拿大人视为最基本的社会公共服务。[②]

国际性原则。不同的国家在不同历史阶段对于基本公共服务的内容的界定是不一样的。加拿大把教育、医疗卫生和社会服务(主要是社会福利)作为联邦政府财政均等化的主要项目,所以,有人把加拿大的均等化称为教育和卫生的均等化。[③] 印度尼西亚把初等教育和公路设施列为政府财政均

---

① 刘小玄、赵农:《论公共部门合理边界的决定》,《经济研究》2007 年第 3 期。

② Ministry of Finance, Canada, "Canada's Fiscal Imbalance", 2002.

③ "Equalization: Will the attacks ever end?", Institute of Social Policy, Canada, Feburary 2002.

等化的内容。巴西把医疗卫生列为转移支付项目。哥伦比亚和智利把教育列为转移支付项目。智利实行教育券政策。美国的一些州也采取类似措施，如密歇根。巴西发展中遇到的基本问题之一是公共服务供给不足和供给中存在不均等，限于资源和缺乏集中的财政，巴西的公共服务主要集中在教育和医疗卫生。教育、医疗卫生、社会服务、基础设施是各国普遍或者是比较公认的基本公共服务。在联合国的文件中，基本公共服务包括：清洁水、卫生设施、教育、医疗卫生和住房。在南非，联合国儿童基金会和联合国开发计划署把基本教育（学前和小学教育）和初级医疗定义为基本社会服务（Basic Social Service），同时也讨论了饮用水、卫生设施、营养、社会福利和公共工作项目，把它们部分地作为基本社会服务。

表 2-2　政府财政收入占国内生产总值比重　　单位：%

国家和地区	2000	2005	2007	2008	2009	2010
世界		**23.0**	**23.9**	**23.3**	**22.2**	**22.9**
高收入国家		**23.7**	**24.2**	**23.8**	**22.7**	**23.0**
中等收入国家	**14.5**	**18.5**	**22.0**	**20.3**	**18.9**	
中国	7.1	9.5	16.8	11.1	11.9	
中国香港		20.0	22.8	19.7	20.7	22.7
中国澳门	19.9	25.2	29.6	33.7	33.3	36.5
印度	11.6	12.1	14.2	12.5	11.4	11.7
日本		11.8	12.1	12.9	11.4	11.2
韩国	22.3	21.8	24.2	24.0	23.1	22.7
南非	26.4	30.1	31.7	31.0	28.7	28.6
加拿大	20.9	19.1	19.1	18.1	17.9	17.2
美国		18.6	19.3	17.9	16.4	17.1
巴西	19.9	22.7	25.7	26.5	23.9	26.2
法国	43.2	43.3	42.4	42.3	41.2	42.9
德国	30.3	28.7	28.1	28.2	29.3	28.6
意大利	36.9	35.1	37.3	37.5	38.4	37.8
俄罗斯联邦	24.6	30.3	31.3	33.7	25.5	26.7
英国	37.1	36.9	37.2	38.8	35.7	36.2
澳大利亚	25.8	27.0	26.3	26.4	24.6	23.6

数据来源：国家统计局：《2013 年国际统计年鉴》，中国统计出版社 2013 年版。

法制化原则。很多国家把提供基本公共服务纳入国家法律，与公民的基本权利联系在一起，以法来推动均等化。在澳大利亚是依据澳大利亚联邦法。意大利1948年的宪法规定了政府间的财政关系。在加拿大、德国、瑞士和意大利是宪法。例如,均等化(Equalization)是加拿大联邦主义的基本原则,加强均等化是加强省级政府和联邦政府的能力,是联邦政府的基础。一个承诺全民医疗卫生的社会也必须承诺全民教育。对基本公共服务的投资实际上是经济福祉的投资,也是生产力资源得以持续的前提。均等化就是为了支撑这个目标。均等化从根本上是财政体制问题。(表2-3~表2-5)

表2-3 政府各项支出比重

单位:%

国家和地区	年份	社会保障支出	公共服务支出	教育支出	经济事务支出	环境保护支出
中国	2007	0.73		0.88		0.07
中国香港	2010	13.39	18.94	19.39	10.93	3.37
中国澳门	2008	18.16		14.00		2.54
印度	2006			3.74		
日本	1993	36.80		6.03		
南非	2009	14.55	44.64	7.08	11.13	0.53
加拿大	2007	47.28		2.10		1.28
墨西哥	2000	20.12		24.73		
美国	2010	32.24	10.20	3.52	6.02	
阿根廷	2004	39.94	32.65	5.19	7.17	0.29
德国	2005	55.98	14.27	0.52	5.83	0.07
俄罗斯联邦	2010	37.71	24.84	2.97	6.19	0.10
英国	2009	33.87	14.37	12.02	7.85	1.07
澳大利亚	2011	32.97	23.44	12.58	6.40	0.42

数据来源:国家统计局:《2013年国际统计年鉴》,中国统计出版社2013年版。

表2-4 政府各项支出比重

单位:%

国家和地区	年份	卫生保健支出	文化、娱乐和宗教支出	国防支出	住房和社区设施建设支出	公共秩序与安全支出
中国	2007	0.08		7.45		
中国香港	2010	13.30	4.15		6.82	9.71
中国澳门	2008	8.22				
印度	2006	1.71		12.83		
日本	1993	1.60		4.11		

（续表）

国家和地区	年份	卫生保健支出	文化、娱乐和宗教支出	国防支出	住房和社区设施建设支出	公共秩序与安全支出
韩国	2008	0.98		11.29		
新加坡	2008	6.15		24.69		
南非	2009	2.74	0.84	4.99	4.23	9.27
加拿大	2007	9.74		6.55		
墨西哥	2000	4.95		3.04		
美国	2010	24.40	0.15	18.85	3.12	1.51
阿根廷	2004	5.30	0.18	3.04	1.83	4.40
捷克	2008	16.48		3.40		
德国	2005	19.30	0.11	3.60	0.87	0.48
荷兰	2010	17.82	0.79	3.10	0.42	4.14
俄罗斯联邦	2010	6.87	0.77	12.18	0.72	7.65
英国	2009	18.04	1.34	5.81	1.63	4.28
澳大利亚	2011	15.00	0.78	6.13	1.24	1.03

数据来源：国家统计局：《2013年国际统计年鉴》，中国统计出版社2013年版。

表2-5　医疗支出占国内生产总值比重及人均医疗支出

国家	医疗支出占国内生产总值的比重(%)			人均医疗支出(美元)		
	2000	2005	2010	2000	2005	2010
世界	**9.22**	**9.72**	**10.60**	**10.39**	**484.08**	**682.03**
高收入国家	**10.10**	**10.90**	**12.55**	**12.55**	**2 562.27**	**3 660.29**
中等收入国家	**5.35**	**5.43**	**5.83**	**5.70**	**71.80**	**109.72**
低收入国家	**4.00**	**4.82**	**5.28**	**5.34**	**11.45**	**15.32**
中国	4.62	4.73	5.15	5.07	43.72	80.58
印度	4.61	4.03	4.16	4.05	20.68	29.97
日本	7.69	8.16	9.51	9.49	2 827.45	2 907.88
韩国	4.79	5.73	6.92	6.93	543.06	1 005.40
新加坡	2.80	3.04	4.13	3.96	648.25	897.16
越南	5.44	5.97	6.90	6.84	21.54	37.57
南非	8.47	8.81	9.16	8.94	250.68	452.94
加拿大	8.84	9.39	11.40	11.30	2 082.27	3 297.81
墨西哥	5.07	5.87	6.47	6.32	324.25	471.54

(续表)

国家	医疗支出占国内生产总值的比重(%)			人均医疗支出(美元)		
	2000	2005	2010	2000	2005	2010
美国	13.41	14.72	17.61	17.89	4 703.47	6 258.60
阿根廷	8.95	8.45	9.53	8.10	688.97	399.86
巴西	7.16	8.17	8.75	9.01	265.19	387.27
法国	10.07	11.10	11.89	11.88	2 184.26	3 801.85
德国	10.29	10.69	11.72	11.64	2 366.05	3 635.10
意大利	8.06	8.59	9.43	9.53	1 546.86	2 613.41
俄罗斯联邦	5.40	5.19	5.57	5.08	96.01	278.14
英国	7.05	8.26	9.79	9.64	1 766.67	3 115.71
澳大利亚	8.03	8.43	8.73	8.73	1 728.46	3 157.75

数据来源:国家统计局:《2013 年国际统计年鉴》,中国统计出版社 2013 年版。

《中华人民共和国宪法》第二章“公民的基本权利和义务”规定:“中华人民共和国公民有劳动的权利和义务。”“国家通过各种途径,创造劳动就业条件,加强劳动保护,改善劳动条件,并在发展生产的基础上,提高劳动报酬和福利待遇。”“劳动是一切有劳动能力的公民的光荣职责。”“国家对就业前的公民进行必要的劳动就业训练。”(第 42 条)“国家依照法律规定实行企业事业组织的职工和国家机关工作人员的退休制度。退休人员的生活受到国家和社会的保障。”(第 44 条)“中华人民共和国公民在年老、疾病或者丧失劳动能力的情况下,有从国家和社会获得物质帮助的权利。国家发展为公民享受这些权利所需要的社会保险、社会救济和医疗卫生事业。”“国家和社会保障残废军人的生活,抚恤烈士家属,优待军人家属。”“国家和社会帮助安排盲、聋、哑和其他有残疾的公民的劳动、生活和教育。”(第 45 条)“中华人民共和国公民有受教育的权利和义务。”(第 46 条)根据我国宪法,与我国公民的基本权利相联系的基本公共服务至少应当包括就业培训和就业服务、养老保障、医疗保障、社会救济、教育。

战略性原则。从均等化原则出发的基本公共服务,应当是对全社会和国家的发展至关重要的公共产品,必须由中央政府依赖税收进行生产和予以保障,如对适龄儿童的义务教育、对特定地区的贫困人口的补贴和受灾地区的补助等。“基础教育是一个特殊的教育阶段，其教育内容对于受教育者未来的生活而言是基础性的，包括基本知识、基本技能、基本行为规范、基本生活习惯、基本价值观等。”“与基础教育关系密切的另一个概念是义务教育。基础教育或义务教育都是要为适龄青少年儿童提供基础性的知识和技能，帮助其形成基本的行为规范和价值观，以便其能在未来社会更好地生存和发展。以此政府可以为不同地区、不同阶层的人提供一个公平起点。与基础教育不同，义务教育强调的是其教育的提供方式，即是政府出于这一阶段教育的强外部性、公益性和资本市场的限制，为解决公平问题而对其统一安排，并通过法律保证实施。因此，义务教育是一种教育制度，而基础教育本身没有这一含义。另外，基础教育一般指从小学到高中阶段的教育，义务教育则不然。根据世界各国、各地区经济发展水平的不同及当地政府对教育重要性的认识不同，义务教育的年限在世界范围内有所不同。世界上大多数国家和地区都推行义务教育制度，少则五六年，多则十五六年。”①

发展性原则。基本公共服务必须与提高社会成员的素质有直接的关系，通过为社会成员提供基本公共服务，推动社会的可持续发展，发挥基本公共服务“帮助人们实现潜能的作用”②。我国现阶段着重考虑基本公共服务均等化的目标就是要消除基本公共服务供给的地区差别、城乡差别、社会差别。提供基本公共服务就是要弥补市场在这些差别中的失灵。换句话说，在我国现阶段推行基本公共服务均等化原则就是要在战略上作为消除地区差别、城乡差别、贫富差别，推动全国的经济社会协调发展的手段。如何根据这些原则来确定我国现阶段的基本公共服务？2006年3月全国人大通过的《中华人民共和国国民经济和社会发展第十一个五年规划纲要》在谈到推进财政体制建设时指出，要“加快公共财政体系建设，明确界定各级政府的财政支出责任，合理调整政府间财政收入划分。完善中央和省级政府

① 陈昌盛、蔡跃洲：《中国政府公共服务：体制变迁与地区综合评估》，中国社会科学出版社2007年版，第57页。

② 张秀兰、徐月宾、梅志里：《中国发展型社会政策论纲》，中国劳动社会保障出版社2007年版，第8页。

的财政转移支付制度,理顺省级以下财政管理体制,有条件的地方可实行省级直接对县的管理体制,逐步推进基本公共服务均等化。”[①]在这里,我国政府首次提出基本公共服务均等化,但没有对其内涵和外延加以限定。直至今年,关于公共交通和环境保护是否应该划入基本公共服务,在学界和政府部门依然存在较大争议,有人担心基本公共服务的范围过大会导致财政压力和中央与地方的转移支付体制复杂化,成本过高。

四、基本公共服务的范围多大为好?

考虑到公共财政支出能力,以及历史、政治、文化的不同,各国和地区各自的基本公共服务或社会服务的内涵和外延也不一样。“每个社会都会根据自己的经济实力、市场和制度环境,以及实际的公共需求,来做出合理的选择。”[②]世界上一些国家又在公共服务中划分出基本公共服务(见表2-6)。不同国家或地区,不同发展阶段或时期,基本公共服务的范围和特点是不一样的。这一方面取决于能够满足社会公共需求意愿而可用于再分配的财政收入有多少,还取决于政府失灵的程度、市场的发育程度、非营利部门的成熟状况、公共部门交易费用的高低等诸多因素。例如,在南非,基本教育(学前和小学教育)和初级医疗被定义为基本社会服务,在加拿大为教育、医疗卫生和社会服务(主要是社会福利),在印度尼西亚,基本公共服务被定义为初等教育和公路设施,巴西则更加注重教育和医疗卫生。与其他福利国家不同,挪威地方政府很少考虑居民的住宅问题,因为挪威大多数住宅由私人建造并归私人所有。国际上也有人把基本公共服务称为核心公共服务,如教育、保健、社会安全网等等。政府有责任提供公共服务,但是政府不能提供所有的公共服务。

---

① 《中华人民共和国国民经济和社会发展第十一个五年规划纲要》,新华社2006年3月16日电。

② 刘小玄、赵农:《论公共部门合理边界的决定》,《经济研究》2007年第3期。

表2-6　纯公共产品、私人产品、准公共产品的基本特征及其供应方式①

	基本特征	供应方式	实例
纯公共产品	非排他性 非竞争性	政府提供 政府投资	社会救助
准公共产品	非排他性与排他性 非竞争性与竞争性	市场提供与政府提供相结合的方式	森林、草原、博物馆、学校、收费公园
私人产品	排他性 竞争性	市场提供 向消费者直接收费	汽车、服装、日用品

公共服务供给是指提供公共服务的机构确保其承担的服务到达需要的人群并满足他们需求的过程。一般说来，公共服务的供给主体包括政府、企业、社会组织和社会成员等。20世纪后期以来，越来越多的国家面临不断增大的公共服务供给压力，尤其在提高效率、效益、公众满意程度等方面的压力问题越来越突出，所以，公共服务的供给方式也在不断发生变化。譬如，“在美国，公共教育和公共卫生体制已经遇到服务质量、问责性和资源的充足性等问题。面对这些问题，两个部门采取了组织性的市场化改革探索。”②不过人们对于卫生和教育的性质认识不同，对其采取市场化改革的态度也不一样，核心问题是如何确保公共卫生的使命和价值，如何平衡个人卫生需求与人口服务的范围。

如同基本公共服务的内涵和外延因各国情况不同一样，公共服务供给也因地因时而异。例如，私人部门在经济社会领域发挥突出作用似乎是美国的历史传统，这个传统可以追溯到殖民时期。18世纪，美国的私人部门承担建设的公路、城市供水设施，有些沿用至今。19世纪，公私合作伙伴关系模式由联邦政府与私人部门创立。20世纪30年代的经济危机时期，这种情况开始出现变化，在这场危机中，随着私人部门的大量破产，政府在公共领域乘势而上——联邦政府采用公共政策刺激经济增长，第二次世界大战中的情况也大致如此，之后，所有的政府——各级政府规模和控制能力都大大提升。无怪乎有人说，现代公共服务和公共部门的快速发展似乎是凯恩斯

① 参照王雍君等：《地方政府投融资研究》，经济科学出版社2009年版。

② S. E. Gollust and P. D. Jacobson, “Privatization of Public Services: Organizational Reform Efforts in Public Education and Public Health”, *American Journal of Public Health*, 2006, 96(10), 1733—1739.

主义理论的产物,凯恩斯提出通过公共部门刺激经济发展,结果是歪打正着,大大推动了公共领域的扩张。不理解这段历史和凯恩斯理论,就很难理解20世纪的公共部门发展。美国的现代公私合作伙伴关系模式始于里根政府。

关于政府应在多大程度上提供公共服务的争论,背后反映的是自由主义市场政策与福利国家政策之间的冲突。19世纪的自由主义国家仅仅扮演"守夜人"的角色,国家以有限的政策干预有限的目标,并以最低限度的法律维持社会运行,福利国家政策则要求越来越高的资金保障,以多元的政策实现综合的目标,并使全体居民能够得到合理的、公平的公共福利,甚至在一些国家,政府直接提供住所、医疗、教育和就业。这也是为什么"二战"之前公共部门迅速扩张的原因之一。

讨论由政府提供公共服务的问题,一定要区别是由中央(联邦)政府还是由地方政府提供,例如,在所谓的典型福利国家——北欧,重大福利政策最初是由中央政府提出并由全国性立法机构以法律确认的。但后来这类责任逐步转移到了地方政府。第二次世界大战之后,社会服务均等化成为瑞典的主流价值,为此,中央政府制定了大量的社会服务政策,由地方政府作为提供机构来实现中央政府的目标。第二次世界大战以后,北欧地方政府的公共支出不断扩大。这种变化的原因有三:**一是**19世纪北欧地方政府立法就明确规定在中央政府的监督下,地方政府可以自主地安排公共产品。**二是**第二次世界大战之后,席卷全球的自由主义浪潮。**三是**效率和民主化也是不可忽视的因素。人们相信地方政府更接近居民,更了解居民的情况,也容易提供满足他们要求的服务。与选民接近的地方政治家更容易从经济和效率的角度考虑如何满足所在选区居民的需要。上游政府只有在下游政府考虑到人口和经济因素不足以支持公共服务项目时才直接提供某一公共服务。在北欧,教育的职能通常由市镇承担,而医疗由郡政府承担,在芬兰则是由市镇联盟承担医疗。伴随着公共部门的扩张,地方政府转型也随之发生,其主要特征是走向服务型、规模越来越大、代议制民主、专业主义管理,对适应性、灵活性、效率、效益和规范化的要求也越来越高。

2006年10月11日,中国共产党第十六届中央委员会第六次全体会议通过的《中共中央关于构建社会主义和谐社会若干重大问题的决定》把实现基本公共服务均等化放在了更重要的位置,进一步阐述了实现基本公共服务均等化的手段和措施,指出:“完善公共财政制度,逐步实现基本公共服务均等化。健全公共财政体制,调整财政收支结构,把更多财政资金投向公共服务领域,加大财政在教育、卫生、文化、就业再就业服务、社会保障、生态环境、公共基础设施、社会治安等方面的投入。进一步明确中央和地方的事权,健全财力与事权相匹配的财税体制。完善中央和地方共享税分成办法,加大财政转移支付力度,促进转移支付规范化、法制化。保障各级政权建设需要。完善财政奖励补助政策和省以下财政管理体制,着力解决县乡财政困难,增强基层政府提供公共服务能力。逐步增加国家财政投资规模,不断增强公共产品和公共服务供给能力。”①这段论述指出了当前我国的公共服务包括教育、卫生、文化、就业再就业服务、社会保障、生态环境、公共基础设施、社会治安,但没有明确认定这些就是我国现阶段的基本公共服务。我国政府把基本公共服务均等化作为实现社会和谐的一项基本工作和基本原则提出来,用来指导我们的构建社会主义和谐社会的工作,基本公共服务的内涵和外延需要随着形势的发展进一步确定。胡锦涛同志在中国共产党第十七次全国代表大会上的讲话《高举中国特色社会主义伟大旗帜,为夺取全面建设小康社会新胜利而奋斗》中指出,“缩小区域发展差距,必须注重实现基本公共服务均等化,引导生产要素跨区域合理流动。”“围绕推进基本公共服务均等化和主体功能区建设,完善公共财政体系。深化预算制度改革,强化预算管理和监督,健全中央和地方财力与事权相匹配的体制,加快形成统一规范透明的财政转移支付制度,提高一般性转移支付规模和比例,加大公共服务领域投入。完善省以下财政体制,增强基层政府提供公共服务能力。”②与以往不同,十七大报告强调:第一,通过实现基本公共服务均等化缩小地区差距;第二,把基本公共服务均等化作为生产要素流动的条件;第三,提高

---

① 《中共中央关于构建社会主义和谐社会若干重大问题的决定》,新华社2006年10月18日电。

② 胡锦涛:《高举中国特色社会主义伟大旗帜,为夺取全面建设小康社会新胜利而奋斗》,人民出版社2007年版,第24、26页。

一般性转移支付规模和比例;第四,加大公共服务领域投入,增强基层政府提供公共服务能力。根据上述确定的原则,我们认为应当把我国现阶段的全国性基本公共服务的范围划定在医疗卫生(或者叫公共卫生和基本医疗)、基本教育(义务教育)、社会救济、就业服务和养老保险。总之,我们把基本公共服务界定为政府为实现社会公平和公正,通过完善财政体制,提供财政保障来供给的与公民基本权利有关的公共项目,包括医疗卫生(或者叫公共卫生和基本医疗)、基本教育(义务教育)、社会救济、就业服务和养老保险。"在我国现行的社会保障项目中,社会保险有养老保险、医疗保险、失业保险、工伤保险、生育保险5个险种,社会救助有城乡居民最低生活保障、五保户供养、流浪乞讨人员救助、医疗救助、灾害救助等,社会福利有老年人福利、残疾人福利、孤残儿童福利3项,也就是说,大致有13—14个项目。其中,就保障对象看,只有养老保险、医疗保险、最低生活保障三项的保障对象是覆盖13亿人的项目,其他项目的保障对象都是特定人群,覆盖范围没有这么广泛;就保障内容看,这三项保障人人都需要,谁也离不了;就制度建设目标看,把这三项制度覆盖到全体居民,再将其他的项目覆盖到应覆盖人群,可以说覆盖城乡居民的社会保障体系就建立了。"①

五、变革政府的全能角色

按照马克斯·韦伯的观点,官僚制度包括五个基本的特征,即劳动分工、权威等级、成文法规、非人格化和因才任用。官僚制特征并不仅仅是政府组织独有的,其他组织包括社会组织也会产生官僚制特征和问题。任何组织都会或多或少带有官僚制的色彩。由此,我们也可以去理解教育、文化、医疗卫生等机构的运作过程及其特点。

在经历了教育产业化和医疗卫生产业化之后,进入新世纪初期,"上学难、看病难、住房难"等问题暴露了出来,社会反响大,群众呼声高,再加上日益扩大的流动人口规模,这些问题成为社会日益关注的焦点。各种各样的

① 茹英杰:《加快构建覆盖城乡居民的基本养老保险制度》,《中国经济时报》2008年1月21日。

研讨会、媒体都把这些问题摆在重要位置。解决这些社会问题，就成了社会事业在新时期的改革与发展的重要动因之一。最为有代表性的是新世纪伊始，北京市把社会事业发展称为社会基本公共服务体系建设，并制定了北京市“十一五”时期社会基本公共服务规划，积极探索政府在社会基本公共服务体系建设中的责任以及政府管理创新，把公共管理理念引入社会事业的发展。在这样的形势下，以民生为重点的社会建设问题也提上了议事议程，特别关注人民群众最直接、最现实、最迫切的生活问题，成就了基本公共服务均等化战略。基本公共服务均等化最早体现在中共十六届五中全会的决定中，这个决定为《中华人民共和国国民经济和社会发展第十一个五年规划纲要》勾勒了基本的框架。在这个框架的基础上，各地，诸如广东、北京、成都、重庆都从不同角度开展了实践探索。

最初，人们是把基本公共服务作为确定的保障来看待的，政府是责任主体和实施主体。从《中华人民共和国国民经济和社会发展第十一个五年规划纲要》首次提出基本公共服务均等化至今，基本公共服务体系建设作为促进社会平等、缩小收入差距的政治策略越来越得到人们的关注，2012 年，它被具体化为《国家基本公共服务体系“十二五”规划》，纳入国家发展规划。总体来说，这一时期，无论是政府还是社会，无论是学术界还是媒体，对基本公共服务体系建设的认识主要还是限于明晰公共利益的主体责任上，对于如何实现公共利益，虽然进行了一些探索，却还缺乏深入和系统的研究。当前，人们对于基本公共服务是居民应享有的权利已经没有什么异议，但是对如何实现这个权利仍有许多问题需要深入探讨。另外，对于实现了的这些权利的满意程度更是关注甚少。究其原因，从事这个领域政策制定的人更多是从投资和设施配备来考虑满足居民需求的，而不是真正从居民的需要来全面考虑这个方面的问题的。公共利益让位于私人利益和经济增长已经不是个新鲜的事情，现实中比比皆是。

学术界流行的以及实务部门正在推进的政府购买服务只是对如何实现公共利益途径所进行的探索之一，如果仔细分析政府、市场、社会和公共服务类型、性质的具体过程和特点，政府购买服务这一命题会显得过于简单，难以适应实际发展的要求。举个例子，2013 年以来国务院决定加快推进政府机构改革和转变政府职能,提出把该下放给市场的权力下放给市场,把该下放给社会的下放给社会,把该下放给地方政府的下放给地方政府。实际情况却不是这样,例如,下放给市场,首先,现实的市场都不是理论意义上的市场,它存在很多缺陷甚至失灵的方面,政府下放权力给市场后,如何确保绩效?这就涉及政府如何监督和评估的问题。一般说来,"政府常常不能准确地知道自己到底要买什么,从哪里买,或者买到的是什么。"①权力下放给市场,政府减少了提供服务的专业压力,却增加了监管和评估的压力,两者的专业化要求虽不一样,但是工作量可能不相上下,甚至可能监督评估比提供的压力和工作量更大。还有,现实中社会组织也不是纯粹意义上的社会组织,人们经常讲到志愿性、非营利性等,事实上,一旦进入市场和社会领域运作,非营利组织,"在出现极坏的情况下,商业化经营有可能葬送组织的社会服务宗旨。"②现实中,这类情况已经屡见不鲜,社会舆论多多,从9·11之后的美国红十字会,到最近几年间的中国红十字会,都曾丑闻缠身,莫不如此。这些,都需要在基本公共体系建设中深入研究。作为委托方的政府和作为代理人的社会组织或企业之间的关系非常复杂,主要表现在利益冲突和监控管理,"利益冲突和监控问题是委托人和代理人之间各种交易的通病。"③过分迷信政府购买公共服务可能会为错误诊断的疾病开出错误的药方。在这个问题上,不仅要研究发达国家成功的经验,也要研究它们在实践过程中碰到的问题,尤其是挑战,要吸取它们的教训。尤其是要考虑中国当下的状况,围绕着维护和实现公共利益来探索完善基本公共服务体系,以及加快政府自身改革和建设,这是不可逾越的环节。

正如我们已经看到的,政府跳出了自己赤膊上阵的圈子,开始考虑企业、社会组织和机构在提供公共服务中的角色,这无疑是一大进步。但是,作为制度安排者,政府设计的制度如何才能使自己的成本最低,服务提供者最有成效,被服务对象最满意,这还要经历一系列的探索。在一片购买公共

---

① 〔美〕唐纳德·凯特尔:《权力共享:公共治理与私人市场》,北京大学出版社2009年版,第159—160页。

② 里贾纳·E.赫兹琳杰:《非营利组织管理》,中国人民大学出版社2000年版,第131页。

③ 〔美〕唐纳德·凯特尔:《权力共享:公共治理与私人市场》,北京大学出版社2009年版,第161页。

服务的呼声中，百姓还没有真正感受到公共服务，或者说，感受到的不多，许多生活问题依旧；社会组织感到问题颇多，诸如招标制过程中的自身可持续发展问题，资金划拨中的配套资金的筹措问题，等等。这些都折射出政府与社会的关系还是没有在真正意义上确定下来，学术界和决策部门现在真的需要在这个问题上有一个突破，否则，老是局限于凡是政府不能做的交给社会去做，会使口号替代操作。改革发展从来就不是口号推进的。改革的不断深入呼唤理论创新，在政府与市场、政府与社会、市场与社会的关系上的确需要有一个根本性的、适合中国国情的研究和理论上的全新解释，中国学术界要不辱使命，还须再上一层楼。

第3章 寻找真实的世界

创造(或者重建)社会资本不是一件简单的任务。如果有全国性的危机发生,比如战争、经济萧条或者自然灾害,创造社会资本会容易一点。但是,进入新世纪的美国并没有这些令人振奋的危机。过去几十年里社区的衰落是静悄悄的,令人蒙蔽的。我们注意到了这对我们个人生活和公共生活产生的不利影响,但最严重的后果是让我们想起了那个古老的谜题:"这幅画还缺了什么?"在那些不知不觉消失的事物中,削弱的社会资本是最明显的——邻里聚会、朋友聚会、来自陌生人的友好问候、共同为公共事务努力以及不计较个人得失。要解决问题首先就需要指出这些问题。

——〔美〕罗伯特·帕特南

一个身体健康的人通常是不会考虑自己周边的医院问题的,至多是偶尔想想若是附近有个医院或医疗服务机构会更加安全一些。身体不健康者会渴望自己的住宅与医院保持较近的距离,尤其是老年人,这也是为什么一些养老院考虑把养老与医疗结合起来,实现医养结合。如果仔细想想,居住点附近有很多类似的服务设施,那一定会提供各种便利性。社会学就是要系统地研究人们的行为,个体行为和群体行为,尤其是关乎人们态度和行为的影响因素，以及社会是如何建构和变迁的。这在当前的社区建设过程中尤为重要，尤其是涉及孩子上学和老人看病及养老，社区公共服务设施的便利性就凸现出来了。而这种凸现，与教育体制又密切相关，重点学校集中，教育资源分布不均衡，导致居住与公共资源分离，带来生活上的不便。这些大大影响了家长的行为，包括住房等重大生活行为的选择，进而带来了一系列的其他问题，例如房价、交通等。

一、接地气的公共服务

基本公共服务，甚至所有的公共服务都是接地气的服务，都是面向基层和社会的公共服务。当然，国防和外交稍微与百姓生活有点距离，但民间外交也离不开民间的参与。20 世纪 70 年代，打开中美大门的乒乓外交还真是接了地气，对中美两国人民的相互了解起到了官方外交所不能起到的作用。寻找真实的世界，就是要进一步看看基本公共服务是如何提供的，是在一个什么样的空间布局中来提供和实现的。并对不同类型的公共服务的特点进行深入分析。在这里，我们除了分析基本公共服务的便利性特征外，还特别想拿出租车这个服务行业来进行专门的分析。因为出租车行业非常大众化，但又不同于一般意义上的基本公共服务，对其进行深入分析，可以从深层次理解公共服务的本质。

教育、医疗、社会服务等都涉及人们的基本生活，发生在基层。居民区的诊所、学校比比皆是。我们在实地研究中发现，地方有关部门反映最多、感触最深的是基层的公共服务供给不足问题，诸如卫生院医务人员匮乏及人才流失，中小学需要聘用代课教师才能运行，乡镇民政工作人员人手不足、乡村社会保障经办人力资源紧张，等等。在基本生存问题解决之后，人们开始关注社会进步的问题。在基本生存问题解决之后，衡量社会进步的标志就由私人物品和私人服务拓展到公共物品和公共服务，基本公共物品和基本公共服务是公共物品和公共服务的核心和基础，更接近生存状态的需要。从追求生存到追求公共服务是值得称赞的社会进步。

我们不仅在实地研究中，而且在文献检索中也发现，在社会的一端，基层对人力资源有巨大需求，基层公共服务需要大量的工作人员和专业人才。基层的社会治理需要加强，需要创新社会成员的组织形式，这些都需要人来做。而社会的另一端，有数百万的大学生拥挤在城市里找工作，甚至出现了所谓的“蜗居”，或者叫“蚁族”。所以，说到就业岗位缺乏，还不能简单地认为我们社会缺乏就业机会和就业岗位，从基层的公共服务需求来说，即便是缺乏也是一种结构性的缺乏，而不是总量上的缺乏。

基层建设问题一直是人们关注的重点。2010年两会期间代表们的发言或提案也提出了类似的问题。有代表说，“当下，基层对人才有强烈的需求，但真正下基层的大学生却很少，这不仅是学生和家长的就业观念有偏差，也存在着待遇低、没有形成‘下去以后再上来’的机制等现实问题，因此必须建立鼓励大学生到基层就业的长效机制。”①这些发言言中了问题，但是对这些问题原因的分析还有待于深入。后来的研究者发现，这个“长效机制”就很复杂，它会涉及行政体制、人力资源管理体制等。

为什么会出现这样的情况？回顾历史，在发达国家，其历史上也曾出现这样的现象：年轻人离开村庄，到城市里去寻找新的机会和就业，去享受新的生活方式。所以，到20世纪下半叶，北美的地方政府为了吸引年轻人留在地方，大力兴建工业园区和产业孵化器。创造地方的就业机会成为北美地方政府发展工业园区的重要动力之一。今后一个时期，随着工业化和城镇化加速，年轻人到城市（镇）是不可避免的，如何让部分年轻人在基层工作？历史的经验值得注意。

进一步分析会发现，基层对公共服务有着巨大需求。根据有关城乡居民社区服务需求的比较研究可以看出，城镇居民的服务需求依次是家政、就业、老年人、儿童青少年、低收入家庭服务，而农村依次是老年人、文体生活、儿童青少年、低收入家庭和残疾人服务。（见表3-1）大量研究证明，农村具有强烈的公共服务需求，而且与城镇的公共服务需求存在很大差别，对此要区别对待。所有这些都是公共服务或公共物品。从总体上说，中国现阶段的公共产品的供给要优于公共服务供给。因为，曾经有相当长一个时期，我

---

① 《大学生就业，冲出束缚天地宽》，《人民日报》2010年3月4日，第七版。

们重视基础设施投资,而忽视人力资本的投入。这个问题至今也没有从根本上得到改观。而且,它在一定意义上制约了公共服务体系的发展,例如,鼓励和支持向社会组织购买公共服务,政府只提供项目经费,不提供人工费用,而现阶段,我国的社会组织不像事业单位有编制,有了编制就可以得到政府的财政拨款的人头费,事业单位可以不考虑人工费,但是社会组织需要考虑。通常,项目经费是社会组织发展的基本资金来源,若是项目经费不考虑人头费,社会组织就留不住人才,尤其是难以吸引高层次人才,社会组织自身的发展和升级就会力不从心,也难以与事业单位和企业开展竞争。

表3-1　城乡居民社区服务需求的比较(%)①

城市	家政服务(43.5)	就业服务(42.4)	老年人服务(34.7)	儿童青少年服务(33.6)	低收入家庭服务(22.9)
农村	老年人服务(69.0)	文体生活服务(58.2)	儿童青少年服务(56.9)	低收入家庭服务(54.0)	残疾人服务(44.4)

这里就产生了一系列的问题。造成现阶段公共服务匮乏的原因是什么?为什么现行的体制机制不能实现资源的按需配置?为什么公共服务更匮乏于公共产品?现时代需要什么样的政策和体制才能吸引年轻人到基层工作?

纵观历史可以看到一种轨迹,人力资源的分布与物质资源的分布是成正相关的。基层公共资源缺乏、资金缺乏,需要的人力资源自然也缺乏,因此,现阶段的人力资源配置问题实质上也是一个物质资源配置问题,其中包括收入分配格局的合理性问题,还包括公共服务体系建设的问题,等等。正如美国经济学家、哈佛大学教授约翰·肯尼思·加尔布雷思说过的,“生产社会的最终问题是它生产了什么,这表现在对某些东西供应充足而对另一些东西的生产却很吝啬的一种难以缓和的趋势。这种差距甚至引起了社会不安和社会不健康。划分富裕范围和贫困范围的界限,大致就是划分通过私人生产而投入市场的商品、服务与政府提供的公共产品、服务的界限。首先,我们的财富不仅与后者的贫乏形成惊人的对照,而且我们私人生产商品

① 人力资源和社会保障部:《我国城乡基层专业社会服务体系可持续发展的策略研究——基于我国6省城乡基层专业社会服务的调查与实证分析》,2010年中国社会保障论坛论文。

所得的财富在很大程度上引起了公共服务的供应危机。这是因为我们未能看到这种维持两者平衡的重要的、实际上迫切的需要。"①加尔布雷思对于社会吝啬的批评的核心是想强调公共服务和公共物品的合理配置。只是我们还要把公共物品与公共服务再略加区分,因为在中国,相当长一个时期,人们对公共物品的投入是慷慨的,而对公共服务的投入是极其吝啬的。公共产品、公共服务供给的贫乏不仅造成了公共需求难以满足,也给由公共需求扩张带来的就业造成极大限制。公共服务需求扩大会提高公共财政的支出,而公共财政支出要求经济必须保持持续的繁荣。经济的持续繁荣会带来更加充分的就业。这些,就是改革开放三十多年来我们一直试图平衡和协调的问题。现在看来,还是需要静下心来仔细研究经济增长、需求、就业、财政支出和公共服务之间的关系。对于中国的发展,公共服务和民生问题还是个新的要素,关于它对经济增长、需求和就业的深刻影响我们还缺乏理论上的深刻解释。至少我们可以看到,人们不再简单地把生存和经济增长联系在一起——当然,尤其是在人均国民生产总值达到一定阶段后,幸福指数与社会公正的联系就越发密切。"在更大的社会公共部门,现代经济的稳定机制就在于庞大的税收的支撑,而税收的增长率要比生产与收入的增长快得多,并且在增长率较低的时候又释放出了大量供私人使用的收入。"②与美国最近几年的财政支出比较,我国财政收入应该是比较高的,美国的财政收入2万多亿美元,加上财政赤字,3万多亿美元,中国2013年的财政收入是12.9万亿元,与美国不相上下,但是若从人均国民生产总值来看,中国的财政收入的比例还是不低的。而美国,财政赤字主要用于政府支出,包括社会保障和国防,这种较低的财政收入实际上是扩大了居民的收入。这种现象值得我们关注。

从加尔布雷思的论述我们也已经看到,从市场配置资源的方式来看,产生目前基层公共资源匮乏的状况是必然的。要改变这种状况,需要有超越市场的力量介入。换句话说,扩大基层消费和就业,从根本上说,这也是收

---

① 〔美〕约翰·肯尼思·加尔布雷思:《富裕社会》,凤凰出版传媒集团、江苏人民出版社2009年版,第180页。

② 同上书,第249页。

入分配格局的调整问题。合理配置公共资源是解决当前中国社会发展失衡问题的主要选择。如加尔布雷思所说,"假设一个社区建造更好的学校或更好的公园和购买更昂贵的汽车能够同样获得较好的回报。通过把注意力集中在汽车,而忽视了学校和公园,这样社区未能使自己得到最大限度的满足。正像一个社会或学校一样,国家普遍的公共服务也是如此。我们在满足自己对私人产品的欲望时毫不吝啬,这几乎是不明智的,而在公共产品方面极端克制,这也很不明智。"①"实际上,事实比描述的更好些,也更坏些。税收结构不变时,各级政府的收入随着经济增长而增长,公共服务可以在这种自动增长中得到维持,有时甚至得到改进。"②中国目前的问题实际上是一个社会进入丰裕阶段面临的新问题。现在需要人们提升到这样一个层次和阶段上来认识这些问题。要改变一些人依然在经济的圈子打转转,试图从经济发展中找到解决所有问题的灵丹妙药的做法。

中国的发展失衡由于自身内部差异巨大而变得较其他国家复杂得多,这也是人们在进行国际比较时看得不清楚的地方,加之中国的宏观政策一开始就没有设计好这种平衡性问题的解决方案。在经济启动初始,没有设计好地区之间、城乡之间失衡的解决方案。在经济启动并取得长足发展之后,没有解决好,甚至没有认识到私人部门和公共部门也需要平衡发展。思想和认识的滞后反映了在发展问题上的综合决策的重要价值。发展的最高境界是各个方面的平衡发展,包括内部要素的和谐以及与外部环境的和谐。如果在这个意义上使用"包容性增长"这一提法,我们认为还是恰当的。

将来我们还会进一步发现基层的价值,这就是,随着老龄化问题的进一步突出,我国各地普遍实施的居家养老制度和社区养老服务体系建设,会将老年人问题进一步集中在基层。90% 的老年人居家养老,家庭的细胞作用如何与市场组织、社区组织和社会组织有机结合起来,形成一个巨大的服务体系,只是个时间问题,这天终将到来,这样的社会组织形式将带来整个中国社会结构的巨大变迁。还有 7% 的老年人在社区养老服务中心,数亿老年

---

① 〔美〕约翰·肯尼思·加尔布雷思:《富裕社会》,凤凰出版传媒集团、江苏人民出版社 2009 年版,第 186 页。

② 同上书,第 188 页。

人基本聚集在基层。基层公共服务的供给将大大影响中国基本公共服务的基层构架。

二、公共服务如何送达被服务者?

有了制度保障,可以确保被服务者得到资金的支持,有了服务体系,可以使这种资金支持变为现实的服务。服务体系由人财物构成,通过提供服务的教育工作者、医疗工作者、文化工作者等与被服务对象的互动来实现。这个互动过程就是公共服务到达服务对象的过程,同时也是人际互动的过程。

研究基本公共服务供给模式的根本宗旨在于提高基本公共服务效率和居民对于基本公共服务质量的满意程度。政府的角色不仅是供给基本公共服务,而是通过政策制定、优先投入领域确认、监督和规制,确保基本公共服务供给的效率和效益,政府把基本公共服务供给的任务交给个人、社会组织和企业去承担,充分发挥社会资源的作用。这也是一个基本公共服务现代化的问题。值得注意的是,近年来英法美等国家的学者把提高基本公共服务效率视为降低财政成本、提高国家竞争力的重要内容。

基本公共服务制度在发达国家已经实行多年,发展至今遇到的问题颇多,诸如不平等问题、财政紧缩、失业率上升、福利的急剧削减、需求的不断扩大,等等。福利国家在公共服务供给中面临着严峻挑战:能有多少财力可以供给?应该供给什么?财力投入的价值如何界定?一个时期以来,一些国家的政府纷纷成立相关机构,对于本国持续了几十年的福利体制的可持续性进行评估。2011 年,苏格兰公共服务供给委员会向政府提出了改进基本公共服务供给的四点建议:预防为主;公共服务一体化;建立提高绩效的有效领导体制;通过使用数字技术创新基本公共服务,提高其透明度。这四点建议的核心是通过社区发展规划来改革公共服务供给。[①]

国际经验表明,复杂的政策问题单靠政府自身是不能解决的,只有大多

① The Future for Public Service Delivery: A New Era, http://publicservicedelivery.holyrood.com/about.

数人民参与到这个政策的过程中，有效的公共服务和公共政策目标才能得以实现。国际上强调公共服务产业化的实质不在于其产权归属，而在于如何提高投入产出效率、降低成本，提高服务质量和客户的满意度。实际上不存在公共部门效率低下、私人部门效率高的假定，关键看如何执行政策。研究表明，基本公共服务供给的关键问题是对公共服务的结果是否可问责，合同是否有明确的标准，公共目标是否明确。在此基础上，我们才可以讨论基本公共服务的效率和绩效问题。

人们越来越依赖信息技术和现代服务业来实现“最后一公里”的公共服务供给体制机制，例如，在社会保障制度建设过程中，人们已经把设立在村和居委会的经办通过信息网络与居民联系起来，还有在社区，人们把社区养老服务中心用户联网终端与诊疗结合起来，实现终端视频服务，这些都大大便利了公共服务的供给，这是一个新的趋势。

三、如何实现公共服务与产业布局的协调？

人们对于经济建设和社会建设的关系更多是从经济建设为社会建设提供财政支持来理解的，实际情况要远为复杂。多数情况下，经济建设会给社会建设带来意想不到的发展障碍。例如，社区建设工作者总是希望通过邻里互助、社区服务网点使人们的社会共同体成为现实，而经济的产业布局往往会打破社会建设者的幻想。沃尔玛等大型购物超市以及汽车使购物设施布局于郊区，人们借助现代交通工具购物，使用冰箱保存食物，这样，封闭的家庭和个人空间就自然形成了。社会建设不能单兵独进，必须与经济建设同步和协调。要实现这样的协调，必须更好地发挥政府的作用。

由于人口、环境、资源的限制，依赖经济增长的治理模式，会在一个特定的时间里接近极限，这一点早在几十年前就为人们所知。虚拟经济可以带来诸多便利，提升经济效率，但最终人们必须吃喝住穿；把房地产变成金融衍生品固然便利了许多人，但最终人们得到的是住房本身，难以超越人类自我生存的本质。教育、医疗的公共性不亚于国防和外交，它们不断受到市场和政府在资源配置过程中的相互制约的影响，它们使我们再一次看到，关于经济增长、公平正义与人民幸福最紧迫的是资源配置问题。从1978年的3 000多亿美元的经济总量到2013年的接近10万亿美元,以及从1978年人均GDP不到200美元,到2013年接近7 000美元,中国已经开始步入富裕社会,不断扩大的社会财富和不断提高的人均收入,正在大大地改变着人们的经济、社会、文化行为,对于习惯于关注经济增长和一般意义上的社会事业的人们来说,这些往往是容易被忽略的点,其代价就是在个人利益有了长足发展之后,公共利益未能得到更多的实现,回过头来,个人利益因公共利益而受到损害。被居民忽视的小区环境、公共安全、邻里关系等往往会使小区的房价下跌,降低居民对住房增值的预期。我们不能以我们对新问题的视而不见来辩解我们的现实缺乏什么,而是要探求在新的发展面前我们缺少什么样的理论来面对现实,去寻求发展中的新的可能。

在中国,要真正解决基层公共资源配置,包括大学生深入基层工作的问题,至少要先解决三个问题,**一是**学以致用的问题,或知识与现实的接轨问题。也就是大学课程设置和教师配置及其知识结构与市场、社会、政府的需求如何接轨的问题。教育发展同样也要走出对GDP认识的误区。**二是**中国的教育体制,尤其是中小学的应试体制摧残人才,已经到了非改不可的地步。否则它将贻误民族崛起与复兴的战略机遇。作为人力资源的大学生如何能够获得与他们的知识和才能相适应的物质资源,包括工作条件、待遇、职业前景等,这个问题不仅仅是个市场问题,也是政府的调控问题。**三是**多元价值的问题。社会要承认各个领域都能获得成功。只要是有利于社会进步事业的,都应得到尊重。只有社会确立了不仅仅挣钱和做官才是成功的标志,志愿服务和公益创业也是成功的标志这样的多元价值体系,大学生才会真正进行多元选择。我们始终相信,任何制度背后都有一套价值体系。发展要素及其制度安排和制度背后的价值支撑都是不可缺少的。

即便是转变经济发展方式也不会仅仅是经济领域的事情。经济发展方式需要转变的不仅仅是调整国民收入分配结构、加快服务业发展以及积极推进城市化。根据我们的理解,上述三个方面恐怕都会超越经济领域。

首先,国民收入分配过程中的消费和投资都既包含了私人消费和公共消费,也包含了私人投资和公共投资。确定公共消费和公共投资的比例不应当仅仅依据经济学的理论,而应当依据经济社会发展的客观现实,需要对这个客观现实进行深入的理论研究和实地分析。服务业既包含了生产性服务业,也包含了非生产性服务业。在经济社会进入公共需求扩张阶段后,非生产性服务的发展要放在更加重要的位置。无视社会服务的就业容量是错误的。还有城市化,从历史上看,城市化从来就是一个公共服务供给的过程,从农村转移出来的劳动力需要在城市服务业就业,也需要自己及家人可以享受到教育、卫生和医疗等服务,这是他们转移的基本动因之一。因此,仅仅发展生产性的服务是不足以实现转变经济发展方式之目的的。尤其是要考虑到中国的特点,这个特点不同于其他国家,就是中国投资与消费不平衡,收入分配不合理,服务业发展滞后。国民收入分配不仅发生在企业和个人之间,也发生在区域之间,地区之间的发展不平衡主要通过政府间的转移支付来弥补,在国际上人们将其称为财政均等化过程。这个过程就是中央政府或地方政府进行的财富再分配过程。消费不足在很多情况下是由于收入的两极分化所引起的。中国目前就或多或少有此种情况。当人均 GDP 达到 4 000 美元时,必然要着力解决这个问题,否则直接结果会是生产过剩,进而财富增长下降,经济会进入衰退期。在这个意义上,中共十七届五中全会把收入分配体制放在重要位置是有其深刻考虑的。我们更需要理解其真谛。

其次,这里我们且不说转变经济发展方式会遇到什么样的体制性障碍,就社会需求来说,在这样一个历史阶段的突出表现就不会仅仅是经济发展方式的转变,而一定是包含了更加广泛的内涵。过于狭窄和简单地去理解发展方式很可能错置了我们的注意力,在政策上导致新的扭曲。事实已经很清楚,转变发展方式不是现在才提出来的,早在第九个五年规划时就明确提出来了,而且之后的每个五年规划都有重申,但始终没有转变过来。这其中的原因值得总结,教训值得吸取。

最后,不进行相应的行政体制改革,转变经济发展方式的门槛也迈不过去。不相应地扩大公共消费和与之相适应的公共服务,同样也迈不过转变经济发展方式的门槛。我们还是应当从历史发展的阶段性特征来分析现阶段中国居民的消费特征、消费需求。我们始终要记住,“生产出来的一切东西,只是由于能为人类的需要服务,才对人类具有价值,而这些需要只有用消费来满足。"[①]消费重要于生产。社会的幸福一方面建立在产品的极大丰富之上,另一方面又建立在公平使用这些产品的基础之上。因此,转变经济发展方式要考虑把公共管理体制改革作为条件之一,归根到底,转变经济发展方式是公共领域和社会领域的问题。至少,需要通过公共领域和社会领域的改革来为转变经济发展方式创造一个更加宽松的环境。不能仅仅局限于经济领域。

经济发展可以带来富裕,也可以带来贫困。当经济发展的成果仅仅为少数人享用的时候,对于其他大众来说就是剥夺,就是贫困。发展的核心问题是如何让更多的人在发展中受益。要使更多的人受益,关键是看有没有一个公平公正的分配制度。这是就经济发展在一个国家或地区内部而言的。像中国这样一个大国,要实现民族的伟大复兴,其经济发展就不仅仅会是满足其内部发展的需求,还要考虑更多更复杂的目标。一个国家或地区的经济发展是否可以获得相应的国际地位和认同,恐怕还涉及其他的因素。进一步说,经济学这把钥匙既可以开启富裕之门,也可以开启贫困之门,究竟开启哪扇大门,则有赖于经济学家的人文精神。关注人民的福祉应该是经济学家必备的品质。真正的学者应当是有良知和教养的知识分子。

在转变经济发展方式这个问题上,必须始终有着清醒的认识,必须从深层次考虑问题。"在一个落后的发展中国家,如果你不满意现在的产业结构(我相信谁也不会认为这个国家应该永远停留在这种落后的结构上),那么你要做的就不是人为地现在硬要去改变产业结构,而是努力积累资本,发展教育,去改变你的'落后'的要素结构。一旦你的资本多了,人才多了,只要价格是合理的,经济体制是竞争性的,那些'高级的'产业就有了发展的条件。所以,'提升产业结构'的问题,不是产业政策的问题,而是教育政策的问题,不应搞什么产业政策,而是要有体制改革和教育发展的政策。"[②]这个分析是从一个深层次来分析产业结构调整的,值得借鉴。但是,对这个判断还需要加以补充。**一是**不仅仅是教育政策,而是整个公共政策,因为在公共领域的改革和发展中,教育不可能单兵独进,必须有其他公共政策与之相适

---

① 何正斌译著:《经济学300年》,湖南科学技术出版社2000年版,第108页。

② 樊纲、武良成:《城市化:一系列公共政策的集合》,中国经济出版社2009年版,第50页。

应。**二是**一个国家不可能不去解决它已经面临的挑战,诸如老龄化等。对于老龄化的可能影响,我们还需要进一步估计,它毕竟有一些其他国家所不具有的特点和问题。这样,在现阶段,中国的改革就必须是统筹性的、全面的、协调的。

要使中国经济在脱离外力推动的情况下,彻底恢复持续快速增长,必须立足当前,着眼长远,真正把政策着力点放在消除制约内需增长的体制机制障碍上,通过提高居民消费水平和快速推进人口城市化,扩大内需,转变经济发展方式。进一步讲,政策着力点应该放在调节国民收入、扩展公共部门发展空间和破解城乡二元结构上。在转变发展方式中调整国民收入分配格局,在二次分配领域需要做的事情就是积极推进公共部门的改革。不下大决心、大气力深化改革,这些问题不可能得到有效解决,宏观调控政策也很难在短期内走出困境。中国的智库必须研究中长期政策与短期政策的作用,正面的和负面的,严格区分它们的使用条件。

四、出租车定位准确才能避免社会冲突

出租车司机行为作为社会亚文化,有着其独特的规范,这些规范影响着它们视为恰当的那些行为。法律、组织内部章程等都代表了社会规范。仔细观察黑车司机们,也能发现他们会慢慢形成自己的一套规范,在某市郊区刚刚出现黑车时,司机会向乘客漫天要价,司机之间会拉下面子争抢客户,随着时间的推移,价位会逐步趋向于一个大家都可以接受的区间,黑车司机之间也会认同,甚至互相帮忙,类似于一个初级团体。他们为何会逐步接受一些社会规范?这实际上是为了保护自己长期的基本利益而出现的行为约束,一个自发过程中形成的社会控制。在所有的人际交往中都会发生社会控制。大部分人在日常交往和生活中逐步自动接受这些规范,并尊重这些社会规范,于是就有了所谓的社会秩序,甚至自觉执行,不必思考。

中国出租车问题和黑车问题出在出租车的定位问题上。在出租车定位问题上,地方有多种观点,其中最具代表性的是:出租车是公共交通的补充,但与公共交通比较更具营利性。正是由于这个原因,引发诸多矛盾和问题,

造成罢运、罢工。明确出租车行业的定位,不仅是行业本身发展的要求,也是社会治理的必然要求。

从各地经验看,出租车定位一定要明确,要体现出来。否则,地方政府在具体决策中会不知道如何处理一些重大问题,如何采取对策。调研中一些干部指出,“有定位了,搞其他政策就有依据了。”出租车定位是制定该行业政策的关键和基础性工作,是地方政策操作的基础。定位不明确,会产生误导。出租车行业发展不可能一蹴而就,要分阶段、分区域发展。例如,在重庆由于定位不明确,租价就难以确定。一些企业家认为,“从企业来说,企业非常关心定位。如果不定位,企业心里没有底,政府和司机两头我们都会感觉靠不住。”

要深入研究城市居民出行的服务方式,确定出租车行业在服务结构上处于什么位置,既要从城际之间、城乡之间、主城区、城乡接合部等区域功能上考虑问题,各个区域之间彼此要有衔接;又要考虑公共交通里面的轨道交通,大容量的轨道交通、公交专运线等。在结构确定下来后,才能看出租车的补充角色。出租车在城市里也有它的结构,在稳定公共交通的基础上,出租车应该提供中档、高档、普通、专项等不同层次的服务。眼下是各个层次挤压在一起、均质化的状态。还要进一步完善出租车预约,在服务的结构上作调整,通过政策调整,慢慢完善这个行业。从行业来看,出租车行业目前根本性的问题还是总体规划的问题。定位过程中必须考虑与其他公共交通的无缝对接,与其他部门一起规划和建设。

国际上出租车改革历史悠久,但问题依然很多。究其原因,这个行业非常复杂,涉及公共利益和私人利益、政府责任和个人权利、经济效益和社会效益,等等。在这个意义上,可以将其称为非常复杂的混合公共物品。与大型公共交通工具比较起来,它属于混合公共物品的更下游的部分,包含了更多的私人服务性质。

在英国,出租车是低收入者、无车者和残疾人群体中20%的人外出的交通工具之一。南非的约翰内斯堡大都市法规中,出租车与小型公共汽车、公共汽车一道纳入大都市公路交通法规统一管理。在南澳大利亚,出租车是有效率、成本–效果相当的公共交通的组成部分,也是当地重要的旅游交通工具。在加拿大,出租车是公共交通的组成部分。近年来,加拿大政府采取措施推动出租车行业创新,保持其经济活力,旨在发展这一公共交通部门。他们把创新工作的重点放在服务质量改善、合理收费、驾驶员培训、司机和乘客安全、车辆安全等方面。美国纽约市把出租车视为城市交通的组成部分。总之,各国国情不一样,但大都将出租车视为公共交通的重要组成部分或补充。

经济社会发展的不同阶段,出租车的服务对象会发生变化。在城市交通体系不完备的初期,由于社会、经济发展水平不高,出租车服务的主要对象是城市高端消费人群。随着社会、经济发展水平的提高,以及城市综合交通体系的完善,出租车在提供个性化出行的同时,服务的主要对象也会扩展。高端消费人群会更多地购买私家车,出租车服务逐渐面向日益增多的白领阶层。按照社会分层的理论,一个合理的社会结构将是“两头小、中间大”的分配模式,即社会高端人群及贫困人群在社会中所占比例很小,构成社会主体的成员是白领阶层。因此,白领阶层拥有私家车的比例会扩大,出租车主要面对低层白领和底层人士。从国际经验看,这个阶段上,政府会从公益角度考虑低收入群体和弱势群体搭乘出租车的补贴问题。就目前来说,将我国出租车理解为运输领域的中高端服务,主要面向中高端人群、旅游人群还是比较适当的,至于对低收入群体和弱势群体的公益性补贴,还没有提到议程上来。

准公共服务是与纯公共服务或基本公共服务相比较而言的。纯公共服务的两大基本特征是非竞争性、非排他性,而准公共服务在这两个特征上的表现均不充分。出租车的公共特性首先表现在经营权的公共性,政府通过非市场化的特许经营方式把经营权无偿让渡给经营者;政府无偿让渡的目的是为了保证城市居民的公共利益——出行便利和城市交通的良好秩序。同时,出租车行业又具有私人部门特征。首先,其中的行动主体,乘客、司机和出租车公司都各具自己独立的意志,以自身的利益最大化为目标,但由于交易过程中的自主权的占有、使用、收益和处分都有一定的限制,又不具备完全的私人性;一般说来,出租车价格是法定的,乘客和司机之间没有讨价还价、相互协商、相互协调,进而达成交易的可能,行动主体的平等性也是不完整的;在出租车领域,公司之间、司机之间只能在质量上开展竞争,无法在价格上竞争。

出租车行业的公共性非常明显:城市道路资源有限、乘客需要安全、汽车尾气排放影响环境等问题。不同的交通方式的碳排放影响是不一样的。这些公共性要求政府适度介入。政府为了公共利益应通过立法来加以规范。

出租车市场是一个准市场机制,因为出租车在大部分国家是实行总量控制的,消费价格也受到严格管制。在这个领域并不存在完全的市场机制,换句话说,以市场的自愿交易和自发秩序为核心的市场机制在出租车管理领域会出现失灵。政府干预的目的不在于别的,而在于弥补市场的失灵。在一些国家,出租车还在外表上被严格规定,等等。一般说来,地方的服务市场是不完善、缺乏竞争的。地方准市场的成功取决中央政府的政策和对市场的管制。

我们把出租车定位在介于大型公共交通和私人交通工具之间,是更为下游的公共物品,也就是说,政府把出租车经营垄断性特权给予企业或个人,让它们在一定范围和一定条件下为城市居民提供服务。这些条件包括总量控制、质量控制、价格控制、强制标准、经济合同法和劳动合同法的实施等,以保护行业健康发展。也正是在这个意义上,我们说出租车行业本身具有公共性的一些特质是指出租车行业有自己的特点,出租车的数量和多寡关系到城市交通是否畅通、市容市貌是否雅观、居民出行是否便利和安全、外来旅游乘客是否便利、各个社会阶层是否满意、出租车司机收入是否得到保障,等等。

由图3-1可以看出,出租车接近于私人物品,与公共交通有一定区别,但又不是纯粹的私人物品。理论和实践都表明,在出租车上安装计时收费系统可以使停车收费成为可能,但鉴于城市空间尤其是街道容量有限,出租车既不是纯粹的公共物品,也不是纯粹的私人物品。

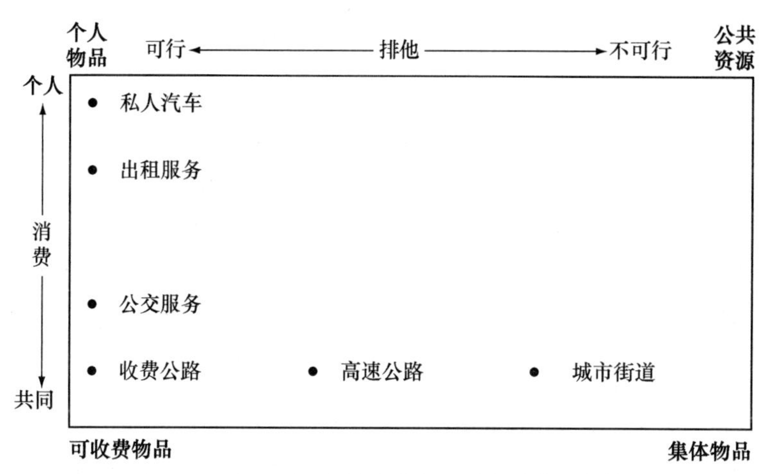

图 3-1　交通服务和设施的排他性和消费特征①

在中国现阶段,政府没有必须也不需要补贴出租车行业。无论是从其行业定位看,还是从经营者(出租车公司)和从业者(出租车司机)的状况看,都不需要政府来鼓励公众消费此类产品。先从定位来说,出租车是城市交通系统的补充,是在大力发展公共交通的前提下(尤其是像在中国这样一个人口众多、土地和能源资源都不充足的国家,鼓励发展公共交通系统是确定无疑的正确方向),由于公共交通不能触及一些区域(公共交通线路不能布局的区域)或满足特定人群(低收入无车者、残疾人、出行者等)的特定需求,才产生了对出租车的需求,才在制度安排上出现了出租车。因此,出租车不需要也不应该由政府鼓励消费,否则会偏离鼓励发展公交体系的目标。在这个问题上,西部某市的情况可以说明一些问题,目前该市出租车一直维持着十几年前的价格,一成不变,很多人本来应该去坐公交车的,现在都坐出租车了,而黑车就钻了这个空子。当地干部说,城市道路资源有限,就这样被出租车占据着。1997 年后,出租车起步价由 10 块降到 6 块钱,当时城市居民收入低,现在收入高了,出租车价格还是不动。私家车、出租车、黑车增加,道路拥堵,出租车营业额在下降,公共交通也受到抑制。在劳动力大规模供给和私家车不断发展的前提下,如果放开价格和总量控制,政府能够做

① 〔美〕E. S. 萨瓦斯:《民营化与公私部门的伙伴关系》,中国人民大学出版社 2002 年版,第 48 页。

的是不断提升公共交通的质量和便利性,加强对出租车的质量管理。

从中国国情出发,出租车不应当成为被鼓励消费的产业。除非在一个国家或地区,社会经济发展水平达到一定程度,政府能够对特定人群,诸如残疾人、老年人和低收入群体在一定条件下的需求给予帮助,一般情况下,政府是没有理由对这样一个行业进行补贴的。就生产者或出租车公司来说,在中国现阶段,政府也没有理由给予补贴,因为其行业利润在没有税收优惠的情况下也是可观的。就劳动者来说,虽然出租车司机的工作方式艰辛且生活方式也不健康,在大多数城市和地区,出租车司机的收入还是高于一般劳动者平均收入的,因此,也没有必要和理由给予补贴。说到底,综观全世界的经验,即便是需要补贴,也仅限于特殊群体在特殊条件下的补贴。这部分所谓特殊群体在特殊条件下的需求可以通过提供出租车服务券的形式来实现。那是后话。总之,目前对这个行业补贴的理由还远远不足。当然,各地差别大,经济社会发展不平衡,允许各地在具体措施上有所不同,但基本原则不能背离公平公正,尤其是对所有居民(不仅仅是户籍人口)的公平公正。

这里需要进一步说明,中国在公共领域的探索需要尽早明了一个原则:政府可能不做的事情尽可能让市场和社会去做,要尽早避免出现大政府现象,尤其是财政支出巨大的政府。目前,分税制、加大民生投入、政绩考核体制,这些关系一旦平衡不好,很可能会导致大政府的出现。

不管是综合交通还是公共交通,出租车都是处于补充地位的。按人们传统的观念来理解,综合交通属于市场化运作,政府不需要补贴;公共交通属于政府运作,需要政府补贴。如我们已经分析的,现阶段无论属于什么补充,政府都没有道理补贴出租车行业。

"补充"的地位是明确的,也没有什么分歧。补充综合交通系统或公共交通系统不能达到的线路,实现不能满足的特殊群体在特殊条件下的需求。有分歧的是公共交通还是综合交通,如果分歧的核心是政府需要不需要补贴,那么问题也可以到此为止。如前所述。

基于以上理解,考虑把"特殊行业"进一步界定为准公共服务,或者叫作准公共服务。它既混合了公共服务也混合了私人服务;既要求政府管制,也要求发挥市场配置资源的作用;既要求提高出租车行业效率,也要求提高居民和出行者的满意度以及出租车司机的工作质量和生活质量。出租车司机在身份上可以定位为从事自由经济的劳动者,这种定位既要求他(她)与公司之间建立经济关系,也要他(她)与公司之间建立劳动关系,前者确保他(她)的积极性和创造性,后者确保他(她)的基本权益和基本保障。

第4章
我们已经做了什么?

如今,中国的城市已经发生了翻天覆地的变化。巍然耸立的摩天大厦,四通八达的公共交通,全新的公共服务设施,与20年前简直判若两个世界。

——〔美〕谢德华

基本公共服务均等化就其社会学意义来说,实际上是确认人们的"先赋"地位,即不管个人的特性和才能,赋予每个公民同等权利,也就是不分城乡、地区和人群,人人享有基本公共服务的权利,这也是一种社会地位赋予。它有别于"自致"地位的获得,"自致"指的是个人通过自己的努力获取的权利和地位。不管我们承认还是不承认,在把教育和医疗卫生产业化的过程中,人们的预设前提就是每个人可以获得自致权利和地位,而不必考虑他们的能力与家庭。在这个问题上,当时的决策,既没有搞清楚政府与市场的关系,也没有搞清楚市场与社会的关系,既缺乏公共政策的常识,也缺乏社会学的常识。实际上,承认市场在配置资源中的作用和角色,就必须承认社会阶层的出现是不可避免的,换句话说,不同的收入阶层的出现是必然的,在考虑个人禀赋和机会不可能完全均等的条件下,阶层和群体的差异也是不可避免的。阶层化的另外一种表述就是不平等。追求公平正义是社会发展和和谐的根本目标,为此,政府必须扮演更加重要的角色。基本公共服务均等化的实质是在社会意义上打破群体、身份和权利上的不平等,在这个意义上,又可以将其视为收入分配体制的一部分。

最初的基本公共服务均等化问题主要不是针对阶层问题,而是针对居民的看病难、住房难和上学难等这些现实迫切的问题提出的。而后,它进一步深化为社会公平保障体制,即机会公平、权利公平和规则公平,以为社会流动创造制度环境。向上流动几乎是当今社会的基本价值。从21世纪初期开始,随着民生问题列入发展议程,坚持以人为本成为发展的要义和战略基础,公共服务问题在人们视野中的位置越来越重要,政府首先做了大量的工作,这始于对社会事业的改革和创新,以及在这个过程中政府角色的界定和责任划分。当然,对这个问题的认识也不是一蹴而就的,也是经历了一个由不知道到有了一定的认识,再到认识的逐步深化的过程,政策措施也在实践中不断完善,越来越切合实际。发展永无止境,公共服务体系建设也永无止境。

有人说,这些年,我们已经建立了基本公共服务的法定体系,也对今后一个时期的公共服务发展做出了规划,有些省市甚至提出了到2020年基本实现公共服务的均等化,等等,这些都是我们在做的工作和正准备做的工作。

一、政府成为基本公共服务的制度安排者

(一) 明晰人民群众"最关心、最直接、最现实"的利益问题

在公共服务领域,我们已经做了什么?这需要有一个大致的梳理,可以为下一步继续做什么积累一些理论和实践的素材,温故知新。中国在过去三十六年的改革发展中,先是从经济建设入手,坚持经济建设不动摇,到后来把公共卫生和基本医疗以及教育产业化,再到实施基本公共服务均等化,大致经历了一个由忽视人的发展到坚持以人为本的发展过程。随着人民生活水平的提高和生活质量的提升,人的全面发展的意义越来越凸显。中国

政府对于自己在公共服务供给中的角色定位是逐步实现的,它反映了这个时期的认识历程和发展进程。2005 年,党的十六届五中全会提出“要以扩大就业、完善社会保障体系、理顺分配关系、发展社会事业为着力点,妥善处理不同利益群体关系,认真解决人民群众最关心、最直接、最现实的利益问题。”①这里的“最关心、最直接、最现实的利益问题”就与公共利益有关。这是从过去把基本公共服务视为私人行为,应该由市场来满足转向发挥政府作用的开始,是认识上的重大转变,也是对“教育产业化”和“医疗卫生产业化”指导思想的一个否定。当然,追溯历史,这个转变真正萌发于 2003 年的“非典”以及之后的十六届三中全会提出的“五个统筹”。这里的所谓“真正”的含义是指,在 2003 年以前,政府就有强调经济社会协调发展,但是在实际工作的部署中,还是不能把社会发展摆在正确的位置。这与历史条件有关,也与认识水平有关,还与财力有关。

如何解决“人民群众最关心、最直接、最现实的利益问题”?必须“妥善处理不同利益群体关系”。正是基于这点,根据十六届五中全会的决定,《中华人民共和国国民经济和社会发展第十一个五年规划纲要》提出了“加快公共财政体系建设,明确界定各级政府的财政支出责任,合理调整政府间财政收入划分。完善中央和省级政府的财政转移支付制度,理顺省级以下财政管理体制,有条件的地方可实行省级直接对县的管理体制,逐步推进基本公共服务均等化。”②最初,人们把各种利益关系集中在财政体制和中央与地方的关系上,希望通过理顺省级以下财政管理体制来实现基本公共服务均等化。一时间,基本公共服务均等化成为中央、地方各级政府的政策措施,各种试点和示范也陆续出现。随后学术界也纷纷介入,开展研究。实事求是地讲,到目前为止,学术界对于基本公共服务均等化的研究,从历史到理论,从现实到政策,从概念到框架,都没有达到实践提出的要求和问题解决需要的水平,这其中包含了对基本公共服务范围的划定、基本标准的制定以及相应的财政体制设计和税收体制改革措施。基本公共服务均等化严格意义上

---

① 《中共中央关于制定“十一五”规划的建议》,新华网 2005 年 10 月 18 日。

② 《中华人民共和国国民经济和社会发展第十一个五年规划纲要》,新华网 2006 年 3 月 16 日。

是财政体制问题，更是涉及各个省市自治区的税收——税源和税基，这些问题现在根本还没有提到议事日程上来。当然了，党的十八届三中全会把税收体制改革摆在重要位置，加快税制改革只是个时间问题。

2006年10月11日，中国共产党第十六届中央委员会第六次全体会议通过的《中共中央关于构建社会主义和谐社会若干重大问题的决定》中有关基本公共服务均等化的论述至少包含以下几点信息：第一，实现基本公共服务均等化是完善公共财政体制目标之一；第二，要通过税制改革、加大转移支付力度和促进转移支付制度规范化、制度化、法制化来完善公共财政体制；第三，当前我国的公共服务包括教育、卫生、文化、就业再就业服务、社会保障、生态环境、公共基础设施、社会治安；第四，增强公共产品和公共服务供给能力需要通过加大财政投资规模来实现；第五，增强地方政府提供公共服务的能力。换句话说，地方政府在提供公共服务中应该发挥更加重要的作用。2007年10月，中国共产党第十七次全国代表大会的政治报告进一步把基本公共服务均等化问题具体化，体现在两个方面。第一，把基本公共服务均等化作为缩小区域差距的手段；第二，把基本公共服务均等化和建设主体功能区作为财政体制改革和建设的目标。2011年，《中华人民共和国国民经济和社会发展第十二个五年规划纲要》提出了"推进基本公共服务均等化。把基本公共服务制度作为公共产品向全民提供，完善公共财政制度，提高政府保障能力，建立健全符合国情、比较完整、覆盖城乡、可持续的基本公共服务体系，逐步缩小城乡区域间人民生活水平和公共服务差距。"[①]根据这一基本目标，并围绕着提升公共服务水平、建立健全基本公共服务体系、创新公共服务供给方式等进行部署。值得关注的是，《国民经济和社会发展第十二个五年规划纲要》把基础设施建设和生态环境保护也作为与人民群众生活息息相关的公共服务问题提了出来，相关部门也就此开展了这二者是否是基本公共服务以及是否需要纳入国家基本公共服务体系的研究和讨论。生态环境直接关系人民的生活，但是，政府治理生态环境的方式很多，如污染者付费等，并不一定要像在社会领域中，失业者暂时需要政府救济，

① 《中华人民共和国国民经济和社会发展第十二个五年规划纲要》，新华网2011年3月16日。

穷人需要社会和政府给予及时帮助来对待生态和环境问题。同是与人民生活和利益密切相关的问题,处理的方式可能是不一样的,这也恰恰说明了公共服务的复杂性。《国民经济和社会发展第十二个五年规划纲要》对这个问题考虑得也比较清晰,要求积极研究基本公共服务的供给方式。

在《国民经济和社会发展第十二个五年规划纲要》的基础上,2012 年《国家基本公共服务体系“十二五”规划》明确了基本公共服务的概念和范围、标准、公共服务体系的基本建设指导思想、基本要求和主要目标,突出强调了基本公共服务就是把基本公共服务制度作为公共产品向全民提供这一核心理念,着力保障城乡居民生存和发展的基本需求,着力增强服务供给能力,着力创新体制机制,明确了以人为本、保障基本、政府主导、坚持公益、统筹城乡、强化基层、改革创新、提高效率等基本要求。提出了供给有效扩大、发展较为均衡、服务方便可及、群众比较满意这四个方面的目标取向。这是我国第一部专项基本公共服务规划,是继《北京市“十一五”时期社会公共服务发展规划》之后的国家规划,它突破了传统的带有计划经济色彩的发展规划,把现代政府改革创新的理念融入社会事业发展,主要体现在:**一是**强调基本公共服务的政府责任,明确了基本公共服务的法定范围;**二是**把供给方式问题提了出来,从可持续的视角加以强调,具有重要的战略意义和前瞻性。

2012 年 11 月,党的十八大报告把基本公共服务体系建设摆在重要位置,要求加快形成政府主导、统筹城乡、可持续的基本公共服务体系。加快完善基本公共服务体系是保障和改善民生,推动社会体制改革,完善社会管理体制的重要途径。按照十八大的战略部署,从新时期经济社会发展的实际出发,综合考虑我国人口规模、城乡差别、地区差别和群体差别等因素,加快形成可持续和人民满意的基本公共服务体系,必须在创新基本公共服务供给模式上下功夫。政府主导,主要是指政府要制定相关政策法规、明确基本公共服务的范围、标准、责任等;统筹城乡,就是要考虑中国国情,把建设新型城镇化摆在重要位置,从而实现基本公共服务体系建设的动态化和连续性;可持续,就是要借鉴发达国家的经验教训,避免政府和社会负担过大过重等一系列问题。

2013年11月，党的十八届三中全会通过的《中共中央关于全面深化改革若干重大问题的决定》要求，“紧紧围绕更好保障和改善民生、促进社会公平正义深化社会体制改革，改革收入分配制度，促进共同富裕，推进社会领域制度创新，推进基本公共服务均等化，加快形成科学有效的社会治理体制，确保社会既充满活力又和谐有序。”[①]“稳步推进城镇基本公共服务常住人口全覆盖，把进城落户农民完全纳入城镇住房和社会保障体系，在农村参加的养老保险和医疗保险规范接入城镇社保体系。”[②]按照十八届三中全会的精神，进一步推进基本公共服务体系建设，是社会体制改革和社会创新的重要内容，要通过进一步的基本公共服务体系建设，来推进共同富裕目标的实现，尤其是实现城乡统筹发展。

（二）谁来解决这些问题？

从全能政府转向有限责任政府是认识上的一个飞跃。中国在社会建设上的认识是逐步深化的，就像对市场经济体制的认识一样，只是，远远不如对市场经济体制认识得那么深刻。落实《国民经济和社会发展第十二个五年规划纲要》《国家基本公共服务体系“十二五”规划》和十八大报告提出的基本公共服务战略，必须回答下列问题：第一，我国将建设一个什么样的财政能力均等化体制来确保基本公共服务均等化？因为根据国际经验，基本公共服务均等化的基础和基本实现手段是财政能力均等化，而且各个国家在实现基本公共服务均等化过程中采取的财政体制也是不一样的，如财政能力均等化、税收均等化、财政需求均等化，等等。第二，实现基本公共服务均等化和建设主体功能区在财政体制改革建设中的地位与关系如何确定？从深层次看，它们都包含明确各级政府的事权和财权的含义。不同的是，主体功能区建设更侧重政府的事权，还包含经济建设的布局之意。基本公共服务均等化是主体功能区建设的制度基础。第三，在基本公共服务提供中，中央政府和地方政府的分工是什么？是否可以理解为地方政府更具有公共服务的提供能力，因为它们更直接、更理解居民需求，中央政府主要负责转

① 《中共中央关于全面深化改革若干重大问题的决定》，人民出版社2013年版，第4页。
② 同上书，第25页。

移支付或建立均等化的项目基金(Equalization Pool)来帮助实现公共服务均等化。第四,我国基本公共服务均等化和主体功能区建设是阶段性目标还是非阶段性目标?如何完善基本公共服务的供给方式,发挥政府、市场和社会各自不同的作用,形成发展的合力,解决发展中不断出现的人民群众日益增长的对基本公公共服务的需求?第五,地方政府实现基本公共服务目标靠什么?自己生产还是依靠社会组织和企业?我国基本公共服务战略是从基本公共服务均等化着手,引导我国的公共财政体制建立与完善,中央和地方管理关系的理顺,政府与市场关系的调整,政府与社会关系的明晰,通过这一系列关系的理顺和调整,形成一个适应社会主义市场经济要求的行政体制、社会体制和文化体制,建立具有中国特色的基本公共服务供给模式。

二、基本公共服务体系的实践探索

为了进一步落实"十二五"规划纲要,2012 年 7 月,国务院印发了由国家发展改革委牵头编制的《国家基本公共服务体系"十二五"规划》,各地根据自己的实际积极落实《国家基本公共服务体系"十二五"规划》。不过在《国家基本公共服务体系"十二五"规划》颁布之前,各地已经进行了大量实践探索,包括北京、广东、四川、重庆等,都积累了一定的经验。以下仅是各地创新中的几个具体事例。

(一) 完善基本医疗卫生制度

按照《国家基本公共服务体系"十二五"规划》,要建立基本医疗卫生制度,为城乡居民提供安全、有效、方便、价廉的基本医疗卫生服务,切实保障人民群众身体健康。唐山市针对影响居民健康的实际问题,启动实施了"健康唐山,幸福人民"行动。这一行动包括健康教育、健康服务、健康饮食、健康文体、健康环境等五项工程,健康教育进家庭、居民健康信息管理等 20 个重点项目,以及环境指标、人群指标、服务指标、社会指标、民意指标和特色指标等六类指标。2008 年,长沙市在全国率先提出了建设食品安全城市的工作目标,按照政府主导、企业负责、部门联动、公众参与的基本思路,坚持标本兼治、重在治本、防治结合、重在预防的原则,为人民健康着想,从基本食品着手,从保障体系着力,重点构建食品标准体系、产品检测体系、监管责任体系、诚信社会体系和法规制度体系,突出标准生产工程、放心市场工程和阳光消费工程,使该市的食品安全呈现出持续向好、安全可控的局面。

(二) 完善基本社会服务制度

按照《国家基本公共服务体系"十二五"规划》,要建立基本社会服务制度,为城乡居民尤其是困难群体的基本生活提供物质帮助,保障老年人、残疾人、孤儿等特殊群体有尊严地生活和平等参与社会发展。近年来,宁波市鄞州区在经济总量快速扩大、发展方式不断优化的基础上,全区上下牢固树立公共财政的理念,深入实施"和谐区创建行动纲领"和"幸福民生 40 条",大力加强社会建设,积极构建公共服务体系,着力保障和改善民生,努力促进发展成果的全民共享。近三年财政投向民生领域达到 148 亿元,占可用财力 70%;在全国率先实施了十二年免费教育、农村医改、文化"天天演"、全覆盖社会保障体系等一系列惠民举措。重庆市把村级公共服务中心建设纳入民心工程,建立了村级公共服务中心建设联席会议制度,明确了五年建设规划,采取市级补助、区县配套的方式,多方筹集资金,推进建设工作。在建设过程中,明确了村级公共服务中心建设内容、选址要求、建设风格和功能配置,把村级公共服务中心建成村级政治、经济、文化中心。2006 年以来,全市累计投入资金 12.4 万元,建成村级公共服务中心 8 982 个,实现了全覆盖,为村级组织办公服务搭建了平台,为丰富农村居民物质文化生活提供了便利。2010 年 3 月,北京街作为广州市基层管理体制改革和社区综合服务中心建设的双试点街道,开展了基层社会管理服务的探索创新。在越秀区委、区政府的支持下,针对社会转型期社区工作的新形势、新特点,结合北京街地区实际,以"业务归并、人员整合、服务前移、管理'落地'"为主线,对街道机构、人员、职能、业务以及服务设施进行了整合;以"三位一体、优化服务、做强社区自治"为目标,对社区居委会进行了理顺和强化;以专业社会服务为手段,努力提升社区家庭服务水平。

(三) 建立基本住房保障制度

按照《国家基本公共服务体系“十二五”规划》,要建立基本住房保障制度,维护公民居住权利,逐步满足城乡居民基本住房需求,实现住有所居。“5·12”特大地震造成都江堰市城镇30余万居民住房不同程度损坏,都江堰市用了将近一年的时间完成了约260万平方米的安居住房建设,可满足近2.3万户选择“置换安居房”和租住廉租住房、安居住房的需求。如何让受灾群众早日入住安居住房,如何保障分配过程“公正、公平、公开”让群众满意,却是个棘手的问题。在广泛听取多方意见,并召开听证会的基础上,当地政府决定采用电脑公开摇号确定预分配方案,取得了较好效果。

(四) 探索残疾人服务

按照《国家基本公共服务体系“十二五”规划》,要为残疾人提供适合其特殊需求的基本公共服务,营造残疾人平等参与的社会环境,为残疾人生活和发展提供稳定的制度性保障。成都市在落实以人为本的科学发展观的过程中,不断探索并创造性地提出了“量体裁衣”式个性化服务的工作方法,实现了为残疾人服务的方法上的根本转变,被誉为中国残疾人工作发展历程中里程碑式的变革。

(五) 探索就业和再就业服务

按照《国家基本公共服务体系“十二五”规划》,建立劳动就业公共服务制度,为全体劳动者就业创造必要条件,加强劳动保护,改善劳动环境,保障合法权益,促进充分就业和构建和谐劳动关系。上海通过政策扶持和支持,鼓励社会组织吸纳大学毕业生,搭建平台,为社会组织招聘大学毕业生提供便利,实现了充分吸纳人才,发挥社会组织专业能力,充分利用社会组织平台吸纳就业。上海市人才服务行业协会通过整合会员单位和媒体及网络等优势,组织开展了“人才服务进校园”活动,上门为大学生提供5万多个岗位选择。普陀区创业者协会开展“迎世博 促创业 稳就业”专家咨询服务活动,通过东广电台就业之友、创业启蒙讲座、开业园区创业者沙龙、社区自主创业咨询等多种形式，帮助创业者找到适合自己的创业路。浦东新区青年商会邀请区有关部门领导和新区高校召开大学生创业座谈会，从教育源头和政策保障探索促进大学生创业、就业的具体措施。

（六）便捷高效的公共服务供给方式

按照《国家基本公共服务体系“十二五”规划》，在坚持政府负责的前提下，充分发挥市场机制作用，推动基本公共服务提供主体和提供方式多元化，加快建立政府主导、社会参与、公办民办并举的基本公共服务供给模式。浦东公益服务园是内地首个公益组织集聚办公并提供多种共享服务的园区。公益服务园从创建初始就秉持“创新、合作、成长”的宗旨，在功能布局和设计方面遵循环保与公益理念，在管理方面则采取社会组织自主管理、自我服务的方式，力图将园区打造成新区社会建设创新的试验田、社会组织合作发展的公共平台、公益组织成长的家园。目前浦东公益服务园已有 25 家公益组织入驻，不仅成为社会组织的集聚基地，更是公益组织的孵化基地，政社合作供需对接的平台，公益成果展示交流的窗口。浦东公益服务园的探索为进一步完善社会管理格局提供了生动的实践。一批有使命感的社会企业家会把社会个体与整个社会有机联系起来，极大激发社会的活力。

三、发挥现代信息技术的作用：“全响应”

这部分，我们将以北京市西城区的“全响应”社会服务管理体系为例，对这个时期的公共服务探索作进一步分析。全响应社会服务管理的基本内涵是指以服务为核心、民需为导向，强调政府组织、企业组织、社会组织、公民均作为主体参与社会服务和管理，各类主体积极响应社会需求，信息互通共享，行动协同联动，进而建立信任合作的响应链，形成富有活力、广泛参与的社会服务管理格局。

（一）“全面感知、快速传达、积极响应”

根据党中央和北京市做出的加强和创新社会管理的战略部署，2011 年，西城区委、区政府提出运用信息化技术手段,加快推进"全响应"社会服务管理建设思路,该思路本着以人为本、问题导向、资源整合、集成共享、部门协同、多元参与的原则,充分整合利用现有资源,着力从解决居民最关心、最直接、最现实的利益问题入手,在西城全区建立"全响应"社会服务管理指挥中枢,在街道建立"全响应"社会服务管理指挥中心,在社区逐步建立"全面感知、快速传达、积极响应"的社会服务管理模式。区级"全响应"社会服务管理指挥中枢主要承担社会服务、行政服务、城市管理和社会管理四个功能,街道"全响应"社会服务管理指挥中心建立统一的数据中心、调度平台、服务渠道以及多个业务系统,开展民生服务、城市管理、应急处理、绩效考评等活动。在区街两级指挥中心协调下,不同层级服务中心、服务管理机构和部门之间网络互联互通、信息共享和业务协同,实现辖区范围内社会服务管理"全覆盖、全感知、全时空、全参与、全联动"。

2012年7月,区委主要领导于《在中共北京市西城区委十一届四次全会上的工作报告》中指出,"以完善'全响应'社会服务管理体系为抓手,搭建民生需求'响应链',健全社会责任激励机制,推动社会管理全覆盖,实现社会建设工作的全面统筹。"在《关于全区经济社会发展工作的报告》中,区政府主要领导提出,加快构建"全响应"社会服务管理格局,**一是**切实做好"访民情、听民意、解民难"工作,**二是**加强社会服务管理信息化建设,**三是**引导社会力量广泛参与,**四是**努力营造和谐稳定的社会环境。2012年8月,在基层调研时,区政府主要领导指出,建设"全响应"社会管理创新,"总的思路是以群众的需求为导向,以服务为核心,以科学信息化手段为支撑,动员社会资源全方位参与,共同构建一个全覆盖的社会服务管理新模式。在全区形成了'四位一体'的模式,把社会服务、社会管理、行政审批和城市管理全部进入一个指挥平台,把过去分散的数据库连接起来,建立一个统一的数据库系统,来实现城市的运行保障、社会的服务和政府的管理。在街道层面,我区把街道的公共服务、社会服务、社会管理、社区建设也统合到一个平台。"①

① 《市领导调研我区全响应社会服务管理》,《北京西城报》2012年8月24日。

（二）“1 +8 + n”

1. 以满足居民需求为出发点和落脚点

全响应社会服务管理体系基本格局概括地说就是“1 + 8 + n”，实现社会服务、行政审批、城市管理、社会管理四位一体，三级联动。“1”是指“全响应”社会服务管理信息化支撑体系。通过健全完善一个“全响应”社会服务管理指挥中枢、一个一门式综合服务中心、一个“全响应”呼叫热线、一个全响应社会服务管理网站，搭建“全响应”社会服务管理平台，实现社会服务、城市管理、综合治理、行政服务四个功能。同时，搭建街道“全响应”社会服务管理指挥中心、“全响应”社区平台与区“全响应”社会服务管理指挥中枢对接和管理方式，通过整合现有的信息资源，实现“全响应”社会服务管理区街社区三级联动，有效地解决了当前信息分散化、片段化，信息不能兼容、共享的问题。目前，区级全响应社会服务管理指挥中枢正在进行顶层设计，梳理社会管理、司法管理服务等项目，并完成与区城管监督指挥中心现有系统的对接和整合，完善指挥中枢功能，年底前将完成运行调试。12341 特服号的申报手续已基本完成，正在完善区级服务需求后台分解、流转、回馈等办理流程，为尽快启用和实现为民服务一号通奠定基础。德胜街道社会服务管理指挥中心硬件运行条件成熟，金融街、月坛、广内、白纸坊等试点街道的工作均稳步推进，上半年完成基本框架的构建，另外牛街、什刹海等5 个条件成熟的街道也正在同步推进。“8”是指社区、街道、职能部门、驻区单位、社会组织、社工人才队伍、社会领域党建、居民这八个响应链是全响应落地的支撑和载体。“n”是指多个配套制度文件。例如访听解文件、街道统筹辖区发展的文件、加强枢纽型社会组织管理的文件等等。

“全响应”社会服务管理体系以民需为导向，政府组织、企业组织、社会组织、公民则作为主体参与社会服务管理，解决居民反映的问题。

西城区针对基层居民需求，建立社区、街道、职能部门、驻区单位、社会组织、专业社工、社会领域的党员、社会参与志愿者的响应机制。在西城区“全响应”社会管理系统中，民生服务是智能服务中心的重头戏，涵盖了社会政务服务、社会公共服务、社会党建服务、卫生医疗服务四个类型的服务。在智能化社区体系下，网站、家庭信息机、数字家园、无线终端、社区电子屏和大厅触摸屏等，都成了服务终端。民生服务和城市管理的触角，正在延伸至辖区居民生活的方方面面。德胜网格化“全响应”社会管理系统，将街道23个社区划分为238个网格化责任区，不仅能够为居民提供政务、便民、商业、公益四大类102项服务，还可以根据需求变化提供新的服务。

2. 通过问卷调查获得民意信息

西城区还在全区15个街道64个社区全面开展问卷调查，调查员直接入户以不记名访问的形式邀请受访者填写调查问卷，涉及市容环境和公共卫生、公共服务和生活设施、住房和拆迁、政府作为、道路交通、就业和低保、流动人口管理、教育、公共秩序和市场监管、社会治安和公共安全、文化娱乐、医疗等12个大类58个小类的问题，力求把居民们的热点、难点、焦点问题摸清、摸准、摸透，形成《西城区民情民意》定期发布，也成为西城区各级领导、各部门实施工作的参考依据。

3. 支持社会组织承担社会服务项目

2009年成立的“悦群社会工作事务所”以服务社区为使命，依托高校的智力资源和人力资源，深入社区，提供专业的社工服务，帮助有需要的人群。

悦群社会工作事务所

悦群社会工作事务所成立于2009年7月，机构立足于社区建设与社区服务，以高校的学术支持及人力资源为依托，以百姓生活需求为出发点，推出一系列社会服务项目。

“萤火虫行动”

将“驻校社工”概念引入中小学校的日常教学与管理，通过社工引导、教师配合、各方跟踪评估等，实现学生自我成长、自我调节心理压力。

“分享爱、超越碍”

“分享爱、超越碍”残疾人社区康复项目，旨在运用社会工作专业方法，以街道温馨家园为媒介，针对社区中肢体类、智力类和精神类残疾人，开展恢复社区残疾人社会交往功能等社区康复系统训练；同时运用社工专业沟通方法，调节并缓解残疾人及其亲属的心理压力，提高社会适应能力。

4. 以驻区公共资源共享盘活公共资源

西城区中央机关单位多,公共资源集中,推动公共资源社会化,用来弥补部分城市公共服务设施不足,避免公共服务设施重复建设,是基本公共服务体系改革和创新的重要内容。西城区制定政策鼓励和支持资源共享项目,先后投入了305万元,奖励了74家资源共享单位,探索出了“资源共享模式”,盘活了社会资源,让居民就近享受到了实惠和便利的公共服务资源。

广电总局302食堂

只要是月坛地区的老人,凭老年证或身份证,或是所在社区居委会开具的证明,即可来国家广电总局302食堂吃饭。为满足不同老人的口味,快餐系列每天有6个不同的菜,8元、10元、12元不等,一周不重样。

对于行动不便的老人,食堂还提供送餐入户服务,平均每天入户100多次。食堂每周将菜谱刊登在月坛街道的《人文月坛》上,老人们可以提前知晓,按需订餐。302食堂已经成为月坛街道老年餐桌服务的主力,用餐最高峰时曾达到2000人。

除了开发驻区公共资源,西城也与驻区企业合作,为居民提供服务。大栅栏街道居民可以免费去家门口的老舍茶馆喝茶、聊天、看文艺节目。老舍茶馆邀请附近居民、残疾人到茶馆看演出,参加文艺活动,还组织艺人参与社区文化活动。康乐里社区是中国人民银行宿舍区,经过街道与银行物业部门协商,由街道出资改善设施、添置器材,物业提供场地,修建了占地1200平方米,集娱乐、健身、休闲、学习于一体的“老年乐吧”,向广内街道上斜街、三庙、老墙根等附近多个社区的老年人免费开放。

广内街道康乐里老年乐吧

广内街道康乐里老年乐吧是在对原“康乐休闲健身俱乐部”全面装修改造的基础上形成的。1 200 平方米的“老年乐吧”集教育、学习、休闲、健身、娱乐、网络于一身,分为十室一厅,即乒乓球厅和梅冬台球室、松涛乐舞室、桃源养心室、丹青书画室、菊秋棋牌室、荷夏沙狐球室、杏坛赏书室、竹韵网络室、李馨聊天室。“老年乐吧”乒乓球室铺设了专用防滑地板,楼道内专为老年人安装扶手,敞亮的舞蹈室安装了专业把杆。

2012 年 10 月 24 日我们来到康乐里老年乐吧,几年前,这里是康乐里小区的居民活动中心。乐吧有七八个老年人在打乒乓球,其他功能和设施没有开放,服务员说晚上 6:00 对外开放,白天只对整个街道的老年人开放。不知为什么人这么少。走出乐吧,看到大院东边的健身器材场地处有不少老年人在活动。

西城区 15 个街道分别建立了各种公共资源共享项目,驻区单位逐步开放内部设施:北京市文联管理中心向社区开放小剧场,第一五九中学向社区适时开放各类体育场馆、操场、会议室,红旗业余大学向社区开放多媒体教室、机房,甚至师资也成了公共资源,展览路街道的多家社会单位向周边老年人开放内部食堂,北灯汽车灯具有限公司错峰为居民提供免费停车服务,什刹海体校将 120 余个车位在夜间向周边居民和游客开放。月坛街道与国家统计局、发展改革委、财政部、工商行政管理总局、铁道部、海洋局等 10 余个国家部委机关联合组建了社区建设协会,相关部委为成员单位,协会举办活动,各单位的活动中心实行共享。2011 年以来,月坛街道辖区内的中国建设银行、月坛中学、裕中中学、进步小学等机构不同程度开放单位资源。

以上做法是符合中央和地方有关规定的。2001 年北京市出台了《北京市关于利用单位内部设施开展社区服务的若干规定》,要求充分利用社区周围单位的内部资源,实现资源共享,推进社区建设。2006 年国务院《关于加强和改进社区服务工作的意见》和 2009 年民政部《关于进一步推进和谐社区建设工作的意见》都明确要求鼓励和支持有关单位服务设施向社区居民开放。按照互惠互利、资源共享原则，积极引导社区内或周边单位内部食堂、浴池、文体和科教设施等向社区居民开放。充分利用社区内的学校、培训机构、幼儿园、文物古迹等开展社区教育活动。

5. 动员各种社会资源参与“全响应”社会服务管理建设

从2009年开始，西城区设立社会建设专项基金，覆盖老年服务、青少年教育、家庭和睦、志愿服务、社会心理服务、流动人口等领域，每年投入1 000万元以上。2011年，西城区投入资金1 030余万元资金支持了36个社会组织开发45个项目。2012年资金规模增加到2 000万元，其中50%用于“向社会组织购买社会公共服务”。

从2012年起，西城区计划每年举办一次公益文化节，整合全区公益资源，搭建公益平台，营造公益氛围，开展公益服务，打造公益品牌。2012年首届公益文化节凸显了“让公益更有力量”这一主题。

（三）全响应工作格局的初步形成

西城区综合行政服务中心

西城区综合行政服务中心，是全国首家集物联网等信息技术于一体的第三代行政服务中心，可以集中办理全区80%的行政许可事项。位于地下一层的社会服务大厅，集行政审批、社会管理、公共服务、效能监察等于一体，采用最新科技成果，如物联网、光伏系统、低碳管理、用户体验等，致力于搭建孵化培育参与合作平台、政务公开沟通互动平台、展示交流推介筹资平台，为市民提供窗口服务、热线服务和社会服务。目前，已凝聚了2 561家区属备案的社区社会组织，600多家驻区社会组织，累计服务82.1万人次。中心设有全国唯一的24小时自助行政服务区，居民通过二代身份证可以进行办件进展查询、办事预约、自助填报等自我服务。

西城区区级各部门已不同程度建立了相对独立的纵向业务系统:以西城区城市监督指挥中心为核心的城市运行管理工作系统;**西城区综合行政服务大厅、区社区服务中心、街道公共服务大厅、社区和楼宇社会服务站三级社会服务工作体系**;人民调解、司法调解、行政调解“三位一体”的矛盾“大调解”格局。

德胜街道公共服务智能化平台

德胜街道创建的公共服务智能化平台,运用3G、GPS、WIFI等技术手段,通过PAD、民生热线、监控摄像头、电子屏等快速准确地采集和发布地区数据和信息;街道的科室负责人、社区负责人、楼门院长都持有类似手机的PAD,使得居民的问题在第一时间反馈到了社会服务管理指挥中枢。街道收到这些问题后,通过判别归纳,拿出最终解决方案。这样,居民可以在家测量血压,数据同步传送到社区医院,实现看病不用出门;居民下楼买菜,小区电子显示器实时报告菜价,蔬菜流动车可以直接开到居民楼前;在社区设立自助缴费机,居民5分钟内就可以完成缴费等。街道2000名社工、楼长、院长,每人手持一部PDA机,居民反映的问题在第一时间就可以报告给社区负责人,若发生着火或漏水,可以通过PDA机拍摄的照片反映到指挥中心,使问题及时得到解决。德胜街道创建的公共服务智能化打造了“全响应”平台,把社区、街道、区政府以及社会组织、社会工作者、居民构建成“响应链”,把居民的需要和问题集中在信息化平台上,在响应中加以解决。

德胜门全响应指挥中枢自2012年初正式运行以来,总计处理民情日志16238件,征求各类诉求问题和建议共202件,解决189件,解决率93.56%,响应率为100%。

基于实地研究,借鉴国内外经验,总体看来,西城区创新社会服务管理注重顶层设计,起点高,在网格化、信息化、标准化、精细化、人性化等方面形成了自己的一些思路和做法。

在实地考察过程中，我们在西城区和各街道行政服务中心大厅拿到的《新办〈餐饮服务业许可证须知〉告知单》《如何办理工商视频流通许可证告知单》《设立娱乐场所许可告知单》等对受理范围、审查依据、提交材料目录、表格填写要求、处理程序、办理时限等都做了详细说明，使人一目了然，非常方便。西城区在塑造服务型政府，探索寓管理于服务中的基层社会服务管理体系方面做了大量工作，尤其是在建立多种机制来收集和汇集居民的愿望和需求方面做了大量工作。

社会发展最终如何造就人们的社会生活？这里所谓的社会生活是指发生在个人与家庭、与社会、与群体、与社区的交往以及各种各样的公共活动。怎样造就人们的健康心理、友爱精神、开诚布公的处世方式等等？这种社会生活就不能简单地是物质的生活，它以物质生活为基础，以社会交往为核心，以精神满足为目的。如何铸造基层社会生活？基层的公共服务如何能够延伸到家庭和人际关系的层次？这都是社会建设中的重大问题，需要认真研究。好的基层公共服务会降低社会管理的成本。在政府层面上，基层公共服务与社会管理不能分开，应当一起规划。

公共服务和社会治理在基层不能分开。与历史上相比，地方政府的角色越来越重要。在基层，地方政府承担着越来越多的公共服务——人口增长、扩大就业和救济贫困人口等社会治理的任务都落在了地方政府的身上。另外，地方政府还承担着基础设施建设、公共服务供给以及社会福利制度建设的任务。

四、超越技术："访民情、听民意、解民难"

这个时期，面对面地服务群众开始显现。发挥职能和机构的作用外，2012年初，西城区委、区政府主要领导在全区启动了"访民情、听民意、解民难"工程，区委书记、区长带头下基层，各部门、各级领导与社区建立联系点，街道、社区全面收集民情信息，形成区、街、社区三个层面全面感知社情民意、快速处理民生问题的机制，居民反映急迫的民生需求在第一时间得到响应。2012 年以来,区委书记、区长到什刹海街道、陶然亭街道龙泉社区、金融街街道二龙路社区、月坛街道汽南社区等地,和包括普通居民、志愿者、驻区单位、流动人口、社区工作者等在内的社区代表"拉家常",针对居民提出的停车难、买菜难等 20 多个具体问题,这些涉及规划建设、房屋修缮、胡同治理、电暖气维修、城市管理、社会服务等问题,一一做出梳理,责成区有关部门加紧研究解决。

(一)"接地气""顺民意"

区商务委、民政局、市政市容委、房管局、交通支队、卫生局、住建委、环保局等委办局的各级领导、工作人员和 255 个社区确定了定点联系关系,对照全年重点工作、办事计划,带着问题到社区听意见,制定"接地气""顺民意"的政策和工作细则。

西城区每季度召开例会,重点围绕居民反映突出、事关居民生产生活以及民生工程实施过程中遇到的问题形成任务分解书下发相关部门,后者下基层就地解决,政府督查室监督落实情况,并在区委常委会、区政府常务会汇报实施情况。

2012 年以来,什刹海街道建立街道负责人和职能部门联系社区、民情走访工作和楼门院长信息报告等制度,了解民情;建立社情民意座谈会、创建网上民意反馈平台、完善社区接待日等制度,收集民意;建立社区议事会、社情民意转交督办、指挥平台检查督办和民生工作协调等制度,解决民难。截至 9 月底,走访居民 14 382 人,收集民情民意 1 820 条,在社区内部解决了 1 558件。

(二)建立辖区单位和个人为多元主体的服务供给机制

打破传统的政府单一供给模式,西城区充分发挥社区、街道、职能部门、驻区单位、社会组织、专业社工、社会领域的党员、志愿者的积极性和创造性,一道工作,协同创新。"长安幸福家园"基地总面积 1 765 平方米,内设多功能厅、儿童活动区、中老年人活动区、便民服务区四个功能区,免费对外开放。居住在西长安街地区的居民,可以就近享受孕期指导、早教、老年服务等从新生儿到老年人的不同年龄段、不同群体的公共服务。

（三）解决了一批群众反映强烈的问题

据统计，自“访民情、听民意、解民难”活动启动以来，西城共收集居民从便民服务、社区环境、市政基础设施、社区安全秩序、特殊人群管理等七个方面提出的各类问题近900条，其中违章停车、环境卫生、宠物管理、违法建筑和公共设施维护等问题反映居多。居民反映的买菜不方便、社区活动场地等问题，已在相关部门的努力下得到了快速解决，占到了全部问题的14%；增加养老券服务网点等问题和建议，相关部门已经拿出具体措施和完成时限，正在加紧落实，占到了59%。

一年来，收集各类社情民意30 000余条，解决或拿出解决问题方案的28 000条，以需求为导向，以服务为中心，以公众参与为基础，以信息化为手段支撑，多元主体积极响应社会需求的工作体系初步形成。天桥街道机关和社区干部走访辖区居民5 728次，收集各类问题811条，已经解决762条，问题解决率达到90%。

截止到2012年10月底，金融街道平均每周受理居民诉求近300件，诉求解决率达到92%。2012年初，金融街道建立了全响应社会服务管理指挥中心来解决居民反映的问题，聘请18名社会网格监督员深入辖区7个网格区域进行巡逻监督，利用手机移动终端及时反映居民需求，开通“12345”非紧急救助热线倾听民众声音，从驻区单位、街道和社区三个层面开拓信息来源，解决了居民反映和要求解决的环境整治、安全保障、老区基础设施陈旧、白领午休、蔬菜供应等问题。

（四）难点问题

我们在调研中也了解到，志愿者的培养，尤其是专业志愿者的培养、激励和保持是当前完善全响应社会服务管理中的难点问题。另外，专业社会工作者也比较短缺，尤其在养老、心理咨询等方面需要大量的专业社会工作者，这里面，既涉及待遇问题，也涉及人事制度，包括户籍制度等问题。还有社会领域的党建工作也是西城区“全响应”社会服务管理建设中遇到的问题。

西单、北京站地处西城区的中心地带,来往人群多,人口密度高,确保公共安全和提供基本公共服务是西城区社会服务管理不可忽视的,也是存在一定难度的问题。2012 年 11 月 3 日北京风雨交加,西单地区五时左右,我请酒店大堂叫一辆出租车,却是回答:雨雪天气,找不到出租车。应急管理历来是城市管理的难点。在冒着雨雪去往地铁的路上,看到人们踏着积雪和雨水,不时有大雪块掉下,还真是有点担心被砸着。

第5章

政府提供公共服务的国际经验

改革的种种努力受制于某一特定国家内的治理哲学和治理文化,受制于该国政府的性质和结构,以及运气和巧合。

——〔美〕珍妮特·V.登哈特、〔美〕罗伯特·B.登哈特

如果从1601年的英国《济贫法》算起,西方国家的公共政策出现已经有数百年的历史。公共服务的政府提供在19世纪后期进入一个新阶段,到20世纪30年代出现了历史性的跨越,这主要是指美国的《社会保障法》的颁布。20世纪70年代撒切尔夫人和里根对于公共服务体制的改革标志着公共管理进入一个新的阶段。然而,许多问题并没有真正得到实质性解决,关于公平与效率的争论照旧,公共服务领域的问题层出不穷。一部国际提供公共服务的历史,先是可以从传统社会解体进程中城市的新的社会关系得到解释,进而发展到工人阶级和资本家阶级矛盾的激化带来的风起云涌的阶级斗争及其平息导致的政府职能变化,再到由于人们行为中对于社会福利的天然刚性需求引发的政府财政压力,进而发展到在效率和公平之间寻求平衡,这个问题至今还在探索过程中。

一、在公平与效率之间寻求平衡点

(一) 全球性难题

几乎每次基本公共服务体系改革都伴随着经济危机的历史背景。例如,美国从20世纪30年代的经济危机中吸取教训,国会通过了《社会保障法》,罗斯福积极推行新政,到20世纪50年代,尽管遇到不少阻力,美国的福利型政府规模最终还是扩大了,社会保障体系的覆盖范围在50年代扩大到了农民和农业工人,20世纪60—70年代,美国的国家福利体系更是发生了显著变化。[①] 到了70年代,石油危机导致经济增长速度放缓,迫使里根和撒切尔政府对政府和福利制度进行改革,于是私有化浪潮兴起。“私有化发端于20世纪70年代末的英国,20世纪80年代在欧洲大陆扩展开来。”[②]到了20世纪90年代,私有化浪潮覆盖了主要产品,包括一些公共物品和公共服务,形成了世界上最广泛、最雄心勃勃的私有化运动。当前,中国经济进入新常态,经济发展方式转变更加要求探索公共服务供给方式。

公共服务体系建设是19世纪以来世界范围内各种政府改革、社会创新的重要领域。发达国家在这方面进行了大量的探索,积累了丰富的经验,也留下了一系列急需解决的问题(表5-1)。里根和撒切尔的新公共管理改革实际上是对这一问题的积极探索,小布什对于社会保障体制改革的探索,奥巴马对于医疗卫生制度的创新,都是这个过程的一部分。正是里根和撒切尔的探索,催生了20世纪70年代的全球社团革命,这个革命,就其范围内而言,依然是方兴未艾。这中间,有共同的问题,也有特殊的情境,有可以借鉴的经验,也有必须基于自身实践和历史环境进行的创新。对于这个世界的多元化发展,人们越来越感到需要在创新上下更大的功夫、更大的力气,需要更大的勇气和智慧。

---

① 〔美〕普莱斯·费希拜克等:《美国经济史新论》,中信出版社2013年版。

② 〔美〕热拉尔·罗兰:《私有化:成功与失败》,中国人民大学出版社2013年版,第30页。

表 5-1 享有卫生设施和清洁饮用水源人口占总人口比重

国家	享有卫生设施人口占总人口比重			享有清洁饮用水源人口占总人口比重		
	2000	2005	2009	2000	2005	2009
世界	**56**	**60**	**62**	**83**	**86**	**88**
高收入国家	**99**	**99**	**100**	**99**	**99**	**100**
中等收入国家	**50**	**56**	**59**	**82**	**87**	**89**
低收入国家	**30**	**34**	**36**	**58**	**62**	**65**
中国	44	55	63	80	87	90
印度	25	30	33	81	86	91
日本	100	100	100	100	100	100
新加坡	100	100	101	100	100	101
越南	56	66	74	77	86	93
南非	75	77	79	86	89	91
加拿大	100	100	100	100	100	100
墨西哥	75	80	84	90	93	95
美国	100	100	100	99	99	99
阿根廷	91	90		96	96	
巴西	74	76	78	94	96	97
法国	100	100	100	100	100	100
德国	100	100	100	100	100	100
意大利				100	100	100
俄罗斯联邦	72	71	71	95	96	97
英国	100	100	100	100	100	100
澳大利亚	100	100	100	100	100	100

数据来源:国家统计局:《2013 年国际统计年鉴》,中国统计出版社 2013 年版。

全球范围内,几乎每个国家都遇到一个难题:在居民对公共服务需求增长的同时,政府财政支出并不能无限增长,这就要求政府提高效率。过去 15 年间的一个重要变化就是,人们致力于公共服务供给现代化,变革公共服务的供给方式,提高公共服务的效率和效益。

一些经验研究发现,地方政府公共服务供给作为一个动态过程包含了一个由市场化的合同外包到从市场回包(contracts back in-house)的转变。这种“逆向外包”反映了在这个市场变换(alternatives)与公共服务供给同步进行的世界里的公共服务供给的复杂性。这种“逆向外包”与政府管理、监督和主要的代理人(Agent)问题密切关联。职业管理者们认同监督和公众参与在公共服务供给过程中的重要性。在这个问题的进一步探索中,一定要走出简单的“政府失灵”和“市场失灵”的习惯性思维怪圈,在一个更加广阔的视野中审视影响政府购买服务行为的各种因素。市场化不是单行道。地方政府的合同外包是一个非常复杂的过程,即便正式的监督体系完善了,也难以明确服务预期以及预见由于环境变化带来的服务的适应性。政府管理者要在合同监督、居民的反响以及市场结构的变动中间寻求平衡,以便决定采取合同外包还是“逆向外包”。“逆向外包”可以被视为公共服务供给矩阵中的一种变换选择,它反映了政府在公共服务结构性市场的角色和政府在公共服务供给中确保公共服务质量和回应居民反响中的责任。公共服务供给的复杂性、市场方法的局限性以及激励居民参与的需求,要求政府通过合同外包和逆向外包管理公共服务市场。

也有研究发现,由于公共部门介入、制度安排和地方环境不同,导致了各国基本公共服务的模式具有多样性特点。而且各类公共服务的特点不一样,其供给模式也会出现差别,需要分别研究。在西班牙,垄断和公共部门控制能够比市场化产生更好的效果。美国的地方政府管理者如同市场管理者一样,通过竞争来管理公共服务,提高公共服务效率,提高投入产出比率,但是,失去了规模经营的机会,而这一点恰恰是西班牙地方政府通过垄断和公共控制可以做到的,尤其是在废弃物和供水领域。混合政策有时可以提高规模效益,减少由于竞争互动造成的成本过高现象。[①]西班牙的经验说明,在公共产品的生产上可以采取较为灵活的组织方式,实现公共部门和私人部门的合作。宏观体制机制固然重要,公共服务的组织形式也不可忽视。理解和把握垄断和市场的灵活边界对于公共服务的决策者选择公共服务供给模式而言至关重要。

值得注意的是,始于20世纪70年代的新公共管理革命,几乎与新自由主义经济是同步进行的。1979年以来,发达国家的经济进入了所谓的新自由资本主义经济阶段。这个阶段的特征是,“将公共资产、公共权利私有化,资本积累的金融化,国家对财产和收入的再分配等等构成了剥夺性积累的

① Mildred E. Warner and Germà Bel, “Competition or Monopoly? Comparing Privatization of Local Public Services in the US and Spain,” *Public Administration*, Vol. 86, No. 3, 2008, pp. 723-735.

主要途径，其结果是使财产和收入从社会大众手里转移至上层大资产阶级，从全球落后国家转移至少数发达国家。”①与自由主义对应的体制是受管制的体制。在美国的历史上，受管制的体制出现过数次，例如，1900 年至 1916 年，这个阶段主要是受管制的体制占主导地位，1920 年至 1932 年，受管制的体制被自由主义体制替代，这个阶段上的社会差别非常严重，有人说这是导致 1929 年世界经济危机的根源之一，自罗斯福年代到 1973 年，受管制的体制一直占据主导地位，1980 年以来，新自由主义又占据主导地位。用这样一个大视野去看 20 世纪的公共服务体制的改革极其重要。新自由主义大大改变了发达国家的收入分配格局，第二次世界大战之后形成的比较合理的利益格局被打破了，财富向少数人手中急剧集中，尤其是它改变了利润和工资各自在总收入中的比例，收入分配状况恶化。

从另外一个角度看，尽管与新自由主义同步，新公共管理运动在 20 世纪 80 年代兴起，它以理念转变——提倡服务型管理和国家、社会与公众之间的互动，以机制调适——通过机制调整，整合制度要素，提升服务效率、效能和公平，以满足居民和政府的双重需求，以技术支撑——重视信息技术的广泛应用，借鉴私营部门的管理手段和技术，等等。（见表 5-2）需要进一步反思的是，尽管新公共管理理论得到广泛应用，却并没有从总体上改变当代发达国家社会利益格局和收入分配格局不断恶化的局面。

表 5-2　旧公共管理与新公共管理

	旧公共管理	新公共管理
受雇条件	一定学历	技术、专业化
决策和运作模式	自上而下	自下而上
私人部门参与	有限制的私人部门参与	对私人部门开放
受益人群	守法公民	客户、需要服务的纳税人
解决问题的途径	立法或建立新的机构	创新和应用技术

① 孟捷：《新自由主义积累体制的矛盾与 2008 年经济—金融危机》，《学术月刊》2012 年第 9 期。

一个值得关注的新趋势是由美国著名社会批评家杰里米·里夫金在其新著《第三次工业革命》[①]中提出来的,在这本书中,里夫金预言第三次工业革命即将爆发,一种建立在互联网和新能源相结合基础上的新经济即将到来。第三次工业革命的模式在社会结构和市场结构方面都会呈现扁平化特征,是实现可持续发展的最佳选择。在这种经济模式中,法人意识和合作精神会密切合作,社会企业家人才辈出,创造出把营利部门和非营利部门有机结合起来的体制机制,目前这种兼具企业和非营利组织特征的组织已经在世界各地萌发出来。

TOMS 的社会经营

TOMS“是一家营利的企业,同时也具有非营利的成分”,其重要业务就是用可再生、可循环利用的有机材料(帆布、棉等)制鞋。……2006 年,来自德克萨斯州阿林顿的年轻社会企业家布莱克·麦考斯基创立了 TOMS 公司。TOMS 的产品目前在全世界五百余家商店销售,其中包括内曼·马库斯、诺德斯特龙和全食超市公司等知名连锁企业。

麦考斯基业务的营利部分位于加利福尼亚州的圣莫妮卡,迄今为止已经卖出了近 100 万双鞋。有趣的是,每卖出一双鞋,其非营利的子公司——TOMS 之友就会向贫穷地区的孩子们捐赠一双鞋子。也就是说,迄今为止已经有 100 多万双鞋子通过“买一赠一”的活动捐赠给美国、海地、危地马拉、阿根廷、埃塞俄比亚、卢旺达和南非的儿童。

如果生产出来的数百万双鞋子都穿破了怎么办呢? TOMS 的网站呼吁其消费者献计献策,把旧鞋循环利用,用来制造新产品,如手镯、足球、置物架和杯托等。TOMS 就是在第三次工业革命时代所出现的新型社会性商业模式的最佳例证。

① 〔美〕杰里米·里夫金:《第三次工业革命》,中信出版社 2012 年版。

(二) 关于公共部门效率的争论

20世纪80年代初期,围绕公共部门展开的争论的确不少,尤其是,曾有过对公共部门的规模和能力的批评。在这个方面,对于政府的批评主要集中于,**一是**认为公共部门太大,消耗太多资源。一些国家,如西班牙、意大利、德国和瑞典,甚至采取了削减政府支出的政策。历史上,这些国家的公共部门的确非常庞大。**二是**认为政府介入的领域太多。面对这些批评,许多国家把公共服务纷纷转交给私人部门和非营利组织。**三是**认为效率太低。这些批评在20世纪90年代后期开始退却,出现反复。一些人对政府的角色大加赞赏,包括曾经主张削减政府作用的世界银行和国际货币基金组织,也改变了它们的腔调。《1997年世界发展报告》强调了政府在公共服务供给中的作用,而不是一味地主张削减政府。[①] 也有人对这种思潮背后的新自由主义进行了批评:"新自由主义的副作用对公共生活的伤害显然已经到了非解决不可的时候;而要使更多的人对强有力的经济干预型政府产生内在需求,就必须在以往的历史教训之下重新思考'国家'的作用,现在我们丧失的恰恰正是这种思考的能力。因为人们已经产生了拒绝站在公共生活和集体利益的立场去捍卫些什么的惯性。"[②]

企业布局需要聚集效应,而公共服务需要与居民的居住方式相匹配,适应居民的居住方式。居民需要便利性。所以公共服务的布局既要考虑效率,也要考虑消费者的便利。从历史上看,最初并不存在提供公共服务的基层行政机构,社区和家庭可以提供这类服务。私塾教育就是一个例证。随着城市化的推进,消防、警务、公共卫生、基础设施、教育等需要专门的人员来从事,这在19世纪的工业化进程中表现得比较突出和普遍。从志愿者逐步过渡到专业人员,[③]公共服务的性质决定了它必须与行政体制的设置联系在一起。非营利组织的出现,使得公共服务的分布发生了一些变化。一些

---

① Owen E. Hughes, *Public Management and Administration: An Introduction*, Palgrave Macmillan, 2003, p.9.

② 雪堂:《人们应该怎样重返公共生活?》,《文汇报》2012年6月23日。

③ 参见〔美〕理查德·C.博克斯:《公民治理:引领21世纪的美国社区》,中国人民大学出版社2005年版。

非营利组织深入基层,提供各类公共服务已经成为普遍形式。

在福利国家建设过程中,北欧国家也试图在公共服务上制定全国统一的标准和范围,而地方政府则努力追求适合自己需求的基本公共服务。之后,一直存在的争论焦点是:全国性的标准和立法对于地方政府的约束过于刚性,使地方政府缺乏适应性。

(三) 公共领域的改革

20 世纪后期,公共领域出现了一系列的改革,主要表现在:对公共部门进行结构调整。20 世纪后期,西方国家对其公共部门进行的结构调整出于多种原因,包括税收负担过重,缺乏选民支持,政府债务膨胀等,与此同时,人们也看到许多创新形式的出现,并认识到"虽然有关在提供公共服务中特许、拨款、凭单制、志愿服务、自助项目和私有非营利机构的角色的讨论与使用还相对有限,但是,这些工具或组织将来可能会很重要,在政府要减少或中断某些服务的情况下尤其如此。同样地,越来越多的证据表明,公私伙伴关系的重要性将会提升。"①

二、实现基本公共服务提供主体的多元化

(一) 从政府直接生产到多元生产

从发达国家的历史看,西方国家的地方政府经历了一个发展和变迁过程,从最初负责地方税收、维护社会治安等,发展到拥有各类职能,再到 20 世纪后期几乎无所不包,在社会福利领域,几乎是"从摇篮到坟墓"。但是,进入 20 世纪 80 年代,西方国家的地方职能又发生了一些变化,随着政府财政直接投入的减少,政府鼓励创办园区、社区开发公司、公私合营公司等,鼓励私人公司投资公共事业。

围绕着公共领域的作用和运作方式,20 世纪曾发生一系列的争论,进行了一系列的探索,其核心是围绕着公共部门的效率问题。后来,这些或多或

---

① 〔美〕安瓦·沙:《公共服务提供》,清华大学出版社 2009 年版,第 11 页。

少影响或改变了公共部门的边界,促进了社会企业的产生和社会企业家群体的出现,以及后来进一步发展到社会经营等社会创新。进一步说,后来的企业社会责任的出现,又使这个问题更加复杂化。

(二) 公共部门的私有化

公共部门私有化(Privatization)的初衷是给政府瘦身。它最早出现在美国,20 世纪 70 年代地方政府从私人部门购买服务,后来这些地方政府建立地方政府中心来促进公共服务外包,到 20 世纪 70 年代中期,这些地方实践开始进入白宫写作班子的视野,后来进入里根的讲话中。再后来,一些英国地方机构和有关组织效仿美国的做法,并逐步进入当选首相撒切尔的政策中。产业化有其特定含义,基本含义是政府把一些职能转给其他机构去做,因此,产业化的形式是多样的,例如,一些本属于税收支付的服务由使用者付费,再如,本属政府直接提供的街道清扫通过竞标交给私人组织去做。完全的产业化是指政府把财政和生产全部交给私人部门去运作,诸如垃圾处理等。

为了提高效率,人们引进了公共部门的私有化,“作为私有化的主要结果,同时也为公共部门向私人部门购买服务的发展趋势所推动,英国公共部门的就业比重从 1981 年的 27.4% 下降到 2003 年的 18.1%。”[①]这个研究结论尤其值得我们注意,过去很少有人在提倡“小政府、大社会”以及政府购买公共服务的过程中考虑这些行为对就业可能产生的影响,原因之一是人们根本没有把公共领域也作为一个重要的就业部门。因此就出现了从事社会组织问题研究的学者积极倡导政府购买服务,搞行政管理的大谈提高行政效率。从单一方面或从部门利益角度看,这些要求和建议都没有错误,从综合的角度考虑就会有问题,就需要全面权衡,科学发展要求各个部门一道来研究问题,提出更加全面的方案和政策。

有人担心公共部门私有化会侵蚀公共部门的本质。“这些将日常生活‘私有化’的过分行为,实质上以威胁每个人自由的方式分裂和隔离了社会

① 〔英〕安德鲁·格林:《放纵的资本主义》,东方出版社 2009 年版,第 42 页。

空间。住在私人空间的人积极地促进了公共空间的稀释和腐蚀。朱特更深刻的担忧在于,公共空间的稀释,意味着人们参与公共生活的可能和意愿都在大幅丧失。”①以公共卫生为例,“私有部门对英国国家医疗服务系统(NHS)的影响日益加深的一个特征就是:NHS中的那些负责制定政策的部门与那些希望从外包中获利的私有部门间的人员流动变得更加频繁。如果提供公共服务的逻辑与满足私人消费没有区别,那么,将私人部门的方法引入公共服务的逻辑就非常明了了。”②保持各个部门之间的界限,按照各自的规则行事,恐怕更有利于公共服务的供给和保持其发展的公平性。限制经济沙文主义在公共领域的横冲直闯更有利于公平和公正。这里最值得借鉴的教训也许不是国际上的,而是我们自己的。发端于20世纪90年代的教育产业化和医疗卫生产业化导致了十几年的“上学难和看病难”,这个问题至今也没有完全缓解。社会改革试验要特别小心慎重,否则一个小小的错误会影响到几代人。教育和医疗卫生产业化的直接结果至少包括:**一是**相当一部分社会成员上学和看病的机会缺乏;**二是**教育和卫生领域的腐败泛滥,治理困难;**三是**一些所谓的非营利组织实际上是挂着羊头卖狗肉,使人是非难辨。

我们要关注当前的社会思潮。2012年8月2日,《北京日报》刊登了北京市中国特色社会主义理论体系研究中心的文章《认清西方新自由主义的实质》,其指出:“新自由主义主张国有企业的私有化以及公共服务的私有化……”“新自由主义主张对公共部门实行私有化,削减社会保障和福利,削弱工会的力量,导致了工人的福利被大幅度削弱,失业率大幅度上升,许多国家工人的实际工资出现了下降趋势。”

(三)建立政府、企业和非营利组织的合作伙伴关系

要理解公共服务非营利组织的发展就必须理解20世纪公共服务供给制度的变革。“20世纪70年代,在玛格丽特·撒切尔首相的领导下,这种新的治理方式在英国被采纳;此后不久,在罗纳德·里根总统的领导下,美国也

① 雪堂:《人们应该怎样重返公共生活?》,《文汇报》2012年6月23日。
② 〔英〕安德鲁·格林:《放纵的资本主义》,东方出版社2009年版,第42页。

采取了这种方式。在20世纪的最后20年,市场取向的管理体制替代了原有的命令式的行政管理体制,其特点是私有化,对公共服务实行用户付费制、公共和私人部门的伙伴合作关系、战略规划、项目评估和问责以及行政结构的扁平化。"①

服务因其性质而不同(表5-3),政府介入的方式和程度也不一样。包括税收、对私人消费和投资的补贴、在公共领域直接供给服务和物品、强制和禁止,等等。

表5-3 服务性组织特征分析

组织类型	属性	经营模式	治理模式	营利性
基本公共服务	公共性和基本权利	政府	公共治理	义务性
准公共服务组织	私人性和公共性			
公共服务非营利组织	公益性			
私人服务组织	私人性	市场经营	公司治理	营利性

公共服务领域引入市场机制的关键问题是交易成本。"交易成本包括与承包方面有关的生存能力和信誉风险、服务中断的可能性以及潜在的相关费用、对不履约进行处罚的可能性和有效性以及改变供应商的有效性。"②这也是20世纪后期以来,公共管理变革的核心问题之一。"从国际经验来看,萨瓦斯把民营化的方式归纳为三大类:(1)委托授权——有时又称部分民营化,它要求政府持续地、积极地介入,因为国家依然全部承担责任,只不过把实际生产活动委托给民营部门。委托授权通常通过合同承包、特许、补贴(补助或凭单)、法律授权等形式来实现。(2)撤资——这意味着放弃某一企业、某一职能或某一资产。……(3)政府淡出——与要求政府积极行动的委托授权和撤资不同,淡出是一个消极和间接的过程,即政府逐渐被民营部门取代。"③

---

① 〔美〕戴维·E.麦克纳博:《公用事业管理:面对21世纪的挑战》,中国人民大学出版社2009年版,第4页。

② S. J. Bailey, *Public Sector Economics: Theory, Policy and Practice*, London: Macmillan, 1995.

③ 〔美〕E. S. 萨瓦斯:《民营化与公私部门的伙伴关系》,中国人民大学出版社2002年版,第6页。

三、探索非营利组织与家庭的角色

(一) 非营利组织的兴起

随着居民对公共服务质量的要求越来越高,范围越来越大,资金越来越短缺,这诸多因素倒逼公共服务的绩效管理,要求有效产出水平逐步提高,公共服务的善治模式不断完善,提供者的可问责性等。改革公共服务供给模式旨在推动地方政府通过新的模式,包括通过跨部门、跨机构的合作来提高绩效。这里的机构是指政府之间的各部门以及政府与企业和非营利组织的合作,诸如私人部门参与、服务购买、竞标、配额、资助等。政府和私人部门在公共领域的合作关系是非常复杂的。在国家层次上,由于过去二十多年全球范围内的私营化,公私合作关系异常复杂。在地方层次上,由于非营利组织作为公民社会的重要组成部分,又使这种关系的复杂性增加了很多。

如前所述,第三部门在政府承担起重任之前就在社会福利和公共服务领域中发挥重要作用,甚至是决定性作用,如慈善事业。第三部门的兴起,尤其是第三部门承担起公共服务供给的责任,公共部门就变得复杂起来,奥斯特罗姆看到了这一点,于是她提出了多中心理论来解释和说明这些现象。进入信息社会后,人类的公共服务供给方式发生了更加明显的变化,国际非政府组织、跨国社会组织的出现,使公共服务供给的方式出现了新的特点。准确地说,政府的角色和作用发生了多大变化现在还不是非常明晰,因为它取决于诸多条件和因素。

(二) 探索市民家庭和朋友的角色

欧洲的经验表明,市民家庭和朋友在公共服务供给中发挥的作用超过了一些专业机构。其中的关键问题是,政府如何利用这些已经形成了的巨大社会力量。家庭在人类繁衍、社会保护、子女社会化、规范社会行为、情感交流以及提供社会地位等方面都发挥着重要的作用。初生婴儿的最初社会照顾大都是通过家庭完成的,在儿童的依赖期内,年长社会成员的照顾尤为重要,在当代,当就业问题成为一个严重的世界性问题时,似乎年长的家庭成员的照护任务在不断延长。年长的社会成员在照护子女的过程中,还承担着传承文化价值、行为规范和语言的责任。理想的家庭还可以提供温暖亲密的人际关系,使人在家庭中得到满足和安全,与工作场所不同,家庭有义务也有能力提供情感交流和快乐,以及对亲人的照顾。不过,也要看到,离婚率的不断攀升和丁克家庭的不断增加,在威胁着传统意义上的家庭的作用和角色。

(三)新公共行动的扩散

过去六十年中,美国和其他国家公共部门的管理和运行已经发生了根本变化,其核心是新公共行动的扩散——贷款、贷款担保、规制、合同、合作协定、补偿项目、税收补贴、代金券,以及更多——它们中许多在一般意义上依赖于执行项目的第三方。这些工具的采用使公共部门由服务的提供者转变为安排者,蕴含着公共管理的深刻变革——非营利部门、私人部门都可以通过上述工具参与公共管理和公共服务供给。①

进一步说,这些工具包括:

社会规制——食品安全和检查服务;

政府保险——国家洪水保险项目;

税收支出——慈善捐赠的减免税;

政府合作和政府主办的企业;

贷款和贷款担保——对小企业的贷款项目和对它们的贷款担保。

在各项公共支出中,社会保障是最大的项目。发展中国家和发达国家的社会保障的经办是有所不同的。尤其是中国目前所处的阶段,与发达国家建立社会保障初期的情况有很多相似性,基本遵循着社会保障建设初期所遵循的两个基本原则,“第一,社会保险要逐步扩大其规模,最重要的是成为覆盖美国全部雇员的退休制度,而且,对于所有的参保人来说,它将成为除个人储蓄之外唯一的、至少是最重要的退休收入来源。第二,社会保险不是一种‘福利’,而是一种‘保险’,这种保险的收益要以雇主和雇员共同存入

---

① Lester M. Salamon, Editor, *The Tools of Government: A Guide to the New Governance*, Oxford University Press, New York, 2002.

雇员社会保险账户的储蓄基金为基础。"[①]随着经济水平的提高和社会的不断进步,这种情况会有所改变,个人将承担越来越大的责任。

社会创新正在改变公共部门的边界。在西方,社会创新包含两层意思,其一,鼓励社会组织以商业模式来提供社会服务,同时实现自身的可持续发展。这被人们称为"社会企业学派"。其二,指通过发挥人们的创造性,以新的方式解决社会问题,解决的方式可以是商业模式,也可以是非商业模式,但必须是有效的、可复制的、创新性的。有人将其称为"社会创新学派"。"社会企业学派"把公共部门延伸到了市场领域,或者说把市场手段引入到公共领域,二者互相渗透,使传统的慈善事业等非营利活动走向制度化和可持续性。在英国,2008 年社会组织总收入的 80% 是通过社会企业方式获得的。[②] "社会创新学派"则通过市场运作模式或其他新的手段拓展公共领域,提升公共服务的效率。

根据我们的理解,社会创新就是指实现社会目标的新主意、新想法。这些新主意和新想法通过开发新的产品、新的服务、新的应对政策以及建立新的机构来满足居民和政府不断提出的新需求,从国际经验来看,社会创新已经覆盖了就业、扶贫、社区服务、医疗卫生、教育等部门。未来它还将覆盖因互联网发展而导致的社会关系的变革和社会结构的变迁。从国际到国内,眼下蓬勃兴起的"智慧城市"建设将大大改变公共服务方式,提高公共服务效率。

全球正处于一个把绩效管理摆在重要位置的时代。1997 年的英国公共服务改革把重点放在绩效管理和服务供给上,随之,一系列的多元测量工具也应运而生,被用于测量政府相关部门和公共服务供给机构的绩效上。美国也经历了这样一个过程,从联邦到地方政府都以立法的方式推动这件事情。加拿大在 1997 年引入绩效账户,世界其他国家也纷纷效仿。除政府外,个人和私人部门也引入绩效评价。例如,Compstat 被引入改革纽约市的警察系统,Citistat 作为美国巴尔迪摩的一个衍生模式用来管理人力资源。这两个系统都是用计算机提供即时的绩效信息,以实现预定的绩效目标。这样,

---

① 〔美〕彼得 · F. 德鲁克:《养老金革命》,东方出版社 2009 年版,第 94 页。

② 王名、李勇、黄浩明:《英国非营利组织》,社会科学文献出版社 2009 年版,第 60 页。

绩效合同也就成为这个广泛运动的一部分,过去几年中,绩效合同得到进一步强化,并日趋复杂化。各国政府对于使用合同来改善绩效的兴趣与日俱增。

为了提高公共服务绩效,20世纪70年代,英国率先改革传统的官僚体制带来的机构臃肿、人浮于事、效率低下等弊病,将企业的超市模式引入政府管理,于是出现了"一站式"服务模式。2007年,我国香港特别行政区推出了"一站通"服务模式,通过政府门户网站向市民发布电子政务信息,使市民轻松方便地就可以获得所需要的公共资讯和服务,眼下,香港政府进一步扩展电子政府的内容,提供个性化用户账户,加强社区联系,提供一站式服务,努力使市民通过一个账号就可以登录不同的网站,获得自己需要的信息和服务。

四、不可忽视的基本社会保障

在基本公共服务供给中,社会保障制度不可忽视,它几乎成为这些年来各国关注和争论的焦点,尤其是在养老和医疗问题上。基本社会保障(Basic Social Security)是国内外学者和实践者共同关注的问题。尤其是在国际上,实务部门和学界都对其进行了长期的探索。人们从不同的历史条件、不同的理论和不同的理念出发,对基本社会保障给予不同的理解和界定。

(一)社会保障制度的本质

1. 基本社会保障权利

这个观点以国际劳工组织(International Labor Organization)为代表。国际劳工组织提出了有关基本社会保障权利的"核心内容",认为基本社会保障应当包括:基本医疗保健、家庭基本福利、老年人和残疾人的基本养老保险。提供基本社会保障是政府的义务。① 把社会保障作为人类的基本权利也是许多其他国际组织的一贯做法。《世界人权宣言》第22条阐明:"每个

① U. Kulke,"The Present and Future Role of ILO Standards in Realizing the Right to Social Security", *International Social Security Review*, vol. 60, Apr.-Sept. 2007, pp. 119-141.

人,作为社会的一员,有权享受社会保障,并有权享受他的个人尊严和人格的自由发展所必需的经济、社会和文化方面各种权利的实现,这种实现是通过国家努力和国际合作并依照各国的组织和资源情况。"[①]这个论述表明了实现社会权利的基本原则:人人应当享有,国家积极介入,与国家经济社会发展水平相适应。《世界人权宣言》第 23 条之后的有关条款分别对劳动权、社会保障权以及福利权等作了阐述,其中对社会救济有关键意义的是第 25 条第 1 款:"人人有权享受为维持他本人和家属的健康和福利所需的生活水准,包括食物、衣着、住房、医疗和必要的社会服务,在遭到失业、疾病、残废、孤寡、衰老或在其他不能控制的情况下丧失谋生能力时,有权享受保障。"[②]确保公民的基本权利是国家的基本责任。这样,问题就和公共财政联系在一起了。

2. 基本社会保障和专门社会保障

坎南(K. P. Kannan)认为,发展中国家应当建立两类社会保障体系,基本社会保障(Basic social security)和专门社会保障(Contingent social security)。基本社会保障为所有社会成员提供体面的生活;专门社会保障面向不同的情形——年老、伤残和疾病。[③] 南非宪法规定,"每个人都享有社会保障的权利……包括,如果他们不能自助或者帮助自己的配偶或子女,就可以得到社会救助。"在南非,大约有半数人群生活在贫困线下,有一半穷人没有家庭社会保障。[④] 基本社会保障是面向所有人群的,专门社会保障是面向社会中的特殊群体的,如残疾人等。就特殊人群来说,他们享受的专门社会保障也是他们的基本权利。

3. 全球化要求的基本社会保障

有学者认为,在全球化时代,符合全球化要求的基本社会保障应当包括:第一,通过国家的多元体系易获得医疗保健(财政支付的、社会赞助的、

---

① Peter A. Köhler, *Sozialpolitische und sozialrechtliche Aktivitäten in den Vereinten Nationen*, Baden-Baden, 1987, P. 973ff.

② Ibid.

③ K. P. Kannan, "Social security in a globalizing world", *International Social Security Review*, vol. 60, Apr.-Sept 2007, pp. 19-37.

④ http://www.big.org.za/.

私人或小额保险等）；第二，允许孩子接受教育的家庭福利；第三，支付因失业而陷入贫困者的再就业体系；第四，为老年人、残疾人和求生者准备的基本社会保障体系。[1]过去几十年的实践表明，全球化对人类的社会保障和社会福利体系影响是巨大和深远的，我们越来越不能离开全球化及其体系来讨论社会保障问题了。

4. 基本社会服务

联邦德国规定了基本社会服务（Basic Social Services），“基本社会服务包括保健、食品、安全饮用水和基本教育，它们可以持续地改进贫困人群的生活条件，是任何反贫困的基本要素。”[2]在很多国家或地区，基本社会服务是为社会的弱势群体提供的。基本教育和保健服务可以由教育保障和医疗卫生保障来解决，食品和安全饮水可以通过社会救助来解决。因此，基本社会服务是基本社会保障的延伸和实践。

（二）全球范围内的社会保障制度实践

自 19 世纪末以来，各个国家都建立了适合自己特点的社会保障制度，这些制度在设计上千差万别，形形色色。由于历史、政治、经济、文化等因素的影响，各个国家的社会保障制度是不一样的，其基本的收入、医疗、住房和教育的标准也不尽相同，财政来源、给付方式、给付水平、支出对象和政府的角色差异很大（表 5-4）。

表 5-4　社会保障制度的主要类别及其特色[3]

	社会救助	社会津贴	社会保险	公积金
目标	削减贫穷	社会补偿	贫困预防	贫困预防
财政来源	税收	税收	供款	供款
给付资格	资产审查	特定人口类别	供款记录	供款记录

① M. Cichon and K. Hagemejer, “Changing the Development Policy Paradigm: Investing in a Social Security Floor for All”, *International Social Security Review*, vol. 60, Apr.-Sept. 2007, pp. 169-196.

② http://www.bmz.de/en/issues/Poverty/Deutsches_Engagement/Sozialsysteme/index.html.

③ 刘嘉慧、黄黎若莲：《英、美两国及大中华地区社会救助制度发展的反思》，杨立雄、刘喜堂：《当代中国社会救助制度：回顾与展望》，人民出版社 2012 年版。

(续表)

	社会救助	社会津贴	社会保险	公积金
给付金额	统一标准的现金及实物援助	统一标准的现金	与收入及(或)供款相关联	按供款金额退款
对象	有需要人士	需要额外现金援助的人士	因各种原因导致收入减少的人士	因各种原因导致收入减少的人士
政府角色	规管和提供资金	规管和提供资金	规管	规管
责任	社会责任	社会责任	社会和个人责任	个人责任

以美国为例,在美国,《社会保障法》把政府对穷人承担的责任进一步制度化。包括:第一,建立由联邦政府掌管的养老金制度,其资金来源是从工资总额中征收 1% 的税收,先是决定从 1942 年开始发放,后来提前到 1940 年,凡是 65 岁以上退休工人以个人贡献大小每月得到 10 美元至 85 美元。对于在此之前已经退休人员由政府提供最高每月 15 美元的养老金。第二,雇员和雇主分担失业保险,联邦和州政府合办。第三,联邦政府提供资金照顾残疾人及其未成年子女。美国 20 世纪 30 年代通过的《社会保障法》存在的主要问题是,没有覆盖农场工人和家庭佣人,另外,各州失业保险金标准相差悬殊。

之后,罗斯福的后继者们不断地完善 1935 年建立起来的社会保障体系。20 世纪 60 年代,林登・约翰逊考虑到穷人和老年人无力支付治疗费用的可能性,建立和完善老年保健医疗制度,为所有 65 岁以上的老年人提供 80% 的医院费用。医疗补助制度提供的津贴足够为所有年龄段有资格得到政府帮助的穷人支付医生账单。1967 年 7 月,在这项计划执行一周年之际,1 900 万美国老年人中的 1 770 万登记为老年保健医疗制度的受益人,有五分之一的老年人按照这个制度住过医院,1 200 万人通过这个计划减轻了医疗支出。[①] 时至今日,奥巴马仍然在为医疗体制改革绞尽脑汁。有人说,医疗体制改革是个世界难题,这并非言过其实。尤其随着经济发展和人们收入水平的提高,人们的需求会发生变化。

① 〔美〕沃尔特・拉菲伯等:《美国世纪》,海南出版社 2008 年版,第 425 页。

表5-5 英、美及大中华地区的社会保障制度①

	英国	美国	中国香港特区	中国内地
年老、残疾、孤寡	社会保险和社会救助	社会保险和社会救助	强制性公积金、社会救助和社会津贴	社会保险和强制性个人储蓄户口制度
病患和生育	社会保险、社会救助和普及性的医疗服务	社会保险和医疗服务	雇主提供的医疗福利、社会救助和公共医疗服务	社会保险和强制性个人储蓄户口制度
工业意外	社会保险和社会救助	强制性保险	雇主负有为雇员购买意外保险的责任	由地方政府统筹的社会保险
失业	社会保险和社会救助	社会保险	社会救助	由地方政府统筹的社会保险
家庭津贴	普及性津贴(如儿童津贴)和抵税额	现金援助、社会服务和就业培训及抵税额	社会援助	最低生活保障制度

美国的历史告诉我们,各个国家的社会保障制度建设都是基于一定的历史条件的:基于一定的历史条件建设,基于一定的历史条件完善,受当时的政治、经济、文化和社会因素影响巨大,所以世界上也就没有形成一个统一的社会保障模式。就世界范围内而言,由于基本社会保障,特别是涉及基础教育、卫生保健、基础养老保险和社会救助在各国的不同财政来源、给付方式、给付水平、支出对象和政府责任,等等,基本社会保障在各个国家的衡量标准和衡量方式也不一样。通过货币标准"补差"可能是实现均等化的最简洁的办法。

五、政府承担基本公共服务提供责任的可行路径

从理论和实践上看,若要政府承担基本公共服务供给责任必须满足两个条件,**一是**要建立公务员的公共价值体系,**二是**要培养专业化的公务员队

① 刘嘉慧、黄黎若莲:《英、美两国及大中华地区社会救助制度发展的反思》,杨立雄、刘喜堂:《当代中国社会救助制度:回顾与展望》,人民出版社2012年版。

伍。政府承担基本公共服务供给责任曾经发生在20世纪70年代以前的福利国家,主要标志是地方公共服务人员扩张。里根和撒切尔的新公共管理革命打破了这种发展模式,他们认为这样做的结果是财政压力不断加大,存在不效率问题。

(一)建立公务员的公共价值

在北美,政府要求从事基本公共服务供给的官员必须具备公共价值、伦理和专业性,对于在这些部门工作的官员也提出同样的要求。任何一套体制机制背后都有一套价值体制在支撑着。探索公共部门直接承担基本公共服务责任必须研究公共部门的理念和价值,尤其是公务员以及承担公共服务的政府雇员的价值,"非获利性的行动和公共部门的官僚都是因使命而团结一致的组织。使命的概念替代了通常对利益的关注。我们这样认为:当人们认同组织的使命时就会更加努力地工作,而这将进一步提高生产效率。"[①]这种使命基于利他主义的坚定信仰、为社会进步奉献的志愿精神和具有人格基础的高尚承诺,这些都应当被视为公共领域的基本价值。公共部门和非政府公共部门的价值选择还是不一样的。非营利部门的一个基本特征是凭借志愿精神来工作,人们自愿奉献自己的时间、精力和知识于某一组织,进一步说奉献于某一社会。如何使公务员和政府雇员建立起公共价值?换句话说,如何使他们具有为人民服务的思想?就当前的中国来说,这是一个不小的挑战。善治、伦理和职业主义是基本公共服务供给过程中不可缺少的内容。

(二)培育专业化的公共服务队伍和进行相应的人事制度改革

1. *地方政府是劳动密集型部门?*

当前,在讨论英国公共服务供给改革的过程中,人力资源问题也被摆在了重要位置。[②] 人们认为成功的政府必须把公共部门的人力资源视为其关

---

① 〔英〕安德鲁·格林:《放纵的资本主义》,东方出版社2009年版,第42页。

② The HR Role in Public Sector Reform, http://www.hrmguide.co.uk/strategic_hrm/public-sector-hr.htm.

键的战略选择，给予关注。公共服务改革关键依赖于新的技巧，变革根深蒂固的行为模式，管理导致不确定后果的各类冲突。若不让人力资源介入上述过程，公共服务改革要取得成效是有难度的。大规模的裁减公共部门工作人员，减少政府部门，已经导致在公共服务发展和改革过程中发挥重要作用的人力资源失业。问题的关键不在于裁员，而在于改革和改变公共部门工作人员的工作方式，不断提高工作绩效，具体说，这需要，**一是**加强公共部门内部人与人之间的合作，政府部门与私人及非营利组织的合作，避免因交叉和重复服务带来的成本增加或浪费。**二是**需求更有效的方式，进行创新。**三是**通过建立分享机制或利用外部资源机制来降低成本。**四是**把更多的努力集中在通过提高基层自治来改变公共需求。**五是**商榷新的就业模式。英国首相卡梅伦（David Cameron）强调，“我们清楚地知道，政府经常是不人道、独断专横、笨拙地处理我们社会中的深层次问题。我们也知道，最好的理念来自基层，而不是上层。我们知道，当你给居民和社区生活更多的权力，给他们更多的权力一起生活和工作，他们将会使自己的生活更美好。”

人事制度与公共服务体系建设密切相关。20 世纪 70 年代以前，主要国家或地区的地方政府的公共就业规模大，人数多，那么，它们的人事制度是如何建构的呢？李衍儒认为，“政府乃是一个劳力密集型的产业，行政机关所有活动皆赖公务人员推展，故公务人力资源如能有效管理，则政府各项使命可顺利达成。”[①]说政府是一个产业，倒是有点不那么恰如其分，可能叫部门更加准确一些。劳动密集型就值得思考了。因为如果我们承认政府是劳动密集型部门，那么我们就需要反思过去我们一直倡导的“小政府、大社会”的理念。这个理念是基于市场主义还是福利主义？这都需要深入研究。历史的经验已经证明，过去一百多年里，公共部门不断发展壮大，成为社会重要的部门。要充分认识公共部门的作用和角色，即它不是可有可无的，也不是经济部门的附属物，它与经济部门是各自独立、相互依存的。没有公共部门，经济部门就难以健康和可持续发展。公共部门在过去一百多年中的不断发展壮大就是针对市场体制机制的失灵的必然结果。地方政府职能变化

① 李衍儒：《中央与地方政府对人事制度的视框冲突》，《文官制度季刊》2009 年 12 月。

会引起公共服务职能的变化,一般说来会直接导致地方政府雇员增加,尤其是在社会服务领域,需要劳动密集型的工作方式。

公共领域在20世纪得到长足发展是人类历史上的重要事件之一。它旨在纠正由于市场失灵给社会带来的不公平与不均等,在经济增长的前提下,为人们提供更多的公共服务。产品生产需要聚集效应来提高效率,产品的消费需要接近消费者而体现其便利。近年来,我国一些地区建设一刻钟社区服务圈就说明了这一点,其以实现"小需求不出社区,大需要不远离社区"为目标。前者导致了产业的集中,进而出现城市化,后者导致了服务设施的分散,继而出现逆城市化。逆城市化过程中的公共服务促使地方公共消费规模的扩大和就业人员的增多。这在里根和撒切尔的新公共管理革命之前尤为明显。20世纪80年代,里根率先在美国裁减公共部门的工作人员,致使数以十万计的公共部门工作人员失去工作。[①]

2. 地方政府的劳动密集型特征是如何实现的?

让我们先看看国外涉及公共部门的人事制度。通常,国际上把创造地方政府的就业环境放在一个非常突出的位置。根据《世界地方自治宣言》第5条,"地方政府雇员的雇佣和培训机会,应当确保地方政府的职位是具有吸引力前景的职业。中央政府和/或上级政府应鼓励和促进地方政府实行功绩制。《欧洲地方自治宪章》第6条要求,'地方政府雇员的任职资格条件,应确保根据品行和能力录用到高素质的人员;为实现这一目的,应提供充分的培训机会、报酬和职业前景'。"[②]这就是说,要把地方公务人员的素质高放在首位,为此要充分考虑他们的培训、报酬和职业前景,使他们有信心来从事这项工作。

就世界范围看,没有一个统一的地方政府人事制度。各个国家根据自己的历史和政治条件建立了不同类型的地方政府人事制度。美国有自己的人事体制,美国国会于1923年通过职务分类法,1949年修正为新的职位分类法,简化公务职位,由七大类减并为两大类,教育和医务人员也纳入公务

---

① http://www.nytimes.com/1981/03/20/us/public-service-jobs-cut-throughout-us.html.

② 任进:《比较地方政府与制度》,北京大学出版社2008年版,第323页。

职位范畴,其待遇和分级另行规定。[①] 在英国,地方政府一般行政人员由地方政府自行决定录用,他们的薪酬和服务条件也由地方政府与代表雇员的工会谈判协商决定,不属于公务员系列。法国则相反,地方政府雇员属于公务员系列,进一步可以分为公务员和合同制或临时雇员,按活动部门又分为行政职界、技术职界、文化职界、体育职界以及安全职界等。德国则分成公务员、雇员和工勤人员三类。日本地方政府的所有职员均称为公务员,包括在地方政府机关、地方立法机关、地方法院和地方政府经营的企业、事业单位工作的人员。新加坡把医生、教师、工程师、律师等纳入专业公务员进行管理。“分权化的另一个指标是公务员在各级政府间的分配。从地方和地区政府的工资总额中可以明显地看出中央政府和地方政府在人员数量上的转换。中央政府供职的公务员人数在下降,而地方和地区政府的公务员人数在上升。北欧国家(芬兰 23.4%,瑞典 17.3%)和大部分联邦制国家(澳大利亚 12.1%,德国 11.5%,加拿大 7.1%,美国 13.5%)的中央政府都很小。可比利时是一个例外,占 34.3%。而像法国(51.6%)、荷兰(74.2%)和意大利(57.9%)这样的单一制国家中央政府供职的公务员比例也相对比较高。2000 年,新西兰约有 90.9% 的公务员在中央政府各部门任职。”[②](见表 5-6)

表 5-6　公务员在每级政府中的比例[③](%)

<table>
<tr><th rowspan="2"></th><th colspan="3">中央政府</th><th rowspan="2">级别</th><th colspan="2">其他政府</th></tr>
<tr><th>1990</th><th>1994</th><th>2000</th><th>1994</th><th>2000</th></tr>
<tr><td rowspan="2">比利时</td><td rowspan="2">53.7</td><td rowspan="2">39.9</td><td rowspan="2">34.3</td><td>地区</td><td>14.1</td><td>14.8</td></tr>
<tr><td>地方</td><td>46.0</td><td>50.8</td></tr>
<tr><td rowspan="2">德国</td><td rowspan="2">21.6</td><td rowspan="2">11.9</td><td rowspan="2">11.5</td><td>州</td><td>51.0</td><td>52.2</td></tr>
<tr><td>市</td><td>37.1</td><td>36.3</td></tr>
<tr><td>法国</td><td>55.0</td><td>48.7</td><td>51.6</td><td>下属地区</td><td>30.7</td><td>35.3</td></tr>
</table>

① 李和中:《比较公务员制度》,中共中央党校出版社 2003 年版,第 115 页。

② 荷兰社会文化规划署:《欧洲公共部门绩效评估》,国家行政学院出版社 2005 年版,第 218 页。

③ 同上。

(续表)

	中央政府			级别	其他政府	
	1990	1994	2000		1994	2000
意大利	63.0	63.0	57.9	地区	23.0	26.8
				市	14.0	15.3
荷兰	70.1	73.2	74.1	地区	5.2	4.7
				市	21.6	21.1
芬兰	24.3	25.2	23.4	市	74.8	76.6
瑞典	26.7	17.3	n. a.	地区	24.6	n. a.
				市	58.1	n. a.
英国	47.7	47.7	47.6	地方	52.3	52.4
澳大利亚	15.0	14.6	12.1	州	73.3	77.1
新西兰	90.1	89.7	90.9	地方	10.3	9.1
加拿大	17.9	17.1	13.2	省	44.1	51.9
				地方	38.9	35.0
美国	16.7	15.2	13.5	州	22.6	23.1
				地方	61.1	63.4

总之,政府直接提供基本公共服务需要培养专业的政府公共服务人员,包括公务员和政府雇员。即便不是由政府直接提供基本公共服务,政府相关人员的专业化也是必需的,因为由其他机构提供依然需要政府专业人员进行监督。

第6章
其他国家或地区都做了什么?

2008年金融危机爆发前的那些年里,是一个信奉市场和放松监管的疯狂年代,亦即一个市场必胜论的时代。这个时代始于20世纪80年代早期,当时罗纳德·里根和玛格丽特·撒切尔表达了他们的坚定信念,即市场而非政府掌管着通往繁荣和自由的钥匙。这种情况在比尔·克林顿和托尼·布莱尔的亲市场自由主义的支持下,一直延续到了20世纪90年代;他们两人虽说调和但却更加巩固了这样一种信念,即市场是实现公共善的首要途径。

——〔美〕迈克尔·桑德尔

我们渐渐地明白,没有一个国家会通过简单重复其他国家的做法来解决自己的问题,所有国家都只能借鉴别的国家和地区的经验教训,结合自己的历史、文化、政治、经济、社会等体制机制来设计自己的基本公共服务和公共服务供给体制。从追赶战略到自主创新,是一个国家走向成熟的标准。这种思维的特点是,它必须在其他思想和经验的基础上进一步延伸和创新,人们不能凭空想象,国别经验和地区经验的启示意义在任何时候都不可或缺。每个国家在自己的创新中都会是增量改革的结果。

一、从慈善到公民服务:美国的历史

美国前总统里根称慈善和志愿组织是美国的社会安全网。克林顿当政期间,美国政府就批准支持以信仰为基础的组织或社区组织参与社会服务,批准支持信仰为基础组织的法规,并给予资金支持。小布什在2000年竞选纲领中,把支持信仰为基础的组织和社区组织提供社会服务作为任期目标之一。2000年当选后,布什立即成立白宫信仰为基础和社区发展办公室,拨款支持社会弱势群体。2001年的“9·11”事件,美国政府投入了几十亿的资金,主要用于基础设施重建和基本服务的提供,而美国非营利组织提供的资金主要用于食品和住宿等急需服务,仅美国红十字会就筹集了10亿美元善款。美国政府参与社会管理的方式之一是通过各种渠道支持慈善和志愿组织参与社会服务。在美国,慈善和志愿组织收入来自个人、基金会和法人捐赠的只占其总收入的20%,31%来自政府基金或政府合同,49%来自缴款、收费、投资收入和其他所得。美国政府和非营利组织之间的关系根植于很深的伙伴战略关系。美国政府依赖于慈善和志愿组织去执行人类服务项目,特别是卫生、教育和福利服务。政府大约一半的卫生、教育、福利服务基金通过社区为基础的慈善和志愿组织来执行。政府对慈善和志愿组织的直接支持表现为:直接为它们提供基金支持及直接与慈善和志愿组织签署合同;直接为那些参与低收入阶层服务的慈善和志愿组织付费。政府对慈善和志愿组织的间接支持包括:免税、减税;为从事儿童照顾、老人照顾、住宅补贴的慈善和志愿组织提供税收信用(政府为那些给这类服务付费的个人买单);税收减免国债保险。

罗斯福在1932年总统竞选中把建立公民服务队作为其就业救济政策的一部分,并在当选后立即着手实施。公民服务队成立于1933年3月21日。5月7日,罗斯福通过“炉边谈话”高度赞誉公民服务队并告慰美国人民:“我们正在给25万失业者寻找就业机会,特别是那些有家有口的年轻人,我们给他们提供保护森林和建设防洪设施的机会。我们会给他们两倍于军队的食物、衣物和其他照顾。创建公民服务队是一箭双雕,第一,它会提高我们国家自然资源的价值,第二,它可以减轻人们实际面临的压力和苦恼。”劳工部和军队系统具体负责和管理公民服务队。劳工部负责失业公民登记(主要是男性公民),军队系统管理和使用这些失业人员。军队派出3 000名指导员。来自内务部、农业部、工程部队及其属下的部门,诸如国家公园服务局、林业局、土壤保护局、土地管理办公室、印第安纳事务局、开垦局、放牧局、生物调查局等都参与。政府提供项目监管者,雇佣经过训练的领班(或叫作有经验的地方人),这些人再培训学徒。教育部门在每一营队配备一名教育顾问。政府与地方百货店、加油站、设备供应商签订合同,确保物资供应。项目还提供医疗服务。公民服务队的初衷是帮助城市年轻人,但是城市人不太情愿参加,实际参与者大部分来自小城镇和乡村地区。公民服务队成立一周内,劳工部就利用其组织再就业服务。公民服务队通过地方福利部门开展人员招募。参加公民服务队的条件是:年龄在18—25岁之间,父亲失业,参与时间6个月左右。实际上,参加者平均在18—19岁之间,退伍军人和印第安人例外,政府专门为他们建立了两个项目和营地。1937年,国会把参与者年龄放宽到17—28岁,条件也不再限于那些家庭接受救济的人。如果愿意继续参与,可再延续半年,最多不超过两年。很少有人提前离去。每位参加者每月可获得30美元收入,其中25美元必须寄回家去。政府为每位全日制参与者每年支出大约1 000美元。整个项目支出大约30亿美元。公民服务队住帐篷,统一着装,接受半军事化训练。刚刚进入营队时,70%的人营养不良、破衣烂衫,很少有人受过高中教育,工作经验缺乏。公民服务队每周工作5天,每天8小时,晚上可以参加各种水平的夜校——从大学水平的历史课程到基础性的文化教育,也有技能训练,诸如汽车修理、烹调、面包制作等。公民服务队开办大量项目,诸如保护土壤、为湖泊蓄水、安装电话线路、输电线路、伐木、防火道建设、篱笆搭建、植树、养蜂、考古发掘、家具制造。他们在城市公园建设的大量建筑至今还保留在一些国家或州公园中。公民服务队可能是新政中最有名的项目,但始终没有机构化,1936年4月18日盖洛普公司调查“你是否喜欢公民服务队?”,82%的参与者回答“是的”,包括92%的民主党人和67%的共和党人。从1940年开始,公民服务队转向国防和森林保护,这时,符合条件的年轻人已经很少。1941年战争爆发,公民服务队大部分成员转向军事设施建设,1942 年,国会不再给予资金支持,公民服务队解体。从 1933 年建立到 1942 年项目结束,总计有 300 万人参与公民服务队。公民服务队组织了美国历史上第一支山火消防队,植树 50 万株。公民服务队成为大萧条时期最有影响的新政项目,实施于每一州和每一块领土。公民服务队是一个具有革新性、富有成效的公共项目,它的经验导致了和平队、美国志愿服务队(20 世纪 60 年代) 和全美服务队(20 世纪 90 年代)的产生。形成今天遍及美国的公民服务。公民服务是指公民在一定时期通过政府或由政府认可的组织和部门贡献自己的时间和精力,而不要报酬或只要很低的补偿。具体说来它具有下列特点:第一,组织性。通过项目或组织来提供服务,诸如政府部门、社区或社会团体等。第二,实质性承诺。服务是长期性活动,不是偶尔的志愿服务。第三,贡献。参与者把自己的能量、智慧、资源与环境保护、基础设施、社区发展结合起来并对它们有所促进。第四,被社会认同和计价。公民服务虽然没有报酬或者报酬很低,但为社会所承认,得到社会的称赞和称颂。第五,对参与者给予最低货币补偿。公民服务与就业的不同就在于,前者的价值不是完全通过货币来补偿,可以通过其他方式来计价,比如服务者获得自我满足、获得经验和建立社会联系,等等。

二、合作伙伴关系:英国的经验

英国是世界上率先提出政府与民间组织的伙伴关系的国家。1998 年,英国首相布莱尔签署发布了《政府与志愿及社区部门关系协定》,《关系协定》在政府采购、咨询、志愿活动、社区、黑人与少数族群等多方面确立了政府和民间组织的合作原则。英国的政府采购有五方面的协定,即包括资金与政府采购协定、咨询和政策评估协定、志愿协定、黑人与少数族群志愿和社区部门协定及社区协定。协定的原则是,在每一方面的协定里面,都包括一些基本原则,以及为了实现这些原则,政府和志愿部门分别应做出的承诺,它是一种双向的、互相承诺的协定,其中资金是基础。在"小政府、大社会"的方针下,英国政府把越来越多的公共服务功能下放到民间,包括教育、医疗、交通、安全、信息技术、环境保护以及其他社会服务。例如,1990年的《国民健康服务和社区照顾法案》把市场机制引入国民健康服务中,提出了服务购买者和服务提供者的区分,鼓励地区政府与非营利组织签订合同,以获得更好的社会服务。根据服务项目和竞争程度的不同,公共服务的提供模式有直接外包、内部交易、有限的供应者选择、服务项目招标、消费者自由选择等几种模式。非营利组织和商业企业都参与公共服务的提供,非营利组织与商业企业不同的是其服务的社会包容性。无论是为有残疾的儿童提供教育的慈善组织,为智障成年人服务的社会企业,还是为吸毒人员建立的理疗中心,它们服务的群体大多是弱势或边缘群体,是一个夹缝中的市场,是政府均一性的服务或单纯追求市场价值的企业所难以触及的,非营利组织的服务体现了平等的精神。它们的服务不仅高效,而且其运作成本远远低于同类的政府机构。

三、以非营利组织弥补政府不足:日本的探索

战后日本政府曾包揽了医疗、福利、教育等社会事业。但20世纪70年代之后,这种体制逐渐暴露出财源问题、效率问题和难以满足多样化的国民需求问题,非营利组织此时便成为应对政府公共服务改革要求和解决公共领域诸多问题不可或缺的一支重要民间力量,许多地方政府日益认识到,通过非营利组织的活动可以快速地提供公共服务,灵活地满足民众的多样化需求,为此提出了“非营利组织分担公益事业”的观点。各级政府也从此更加愿意与非营利组织建立伙伴关系,让其参与分担社会公益事业,弥补政府提供公共服务力量不足的缺陷。日本内阁府国民生活局专门设立“市民活动促进课”,在进行非营利组织认证的同时,将增强非营利组织在公共服务方面的积极作用、增进政府与非营利组织合作伙伴关系作为推动非营利组织发展的重要内容。近年来,该课与非营利组织和各界有识之士一道积极推动非营利组织活动的税务措施,引导、鼓励市民了解非营利组织,参加市民活动,推动了非营利组织的发展。在日本,政府无法完全满足社会千差万别的需求,发展中的非营利组织作用显得越来越重要。在1998年,议会通过

法案来促进各个志愿者和公民群体的活动，措施是，如果它们的活动与健康、福利、教育、文化、艺术、运动、环境保护、减灾、提倡人权和倡导和平、国际合作和性别平等有关，就赋予它们以正式的非营利机构地位。经过官方认可之后，这些组织就可以实施操作性的活动了，例如租借办公地点、在银行开户和签订其他的契约。日本还有具体的法律来规范非营利组织在如下领域中的活动：私立学校、宗教、社会福利服务、罪犯改造、志愿者和公民群体。

四、“资助及服务协议”：中国香港的做法

在中国香港，政府与民间组织制订“资助及服务协议”。政府与民间组织（在香港叫非政府组织）之合作关系也由过去的所谓“伙伴关系”转变为“合约关系”。“伙伴关系”突出民间组织作为策划及提供社会服务的角色，例如过去的“五年计划”，政府和民间组织共同合作研究居民的服务需求并制定规划；但是在合约关系中，政府与民间组织的关系就变为“购买者”及“提供者”之间的关系，政府转变为“购买者”。购买者的角色使之不同于民间组织，后者为服务“提供者”。这样，政府可以在不同的提供者中选择合适的服务“购买”，并订下合约。图 6-1 和图 6-2 将“伙伴关系”和“合约关系”作了区分。“近年来，由特区政府主导、以社区为基础构建的涉罪未成年人矫正体系，发挥了较好效果，它集保护教育、感化教育、助力更生、融入社会为一体，融汇了刑罚的人道价值和效益价值。”[①]“非政府组织在香港未成年人矫正工作中发挥着重要作用，并且已形成较为完善和高效的‘政府主导、非政府组织提供服务’的运作模式。”[②]“创办于 1957 年的香港善导会是目前全港最大的社区矫正工作非政府组织，其服务领域覆盖被法院追诉者、狱中囚犯、学校、社区等，向公众开展法律教育和预防犯罪教育等。”[③]“善导会的资金来源除了社会捐助，还有政府拨款。但它须定期提交经费使用报告，供

① 《香港立足社区构建涉罪未成年人矫正体系》，《内部参考》2012 年第 42 期。
② 同上。
③ 同上。

政府审查。政府还引入竞争机制,鼓励不同非政府机构提供更优质、成本收益更高的服务。”①

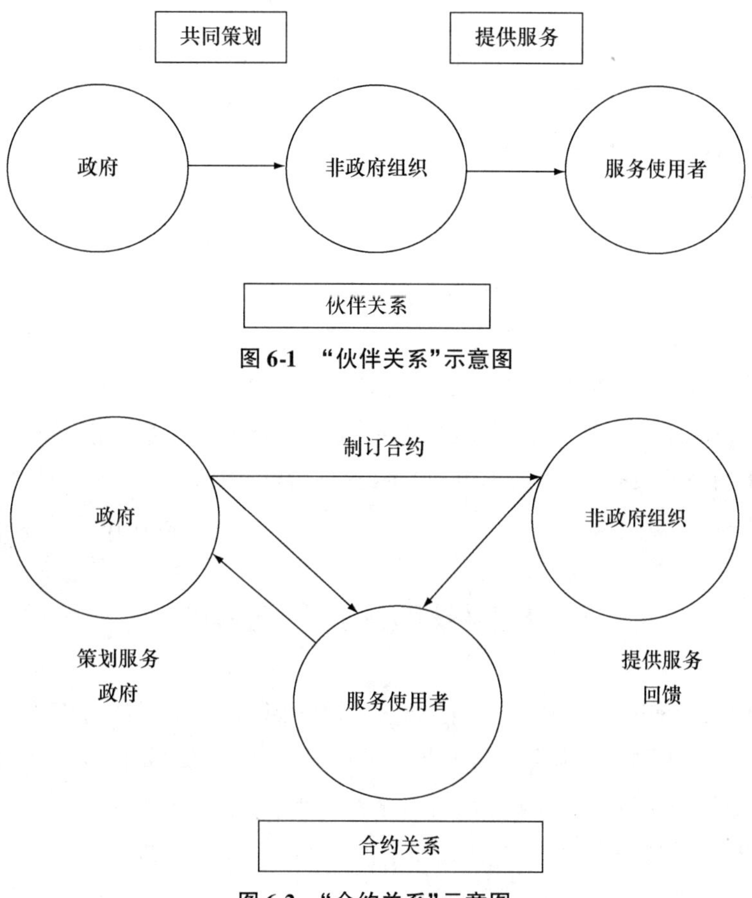

图6-1　“伙伴关系”示意图

图6-2　“合约关系”示意图

政府对于项目策划也非常重视,除了各民间组织必须有长期的“策略计划”和每年的“年度计划”之外,政府也提出考虑五年的计划周期,作为中期计划。进入新世纪以来,香港的福利服务及行政管理体系确实有了巨大的转变。为此,政府建立了实行自我评审和外审制度。每个接受资助的民间组织必须每年提交自我评审报告,每三年则要接受外部评审。社署在津助

① 《香港立足社区构建涉罪未成年人矫正体系》,《内部参考》2012年第42期。

科成立了“服务表现评估组”,推行对各提供服务的民间组织开展评审工作。政府采用“整笔拨款”的方式作为计算各机构资助金额的方法。政府以2000年4月1日民间组织的员工人数作基数,员工薪金以中位数计算。原有的旧职员公积金会实报实销,之后新聘用之员工会以6.8%计算,在过渡期中机构若遇到财政困难,可向政府申请补助金,最长为5年。不过在这段时间民间组织机构则须进行改组或重整工作以控制开支。

香港政府把基本公共服务交给非营利组织去承担,自己腾出更多精力制定法律法规进行监管和规范非营利组织,如果发现非营利组织有违规或达不到要求的,可以将其“罚出场”。政府不仅监管非营利组织,也对自己进行约束。建立法治社会是社会治理的重要内容。推行“小政府、大社会”政策,香港仅用占劳动力4%的公务员来管理整个香港的公共事务,大约17%的公共事务由政府来负担,其他由社会或企业来承担。凡是市场和社会能够承担的公共服务,政府绝不负担,而是通过合同方式委托市场和社会来运作,以确保质量。

五、别国或地区是怎么做的?

各国的历史、文化、政治等背景不一样,公共服务生产的制度安排差别也很大。在美国公共服务和公共物品的生产和供给主要是由地方政府提供的,而这类公共服务基本上是由社区居民消费,我们也可以将其称为地方公共消费。组织这种消费的方式通常有直接生产、签约外包、特许经营、代用券、混合策略等。

考察公共服务类非营利组织必须考虑每一类服务特征、供给框架和生产安排。例如教育服务是实现个体社会化的过程,其服务特征是师生之间面对面的交流。教育服务的供给框架是分散的学校,其生产安排是政府承担基础教育或义务教育等。(可参见表6-1)我们需要通过服务特征、供给框架和生产安排等来了解公共服务类非营利组织的特征。

表6-1　加拿大大不列颠哥伦比亚省人文服务①

服务类型	服务特性	供给框架	生产安排
教育	师生面对面交流	教育部：立法、制定标准、财政支持 学校委员会：教师聘用、课程范畴、特殊项目、课外活动、最终预算 大专院校：中学后续教育	地方政府：初级和中级教育 地方学校特别区：公共教育的学校 学校特别区签约：校车、建筑物的建造和维护、政府补贴
公园及娱乐设施	公园和游乐场所：开放、公共物品 娱乐项目：易于监督、使用者付费	公共娱乐提供：地方行政区和特别发展区设立社区娱乐设施基金 娱乐委员会：政策制定、设施管理	建设：签约私人公司规划、设计和建造 管理：签约由政府特许经营的地方非营利团体或私营机构 使用者：付费或部分付费 志愿者：棒球、英式足球、冰上溜石、曲棍球、手工艺作坊
图书馆	推介书目、提供视听资料、交流信息、娱乐 自然垄断 政府税收资助运营	提供者：市政当局、地区图书馆特别区、地方行政区和非营利组织 市政事务部图书馆服务局实施监督	图书馆委员会负责管理 志愿者参与
博物馆	公共物品、政府供给 志愿者和非营利组织参与	由议会的一个委员会或历史社团运营 省政府财政预算	地方政府雇员和志愿者运作
公共卫生	典型公共物品、全体居民受益、政府财政预算、专业性	地方卫生当局：制定政策、协调	社区卫生服务部门：诊疗服务
社会住宅	福利性质、政府资助	国家住宅项目给予支持 地方政府提供政策支持，参与管理，直接提供住宅	设计部门负责设计，建筑公司负责建设，建成后交给所有者、承租者或其他人员管理

① 〔加〕罗伯特·L. 比什等：《加拿大不列颠哥伦比亚省地方政府》，北京大学出版社2006年版。

(一)政府直接生产

对许多公共物品来说,政府基本上是安排者或提供者。在这种制度框架内,政府如何安排服务的生产是界定政府角色的核心问题。从现代社会发展趋势看,在公共服务领域,政府越来越多地扮演制度的安排者角色。

直接生产是政府自己的事情,不涉及非营利组织和其他生产组织。这种生产方式的好处是政府可以直接控制生产过程,确保产品质量,问题是会造成辖区内部的生产垄断和缺乏专业性,也会造成规模不经济,最终造成公共服务水平下降。而且,只有当参与直接生产的政府雇员对其服务对象具有强烈的责任感时,或者说具有强烈的公共价值或公共责任时,这种安排才会是有效的。

美国的政府性公司

政府性公司是由国会建立的政府机构,其使命是提供市场性的公共服务,以服务收入满足或基本满足其支出。目前被认为是政府性公司的23个实体在法律上、财务上、结构上和政策基础上存在广泛的差异。……政府性公司涵盖的范围很广:从著名大公司,如美国邮政公司和联邦存款保险公司,到不知名的小公司,如财政部的联邦融资公司和司法部的联邦监狱工业公司。……不管其执行何种职能,或从公众或从自身角度看多么“私有化”,政府性公司都是受宪法限制的代理人。

经济合作与发展组织:《分散化的公共治理》,中信出版社2004年版,第298—299页。

政府干预市场和社会的方式很多,在公共领域直接供给服务和物品、强制、禁止、外包等等。在国外,公共服务通常是由地方政府负责的,或者说,是由地方政府直接提供的。“当一个地方政府决定提供一种公共物品或服务时，它必须考虑怎样生产或者提供这种公共物品或服务，例如，这些服务或物品是由政府职员来提供还是通过订立合同由其他的生产者来提供。"①地方政府或者自己直接提供，或者通过合同来安排其他组织提供。至于采取何种方式主要取决于是否节约成本，是否专业化，以及是否使服务对象满意。这样就出现除了政府自己提供公共服务之外的其他制度安排形式，包括联合生产、公私伙伴关系、订立合同生产、赋予特许经营权、代金券、志愿生产等。以公共卫生为例，在美国，政府在公共卫生领域的主要角色包括：作为支付者建立医疗卫生安全网；作为规制者参与公共卫生管理；政府直接作为公共卫生的提供者。

应当关注美国的准政府机构。在美国，准政府性机构的特点在于，一方面，它们兼有政府和私人机构的法律特征，可以得到政府的支持，另一方面，它们也受到社会监督，防止其滥用权力。政府建立的私人或非营利机构(Publicly established private or non-profit organizations)，20世纪有效地适用于公共目标，例如，在美国，政府就用此类工具和手段推动基础设施建设。

美国的准政府机构

进入21世纪以来，国会和总统日益转向设立混合组织以执行公共政策和履行指定给传统行政部门和机构的职责。……粗略地看，可以分为五类：(1)政府发起设立的企业；(2)联邦资助的研发公司；(3)与政府机构相关的非营利机构；(4)风险投资基金；(5)国会特许的非营利组织。

经济合作与发展组织：《分散化的公共治理》，中信出版社2004年版，第299页。

① 〔加〕罗伯特·L.比什等：《加拿大不列颠哥伦比亚省地方政府》，北京大学出版社2006年版，第108页。

(二) 税收减免或税收支出

税收减免或税收支出(Tax breaks or tax expenditures),是地方政府为实现一定公共目标而采取的激励措施,实际上,它也是地方政府的财政支出。例如,美国的慈善捐赠就与税收政策有一定关系,政府通过税收间接调控基本公共服务供给,让社会直接参与基本公共服务供给活动,这样可能更节省成本。

(三) 签约外包

签约外包,是指政府与一家组织,比如其他政府组织、营利组织或非营利组织签订供给合同,它是政府提供公共服务的常用模式,并随着财政情况变化、服务要求和服务标准、监督成本、服务市场的成熟程度等发生改变,签约的范围包括公共工程、卫生和社会福利,甚至还有法律服务、文书工程和计算机服务等。在签约外包中,政府作为公共服务的提供者,将具体管理运营权交给受托方执行,由政府向非营利组织付费购买其生产的公共物品和服务。签约外包可以节省政府的财政支出,也可以提高服务的专业化水平,提高服务效率。签约外包常用于一些直接面向社会的公共服务,诸如街道清洁、树木维护、公共交通、交通信息服务、公共图书馆、医疗卫生等。新公共管理和合同外包改变了人们对政府的一般看法。另外,它使政府这个最大的雇佣机构变小。随着人口的增长,人们别无选择,合同外包可以节省成本,提高服务效率。合同外包的首要动力来自一定的专业服务机构可通过一定渠道满足居民的需求。在这种公共服务供给中,政府需要制定项目的基线(Bottom-line)和有效的监督机制,并证明这种方式确实好于传统方式。

政府在考虑合同外包对象时,既要考虑效率,也要考虑服务质量和消费者的满意状况。20 世纪 70 年,政府外包考虑更多的是效率,近年来,越来越多的公共服务外包给非营利组织,主要是从服务质量和服务需求出发的。这也就是人们通常所谓的客户理念。

丹麦的教会

一个特殊的等级结构则是丹麦的教会组织。从管理的角度看,这是属于中央政府的机构,但从宗教事务的角度看,它属于自治组织。丹麦的教会承担的管理职能包括丹麦的人口出生和死亡的登记,所有的葬礼仪式也都在国家教堂所管理的墓地进行。

〔丹麦〕埃里克·阿尔贝克:《北欧地方政府:战后发展趋势与改革》,北京大学出版社2005年版,第13页。

合同外包并不意味着绝对没有成本或者成本就很低,事实上,由于合同外包是通过谈判、制定规则、执行和监管等一系列的过程来实现的,存在不低的交易成本,尽管其服务成本可能会降低。合同外包还依赖政府管理部门相关工作人员的管理能力,通常,影响政府合同外包的因素有:财政状况、绩效评估、人力资源。

澳大利亚维多利亚州肯尼特政府的改革路径

1992年,澳大利亚维多利亚州肯尼特政府的改革路径,其基础在于英国撒切尔政府实施的一系列政策,包括公用事业私营化、把公共服务以合同的方式给私人部门以及买方/卖方协议来建立准市场结构。

〔澳〕布赖恩·多莱里等:《重塑澳大利亚地方政府——财政、治理与改革》,北京大学出版社2008年版,第140页。

基于基本公共服务的特点,一般能够进行合同外包的服务通常具备以下特点:服务的范围和标准明确,可以测量;监督成本较低;不会形成垄断,各类社会主体包括市场主体都可以参与竞争。澳大利亚维多利亚州肯尼特政府的改革,确实大大提高了地方公共服务供给的效率,但是,大大增加了地方政府追求效率的压力,与此同时,消费者也受到影响,因为在这个过程中,私人部门关注更多的是效率而不是服务质量。除此之外,维多利亚政府还遇到了管理上的人力资源匮乏问题,让从事行政的管理人员监管专业性服务通常是一个巨大挑战。1999年,维多利亚政府的人员规模减小,2001年又出现反弹,反弹后增加的人员又压缩了公共服务的供给规模,随之,选民又出现反应,他们对部分政府官员和议员的不作为及管理不善难以容忍,这个过程反反复复,足以说明公共部门改革的复杂性。在美国,来自联邦层面的资金更容易通过非营利组织而不是地方政府进入社区。更多的公共服务不是由政府提供,而是由非营利组织提供。

德国地方政府职能民营化

在德国,最近一些年来,越来越多的以前属于地方政府的任务和机构(如游泳池、体育和休闲设施、文化设施等),被社会组织(尤其是像运动俱乐部那样的协会)或社会性私人团体所取代。典型的例子是体育俱乐部职能的转变,它自20世纪90年代开始已经成为标准的行政管理实践。其程序是签订协议,在此协议下,体育俱乐部承担维持体育设施的责任以作为所给予的较低补贴和资费的回报。这可以被看作是公共功能私人化的市民社会样式,这一样式遵循新公共管理战略而采取的是市场和私人企业导向。

〔德〕赫尔穆特·沃尔曼:《德国地方政府》,北京大学出版社2005年版,第71页。

私人部门和非营利组织参与基本公共服务供给这种现象已经延续了几十年,其发展和增长也极具戏剧性。

利用外部资源供给基本公共服务的核心问题是正式合同的签订,支付者和服务供给商之间必须有一个正式的协定。大多数合同包含了绩效的内容,诸如支付者规定了某些标准和要求,并使之与支付联系在一起,在不能达到合同目标时，拒付最后欠款等，或者对于完成服务优秀的机构给予奖励。

（四）特许经营

特许经营，通常出现在对于公共服务使用收费的领域。特许经营是政府赋予某一或某些组织垄断经营权，使这一或这些组织通过向消费者收取使用费来为生产服务提供资金，政府并不直接为公共服务付费，而是特定经营组织在一定时间内享受特许经营权（通常是排他性的权利）直接向公众有偿提供其生产的物品或服务。特许经营把地方政府从直接的监管中解放出来，同时也提高了公共服务的供给效率。选择特许经营的最佳条件是，一个或几个生产者可以最大限度节省成本，同时收取费用又是提供资金的适当方式。“特许经营是服务提供的另一种制度安排。排他性的特许是指政府将垄断性特权给予某一私营企业，让它在特定领域里提供特定服务，通常是在政府机构的价格管制下进行。非排他的或混合式的特许方式也是存在的，出租车行业即为一例。”[①]就特许经营来说，又可以分为排他性的和非排他性的两类，它们的区别在于非排他性的特许经营的制度安排者是政府和消费者。在特许经营这种制度安排中，政府授权某一组织直接向消费者出售某一服务或产品。特许经营包括场域特许使用和租赁。前者主要是指政府将一些特定公共领域安排给私人机构运营，后者主要是私人企业租用政府的有形资产。

（五）代用券

代用券，是政府发给居民的公共服务消费凭证，居民可以用来替代现金从私营机构或非营利组织购买一定的公共服务或公共物品，在美国联邦层次，代用券主要用于食物、医疗补助或医疗保险以及教育津贴等。在地方层次，代用券广泛应用于社会服务，包括幼托、老人项目、戒毒等。

---

① 〔美〕E. S. 萨瓦斯：《民营化与公私部门的伙伴关系》，中国人民大学出版社2002年版，第6页。

(六) 政府补助

政府补助,是指政府通过给非营利组织补助,确保其向公众提供优质公共产品。政府补助的形式包括直接拨款、免税、税收优惠、低息贷款、贷款担保等。居民可以通过接受补贴的社会组织获得更多的公共服务和公共产品,非营利组织则通过接受政府补助得到成本补偿。政府补助的领域主要包括公共教育和医疗、某些科研项目、社会福利、基础设施等。

(七) 合作生产

一些涉及人的服务,诸如教育、治安、消防、医疗卫生和社会服务,往往需要服务供给者与消费者之间的密切配合才能达到预期的目标,例如社区治安需要社区居民与警察的合作才能实现。在这样的服务下,公共服务的消费者也是公共服务生产的合作者,合作与效率之间的关系十分密切。合作性服务网络(collaborative service delivery networks)已经成为一种较为普遍的公共服务供给模式,尤其在社会服务领域。这类网络面临的问题是其多元化和相互关联,网络的治理模式已经建立,非正式的网络治理还有待于完善。

(八) 联合生产

联合生产,这是指当一个或多个规模很小的地方政府无法提供一定规模的公共服务时,需要若干个地方政府联合起来生产,例如,在加拿大,温哥华的图书馆是由该地区八个市联合提供的。在丹麦,供暖和体育设施的修建往往需要地方政府联合生产,跨地区行动。很多情况下,从效率出发没有必要建立小而全、大而全的基本公共服务体系,在这样的模式中,尤其要破除行政化的羁绊,发挥社会配置资源的作用。

(九) 公私伙伴关系

公私伙伴关系,是指地方政府与企业联合生产公共服务的模式,通常,在这种模式中,地方政府为生产商提供土地、政策优惠、拨款、贷款、免税以及以低于市场价的价格收购生产商的产品等。立法机构会对此类伙伴关系加以限制,避免政府滥用权力。在美国,该模式应用于公共汽车、火车运输中,可以吸引资金,开展项目管理,提升服务水平。

美国学者研究发现,私人部门、非营利组织和公共部门在教育领域能够联合起来发挥不同的作用,诸如提供一系列的金融(诸如设施、工资)、政治(法律、可信度)、组织(诸如课程、管理)的好处,跨部门的合作有利于提升教育部门提供优质服务的能力。

(十) 混合策略

混合策略,通常是指地方政府在采用一个公共服务供给模式的同时,不排除使用其他模式。从美国的经验看,在地方和城市基本公共发展中,单一的合同外包正在被多元的合作策略取代,要在效率、市场管理和居民满意等多元评价体系中平衡,就不能仅仅使用单一的手段,而是发展出基本公共服务供给的组合手段。

对一些美国城市的研究中发现,混合策略,诸如把市场手段与计划有机结合起来,可能比单一的手段更有效。也有人把这种方式称为行政管理领域的新公共服务,以替代曾经风靡一时的新公共管理。英国的有关研究也表明,把信息技术引入混合策略可能会带来更大的革新或变革。

(十一) 志愿生产

志愿生产,主要是指由公民自愿地、不为报酬而提供的一些公共服务,典型的例子是美国和加拿大居民自愿参与消防活动,成为消防志愿者。在加拿大,志愿者还参与由政府发起的仅仅提供部分资金的公共服务项目以及社区服务项目。过去几十年间,美国的各级政府与非营利机构的合作越来越多,如果志愿者提供的服务能够为居民接受,可以说,志愿生产是所有公共服务生产中最有效的方式。

人们自愿参与社区养老服务或者社区矫正服务,也就是参与了政府公共服务。需要指出的是,“在讨论服务提供方式时往往容易忽视的一种方式是由公民志愿者提供产品或者服务。这种生产方式最典型的例子是消防部门的志愿者,这种消防志愿者在不列颠哥伦比亚省有很多。志愿者也在娱乐生产服务和地方政府发起或者由地方政府提供部分资金资助的社区项目服务中发挥作用。如果志愿者所提供的服务的水平和质量对于社区来说都是可以接受的,那么志愿者生产是所有可能的服务提供方式中最有效的方式。"①在美国,志愿者参与公共部门的活动似乎是一个历史传统,19 世纪 30 年代,托克维尔就发现,美国简直就是一个"参与的国度"。

德国非营利组织参与社会服务

在德国,社会服务的提供传统上是按照依附性的原则,地方政府在其中扮演了十分"有效"的角色,而社会服务的"提供"则留给非公共、非营利的福利组织。多少年来,国家福利组织的地方分支机构发展出一种有特点的准寡头模式,由各地方各自负责一定的领域,如果不是与地方政府同声出气的话,也是经常紧密合作的。在 1994 年的《联邦医疗法》中,引入了一个条款,即医疗的提供遵循自由市场竞争的原则,包括医疗的商业提供者,由此打破了非营利组织在这个领域的准寡头地位。

〔德〕赫尔穆特·沃尔曼:《德国地方政府》,北京大学出版社 2005 年版, 第 104 页。

这些不同类型的制度安排派生了不同类型的公共服务类非营利组织。

中国香港非营利组织参与公共服务供给

一是积极创新社会组织,发挥社会组织在社会治理中的作用。香港公共服务的最大特点之一是官助民办,民间机构作用巨大。香港政府通

① 〔加〕罗伯特·L. 比什等:《加拿大不列颠哥伦比亚省地方政府》,北京大学出版社 2006 年版,第 118 页。

过宏观规范管理、咨询培训、政策引导、经费资助等方式，大力扶持和发展类似东华三院这样的社会组织，提升社会福祉。香港政府每年的社会福利预算超过60亿港币，并向约180个非营利组织提供资助，总计约有2.7万名受政府资助的非营利组织雇员在从事服务社会的工作。若不把社会保障开支计算在内，政府用于社会福利的开支中约有2/3作为补助金拨给了民间服务机构。经过100多年的发展，香港的社会服务组织已经构成香港社会的基础、社会福利系统的重要组成部分。根据香港社会福利联合会的统计，目前非政府机构约340个，提供了90%的公共服务，每年接受服务人数超过200万人次；雇佣3.07万人，占全体社会福利工作人员的85%，机构董事560人，义工20万人。香港赛马会所有盈余全部回馈社会。马会董事局不从马会领取酬金，纯粹以社会责任感来领导香港赛马会。香港慈善组织与政府的关系主要体现为“伙伴关系”的合作。政府依赖其提供大量的社会服务，并同时为其提供大量的资金支持。政府在对这些组织进行资助的同时，还建立了服务质量与绩效监测系统，对不同的服务设计了不同的资助与服务协议，明确规定了各方的作用与责任，制定了各种服务质量标准。

二是建立慈善组织的监管制度。如何防止贪污、欺诈、谋利、滥用等失德行为，建立严谨的监察机制是各慈善组织必须要考虑的问题。为此，香港政府社会福利署曾特别发出《慈善筹款活动：内部财务监管指引说明》，建议慈善筹款机构采纳一些基本监管措施，确保筹得的款项用于指定用途，以及确保所有收入和支出均有详尽记录。目前，香港绝大多数的慈善组织都建立起了自身严格的监管制度，明确资源管治守则，推进慈善财务的合理规管，增强慈善组织工作的透明度。马会参照香港对上市公司的要求，在财务监管、风险管理、财务汇报和披露、企业社会责任等方面，采纳最佳的机构管治模式。马会基金因而保持着稳定高效的投资回报率。

三是积极培育社会企业。慈善组织通过下属服务单位开设各项社会性收费服务，通过社会性服务的盈利来补贴福利性服务，包括运作“社会企业”项目。以东华三院为例,社会收费收入占其收入的13.4%,是收入中的第二大项。在建设非营利殡仪馆时,政府拨给九龙钻石山地段,建成后为广大市民提供廉价服务,对经济困难的家庭提供免费殡仪服务,其盈余会投入东华三院的其他福利事业中,进一步扩大服务福利的范围,增强其组织的实力。

根据《美国公平劳动标准法案》,志愿服务被定义为,“个人把自己的服务时间贡献给从事公民活动、慈善事业或人类发展为目标的公共机构(或组织),而不企求经济补偿或报酬。”南加利福尼亚的法律规定凡是个人向机构或政府无常贡献自己的物品或服务的都可以被视为志愿者。

(十一) 社会经营

社会经营的根本特征是在其设计上要求必须是可持续的,这也就要求它的业主不能仅仅依靠捐赠,它必须在社会发展中增加它所帮助的穷人和其他人群的收益。它的力量在于,它不断汲取资金,持续运作,超过了运作最好的慈善机构。与社会慈善比较,社会经营鼓励它的受助者保持个人尊严和自立,我们看到,即便是一些很好的慈善机构和慈善项目也往往难免使受益者的自我发展动力消失殆尽。

1. 社会经营的基本原则:

——目标是消除贫困,或者其他社会问题,诸如教育、健康、技术、环境等对社会产生负面影响的因素。

——企业必须保持资金和经济的可持续性。

——投资者只回收他们投入的部分,超出投入的收益不能分红。

——一旦前期投入资金回收,进一步的盈利将留在企业用于企业扩张和革新。

——企业必须坚持绿色原则。

——劳动者的工作条件好于标准企业,工资高于标准工资。

2. 社会经营的基本方法和环境要求

寻找需要解决的社会问题。社会问题是指社会关系失调,影响社会大部分成员的共同生活，破坏社会正常活动，妨碍社会协调发展的社会现象。环顾这个变化无常的世界，有许多社会问题需要解决，诸如贫困、饥饿、疾病、健康、失业、遗弃儿童、毒品、住宅、污染、环境等等。社会问题如果不加以解决，发展到一定阶段会导致经济社会停滞不前，甚至导致社会解体。社会经营的投资者面对诸多问题，必须根据自己的能力和条件，确定目标，制定计划。

制定创新性经营计划吸引投资者。一旦确定解决社会问题的目标，制定计划就要提上议程。社会经营计划需要切合实际，同时能够吸引投资者参与。规划是指企业在一定时期内对自身发展建设与布局的总体部署，是对企业确定的发展战略的进一步详细落实，其任务是明确发展条件与优势，制定合理的发展预期目标和发展规模，确定社会服务的结构，安排重点建设项目的建设时序和布局，并制定保证规划实施的各种步骤与措施，包括综合发展规划和单项发展规划。前者对企业内各部门统筹安排，发挥优势，实现专业化与综合发展相结合的总体目标；后者根据综合规划对各部门的发展要求，详细规划本部门的建设布局，两者相辅相成。

建立和完善社会经营的法律环境。尤努斯发现，有关营利企业和传统非营利组织的法律法规在世界各地已经日趋完善，但是涉及社会经营的法律法规还是凤毛麟角，处于空白状态。无论是在现有的法律还是非法律框架内开展社会经营都存在诸多难题。值得欣慰的是，2007 年，加拿大政府以及一些美国的地方政府开始考虑社会经济（social economy）有关的法律。[①] 如果政府和社会都承认社会经营将是人类解决所面临的挑战不可或缺的活动，那么为其立法就需要提到议程上来。社会经营的立法首先涉及如何鼓励企业家在实现推动自己企业正常运行的同时，也考虑一定程度的社会经营，相应的税收、财政和金融政策也需要进行调整。

社会经营的技术研发。如何通过技术研发来提供一些能够解决贫困、饥饿、疾病、健康、失业、遗弃儿童、毒品、住宅、污染、环境问题的产品，这是社会经营的关键之一。如何让技术研发有力解决社会问题？一些在发达国

---

① Muhammad Yunus with Karl Weber, *Building Social Business: The New Kind of Capitalism that Serves Humanity's Most Pressing Needs*, Published by Public Affairs, 2011, pp. 127, 128, 129.

家看来已经成为历史的传染病,却在第三世界和不发达地区流行,侵蚀成千上万人的生命,例如艾滋病。尽管有成千上万的人需要药物,但是药品开发商宁愿开发让富裕的男人性生活更美妙的“伟哥”,也不愿意开发穷人急需的药品,因为他们太穷了,无利可图。据统计,从1975年到2004年间开发出来的1 556种药品中,只有百分之一用在那些影响数十亿人存亡的疾病上。我们这个社会,不仅需要社会领域的企业家,也需要社会领域的工程师和技术人员。后者要根据公众的需要开发出人们喜闻乐见的、可以支付得起的社会产品。这已经超出了人们一般意义上谈论的社会工作者概念,社会工作者更多是活跃在社会服务领域,而社会工程师和技术人员则更多活跃在社会经营活动的生产领域。可以预见,慢慢地在社会发展领域就会分化出服务、生产等部门,并逐步推动这个部门趋于完善。

建立一个社会经营发展的全球环境。让企业家们充分认识社会经营,鼓励非营利组织、非政府组织、基金会以及慈善机构参与到这个领域。尤努斯还设想建立相应的创新实验室、在一些大学建立类似的孵化器、建立社会投资基金(social investment funds),在条件成熟的时候建立社会证券市场(social stock market),等等。

过去十几年中,在德国一些金融机构的支持下,在孟加拉的一些地区曾进行了大量的试验,有些就是尤努斯的梦想。面对这样一个充满挑战的世界和人类不确定的未来,人类需要奇思异想 。奇思异想将把人类带入一个希望的时代。

(十二) 数字化服务

数字化,或者叫作智慧城市建设正在成为全球运动。例如,英国基本公共服务正逐步走向数字化,使用者在服务发展和国家信息化方面必须与其他有关部门合作。催生这种现象的原因有三:**一是**信息技术的自然发展。**二是**媒体的推动。**三是**政府公共服务公开化和透明化。这大大增加了市民选择的空间。使用信息技术和数字化已经成为英国乃至国际上开展公共服务的基本手段。数字设计与公共服务改革、发展和供给正在成为一个国际性的课题。另外,有关这个过程的“社会设计”仍在开发之中,包括社会动机、社会创新、公共政策以及媒体的应用等。

纽约311电话台[①]

由于其特殊地位，纽约市政府是美国最大和最复杂的地方政府。纽约市政府的35万工作人员、120个机构向全市大约800万居民提供4000多种服务。作为一个不夜城，每周7天，每天24小时的有效服务是不可缺少的。纽约市信息技术和电话通讯局与有关企业合作在2003年建立了311电话台，为纽约居民提供公共服务，确保居民基本能够得到他们需要的各类服务。该中心拥有450个客户服务职能，每年为1000万人次服务，可提供180种语言服务，电话台联系50家政府机构和100个警区，这些组成一个网络数据库。311服务台在服务纽约居民中的作用是不可置疑的，它的建立也标志着纽约政府职能的重大转变，它把政府职能与绩效评估有效结合起来。在成立的头5年，接到5000万个电话，第七年就达到1亿个，居民反映良好。市长布鲁姆伯格说，电话台提升了政府的可问责性、服务的可及性和政策的透明度。311服务台追踪每一需求信息，按时完成任务，居民也可以知道每个政府部门的责任和资源状况。这在以前是不可想象的，它提升了政府的责任，也提升了公共服务供给的质量。布鲁姆伯格说，"311是一场纽约市政府的革命，许多城市和国家也在学习我们的经验，311基于客户服务理念，而客户服务理念是任何组织实现其目标的关键，不论是私人部门还是公共部门。"

电子政务对公共行政提出了新的挑战，其中之一就是政府机构和职能的调整。政府将从居民的便利出发，而不是从政府自身的便利出发进行改革。政府也必须通过电子系统了解居民的态度来调整自己的行为，提高基本公共服务的效率，改善基本公共服务的供给方式。

① Accenture, "New York City 311", 2011.

美国和欧洲的一些国家把电子公共服务列入其政府公共服务发展规划中,重点发展与教育、医疗卫生和电子政务有关的公共服务。通过电子网络对健康进行检查和监督已经非常普遍。在欧洲,电子政务通过14 000多个公共服务供给机构来监督20项基本公共服务的可及性、复杂程度及其存在的问题。在电子政务中,信息技术可以用来:

——测量特别服务,像网络获取——这已经有试验,可以拓展到身份证和其他。

——测量行政机构的财政负担和效率。

——通过用户满意度监测系统查看用户的受益程度。

——在区域(城市)层次上测量20类基本公共服务。

——测量与政府服务指南的一致性。

——修改或扩展20类基本公共服务,这或许将引导电子政府走向更大的公共服务建设。

为了发挥公共信息的作用,近年来,英美等国要求国有企业、公共机构及从事公共服务的私人部门和社会组织实行信息公开。英国法律规定,政府部门与私人企业合作的涉及金额5 000英镑以上的项目,所有合同必须公开,但是涉及公司商业秘密部分的内容可以不予公开。为了确保信息公开,英国政府专门建立机构对有关信息公开进行监督。美国的《信息自由法》规定公民有权向公共机构申请所需的公共信息。由电子政府到数字政府的发展和转变给当代政府的机构、政治和行政管理带来了深刻变革,它可能使过去以机构为中心的基本公共服务供给转向以市民为中心的供给模式,市民参与也变得越来越重要。数字自治将通过访问网址、移动服务供给、网络会议等方式改革政府的公共服务供给方式,提高服务质量,降低服务成本,满足居民的需要,提高政府的公信力,从而为经济复兴提供新的动力。

新罕布什尔州的数字化服务

2010年开始,美国新罕布什尔州决定发展数字化服务,通过网站等提高居民的个人服务和自我服务能力。[①] 该州有的县甚至尝试把互联网作为公共服务供给(诸如社会照顾等)的首选渠道,并通过互联网提高效率,降低投入。当然,新罕布什尔州的设计者们也发现了这种技术的弱点——它将减少人们面对面的接触,但是确实可以满足一些人的需要。

六、三种供给方式

根据上述内容可以归结为三种基本的提供方式。

(一)政府自身在基本公共服务供给中发挥主要角色

这种方式主要包括,**一是**政府的财政支持。政府对基本公共服务的财政支持主要表现为补贴、减税、代用券等。**二是**政府补助,指政府通过给非营利组织补助,确保其向公众提供优质公共产品。政府补助的形式包括直接拨款、免税、税收优惠、低息贷款、贷款担保等。**三是**政府直接生产。直接生产是政府自己的事情,不涉及非营利组织和其他生产组织。只有当参与直接生产的政府雇员对其服务对象具有强烈的责任感时,或者说具有强烈的公共价值或公共责任时,这种安排才会是有效的。**四是**政府间联合生产。当一个或多个规模很小的地方政府无法提供一定规模的公共服务时,需要若干个地方政府联合起来生产。**五是**由准政府性机构生产。例如,在美国,准政府性机构的特点是,一方面,它们兼有政府和私人机构的法律特征,可以得到政府的支持;另一方面,它们也受到社会监督,防止其滥用权力。

---

① Hampshire plans web 'default' for service delivery, GC News, 01 October 2010, http://efficiency.governmentcomputing.com/news/2010/oct/01/hampshire-plans-web-default-for-service-delivery-01oct10.

(二)政府与企业、社会组织的合作方式

美国联合劝募(The United Way of America)作为美国最大的非营利组织,也曾经发生过其主要负责人因诈取组织的120万美元资金而锒铛入狱,100多名员工失业,以及组织的慈善捐款急剧下降,等等。政府中出现的问题同样可能在非营利组织中出现,主要表现在,**一是**组织的低效率,这类组织的特点是投入与产出不成比例,过多的投入并没有获得足够的产出,诸如不能为服务对象提供满意的公共服务。在美国,人们认为公立学校是典型,它的投入产出不成比例,教育经费连年增加,学生的成绩却不是这样。慈善组织的绩效如何,许多情况下,人们并不知晓,只有出现重大丑闻时,人们才加以关注。**二是**中饱私囊。即非营利组织的领导人过多谋取自己的利益,这比组织效率低下更为可恶。**三是**过高的风险。产生上述问题的原因很多,其中,首先是非营利组织和政府组织都缺乏明确的个人利益,所以非营利组织和政府组织的个人对于组织风险不如私人企业那么关心。其次是缺乏竞争机制。大多数非营利组织,例如公立学校,基本上是垄断经营的,一些慈善组织也是如此。再次是缺乏衡量成败的明确指标。企业成败的指标非常明确——是利润,非营利组织没有这类指标。

政府与企业、社会组织的合作方式主要包括,**一是**签约外包。指政府与一家组织,比如其他政府组织、营利组织或非营利组织签订供给合同,它是政府提供公共服务的常用模式,并随着财政情况变化、服务要求、服务标准、监督成本、服务市场的成熟程度等情况而变化。政府在考虑合同外包对象时,既要考虑效率,也要考虑服务质量和消费者的满意状况。**二是**特许经营。特许经营是政府赋予某一或某些组织垄断经营权,使这一或这些组织通过向消费者收取使用费来为生产服务提供资金,政府并不直接为公共服务付费,而是特定经营组织在一定时间内享受特许经营权(通常是排他性的权利)直接向公众有偿提供其生产的物品或服务。**三是**公私伙伴关系。公私伙伴关系是指地方政府与企业联合生产公共服务的模式,通常,在这种模式中,地方政府为生产商提供土地、政策优惠、拨款、贷款、免税以及以低于市场价格收购生产商的产品等。立法机构对此类伙伴关系加以限制,避免

政府滥用权力。**四是**混合策略。通常是指地方政府在采用一个公共服务供给模式的同时,不排除使用其他模式。**五是**合作生产,一些涉及人的服务,诸如教育、治安、消防、医疗卫生和社会服务,往往需要服务供给者与消费者之间的密切配合才能达到预期的目标,例如社区治安需要社区居民与警察的合作才能实现。

(三) 社会组织在基本公共服务体系中的重要角色

这种方式主要包括,**一是**志愿生产。主要是指由公民自愿地、不为报酬而提供的一些公共服务,典型的例子是美国和加拿大居民自愿参与消防活动,成为消防志愿者。**二是**社会经营,根本特征是在其设计上要求必须是可持续的,这也就要求它的业主不能仅仅依靠捐赠,它必须在社会发展中增加它所帮助的穷人和其他人群的收益。它的力量在于,它不断汲取资金,持续运作,超过运作最好的慈善机构。

七、别国或地区是怎样看待公共服务效果的?

1993年克林顿签署了《政府绩效和效果法案》(Government Performance and Results Act,1993),使公共服务质量的承诺得到保证。该法案要求联邦政府机构就提供高质量的公共服务制定战略发展规划,其中(1)从顶层确定年度规划目标;(2)制定相关措施实现预定目标;(3)建立相应的计量手段来评估预定目标的实现程度。

从全球范围看,很多国家的公共服务正在进入一个测量公众满意的时代。一些类似"居民第一"(Citizens First)、"共识测度"(Common Measurement)的计量工具被开发并应用到具体的公共服务组织的运行过程中。所有这些,都要求基本公共服务组织提高自己的绩效管理水平。与此同时,政府和有关部门一道建立居民满意的标准以及对测量结果进行分析的手段也显得日益重要。这些结果最终对于改进基本公共服务的供给将会有非常重要的价值。欧洲诸国把居民对于基本公共服务的满意程度作为评价其供给的指标之一。换句话说,就实践意义而言,仅仅衡量投入和产出以及直接产出和间接产出都不足以对基本公共服务供给进行评价,引入居民对于基本公共服务供给的满意度是十分必要的。

一些美国学者的研究发现,问责是提高基本公共服务质量的重要途径。

(一)绩效评估都做什么?

从历史角度看,"绩效评估始于20世纪70年代作为公共服务管理思维基础的货币价值审计理念。劳斯将货币价值定义为:'……经济组织实现其目标过程中所获得的资源量以及这些资源的有效利用程度。'"最初,人们更多是考虑它的效益方面,事实上,从经济的投入产出进行分析,其困难程度还是比较小的。除此之外,评价标准还要考虑,对于居民来说,基本公共服务的适应性、可及性、质量、效率与效益以及透明度。

市民报告卡

居民反馈是反映基本公共服务绩效效果的重要手段。市民报告卡(citizen report card, CRC)从公共服务使用者那里得到的系统的反馈信息,它为社区、非营利组织或地方政府与公共服务提供机构开展对话提供了严格的信息反馈。市民报告卡强调一些关键问题,诸如,公共服务供给中的可及性、服务质量、服务的可靠性、服务对象遇到的问题、服务者对这些问题应承担的责任,以及服务过程中的透明度。它还提升问责性,发挥诊断作用,可以反映人们对关键服务的满意程度。它极其简单,但非常有用。所以,市民报告卡可以视为促进基本公共服务改进的诊断、问责和规范化手段。

(二)绩效评估的主要内容

在政府绩效评估中,3E或4E框架是比较有代表性的。这主要是指人们引入的质量管理(total quality management)概念,它被Cohen和Brand界定为下列内涵：总供给（total supplies）、质量（quality）和管理（management）。在这个框架下，“公共绩效的一个显著特点就是它由效力、效率和公正等多个同等重要的标准引导和评估。”[①]现代学者将这一理念表述为对3E目标的追求，即经济、效率和效能（economy, efficiency and effectiveness）。“经济是以最少的投入获得最多收入的方法，包括获得特定的资源。效率则衡量投入产出，包括在保证一定标准的资源投入的同时使有效产出（各项服务）最大化。效能是对产出和影响的衡量。”[②]德鲁克（Drucker）认为，“经济和效率描述的是实现目标的方式，效能描述的是行为结果与行动目标之间的吻合关系。”[③]从经验来看，效能在三者之间是最难评估和计量的，特别是它的客观性和准确性。有学者在3E之上又加了第四个“E”，即公平（equality），指的是行为过程和影响的正义性和公平性。在一般意义的公共服务评价中，强调公平是必要的，例如，在有关垃圾处理或污水处理中收费，要考虑弱势群体的收入及对他们的扶持和救助政策等等。但实践中，即便是将绩效评估用于公共服务，人们还是比较少地考虑第四个“E”的。基本公共服务本身已经隐含了公平与公正目标，一般认为，加上第四个“E”的意义并不大。也有人在可操作化层面上测量直接产出和间接产出。在效率上，可以操作化的指标就是产出（outputs），在效果上就是间接的产出（outcomes）或影响。一般说来，直接产出是可以通过客观指标进行测度的，涉及基本公共服务，包括现有的官方统计指标都是可以用的。间接产出在国际上通常是通过主观指标来测度的，常见的办法是问卷调查。在一些国家，从直接产出和间接产出进行分析和测量绩效，在方法上还是比较成熟的。

到目前为止，人们对于“绩效”的认同的统一性还不是很高，有人主张从过程角度来界定，有人主张从结果层次来界定，也有人主张从组织对资源的获取和使用能力来界定。所有这些没有根本的区别，只是人们关注的角度不同而已。基本上，大家都关注投入与产出、结果和效果之间的关系，在此

---

① 王逸：《困境与变革：政府绩效评估发展论纲》，湖南人民出版社2007年版，第8页。

② 〔美〕约翰·威尔逊：《公共服务财政管理》，清华大学出版社2008年版，第201页。

③ P. F. Drucker, *Management: Tasks, Responsibilities and Practices*, New York: Harper Collins, 1993.

基础上来反映公共服务提供组织的效益、效率等。在本书中,我们将把绩效界定在直接产出和间接产出范围内。

(三)绩效评估的意义

随着财政收入的不断增加,OECD 国家不得不把提高公共服务绩效摆在突出位置。伴随着人口老龄化,保健和养老费用的增加给财政带来了压力,市民要求政府对于纳税人的钱的支出更具问责性。绩效信息的采集在财政过程中的应用越来越突出。OECD 国家在这个问题上的制度安排包括:加大责任转移、提高分权程度、提高竞争压力、改革财政操作程序,以及引入效果导向的预算实践和管理方法。经验研究表明,这些活动的效果与预期有一定距离,原因在于:缺乏对于绩效改革的有效措施、公共部门绩效评价的复杂性、缺乏整体设计的改革的效果过于单一。OECD 国家把绩效信息用于公共服务过程中也取得了一定的成效:在政府内部产生了巨大影响;为政府目标的评估提供了更好的信息;向公众披露了更多更透明的信息。当然,它们也面临一系列挑战,如,如何获取适当信息,让政治家更积极参与决策,以及保证质量等。当然,国家的文化、政治、历史、制度不一样,评价的方式也不尽相同。

(四)绩效评估的手段

建立一个居民机构代表居民或者邀请发展机构作为第三方来对居民享受基本公共服务的满意程度及其质量进行评价非常重要,它可以帮助基本公共服务供给方提高绩效。政府以及捐赠机构也可以将这类评价信息的披露视为改进各级政府工作的手段。

对于 20 世纪 70 年代以来的新公共管理政策的实施效果要全面和辩证地去看。诚然,为了提高效率,对基本公共服务体系进行必要的改革是无可厚非的,但是,经过一个时期的实践,也要看到它的负面影响。以德国为例,“据国际劳工组织 2010 年统计,过去 10 年里德国排除通货膨胀后的实际工资水平持续下降。”[1]德国“有工作的穷人”不断增加，贫富差距不断扩大。在欧元区的一些国家，财富不断向少数人手中集中，诸如意大利、葡萄牙、希腊等，都不能幸免。

与发达国家比较，中国在建设基本公共服务体系过程中面临的突出问题，**一是**人口问题，**二是**规模问题。随着时间的推移，要特别关注国家履行基本公共服务承诺的能力，也要妥善安排社会领域的财政支出，在这个问题上，中国更需要在基本公共服务和社会福利领域进行创新。

① 田德文：《点评》，《人民日报》2012年9月26日。

第7章

社会创新及其兴起

在过去的几十年里，全球化给世界带来了翻天覆地的变化，要打造人们理想中的未来实属不易，它需要新的思维方式和新的合作精神。我们需要更加努力地工作，学习更多的知识，教导我们的孩子用书籍和家庭作业来取代遥控器和电子游戏。最重要的是，我们需要在华盛顿制定最终能够反映美国最优秀价值观的政治和政策。

——〔美〕巴拉克·奥巴马

杰里米·里夫金的《第三次工业革命》的出版在世界范围内引起了不小反响。《经济学人》评论道，人类已经进入第三次工业革命。里夫金把21世纪的两种新技术——互联网和再生能源结合起来，探索人类未来新的经济发展模式。

《第三次工业革命》的过人之处就在于它不仅仅就经济来谈经济，而是把适应新经济模式所需要的社会发展模式也描绘出来了。在里夫金看来，第三次工业革命本身就已经包含了正在全球蓬勃发展的社会企业家精神、法人意识和合作精神。这些非经济要素与经济要素密切结合将治理20世纪经济社会发展中形成的种种弊端，尤其是即将打破营利组织和非营利组织各走各的阳关道、营利组织过于强势以至非营利组织步履维艰的局面。社会创新与新产业革命将结伴而来。目前,全球范围内的社会发展正处在一个新的探索阶段,主要在两个方面酝酿突破,**一是**针对社会问题,通过各种途径和平台,在交流和碰撞中形成新的理念和方法,参加交流和碰撞的部门包括非营利组织、企业、政府、专家学者、职业服务供给商、创效评估人员等。**二是**在传统的金融体制内,植入社会和环境效果评价,引导私人资本进入社会和环境领域,产生诸如社会创效证券、小额贷款、小额保险等新的金融产品和组织形式。

一、社会创新的内涵与外延

社会创新(Social innovation)是指与人类新的社会需求有关的新概念、新思想、新战略和新举措等,其范围从工作条件改善、教育变革,到社区发展、公共卫生,甚至拓展到非营利组织领域。社会创新具有交叉意义,它既可以指创新的社会过程,诸如技术方法等,也可以指创新的目的。面对国际国内的复杂形势,关注跨部门的社会创新尤为重要。在这个领域,多学科、多部门的合作更使社会创新成为可能。

社会创新在继承与发展中实现,它通过跨学科和跨部门形成新的组合与组织结构,在新的组织和机构中产生新的功能,形成新的理论。[①] 社会创新理论,尤其是关于社会机制体制的理论可以被视为社会学理论中的"工程学"。它不是关注和研究现有的社会机制体制产生的社会目标,预测和解释这些体制机制的预期结果,而是设定出适当的体制机制来实现设定的目标。"'创新'是指有完全计划的、有确定目标的革新活动,也指新出现和形成的部分领域、机制要素或者在一个已经存在的机制关系框架范围内的行为方式,其目标或者是使已经存在的各种方法、程序实现最优化,或者是更好地满足新出现的和发生变化了的功能要求。"[②]社会创新通过新的方式解决社会问题。解决的方式可以是商业模式,也可以是非商业模式,但必须是有效

---

① http://en.wikipedia.org/wiki/Social_innovation.

② 〔德〕康保锐:《市场与国家之间的发展政策:公民社会组织的可能性与界限》,中国人民大学出版社 2009 年版,第 21 页。

的、可复制的、创新性的。从国际经验来看,社会创新已经覆盖了就业、扶贫、社区服务、医疗卫生、教育等部门。未来它还将覆盖因互联网发展而推动的社会关系的变革和社会结构的调整。

区域性社会创新是通过团结、合作和文化多元化加快地区社会发展的过程。各国都非常关注如何探索和形成新的治理方法。20 世纪 80 年代,加拿大等国进行了一系列的实验,重点放在社区合作和治理,以及地方和区域层面经济生活的社会角色定位。欧洲一些基金组织在城市规划中考虑社会因素,在建设城市网络和减少不利群体或邻里关系紧张等方面开展实验,并对实验结果进行分析论证,纳入地方规划,推动地区社会健康发展。

二、为什么社会创新会发生在 20 世纪后期?

社会创新的概念始于 20 世纪 60 年代的实践探索。社会创新始见于 20 世纪70 年代法国学者的文献中。① 当然,如果作为一个思想去追溯,可以延伸到 19 世纪的思想家的思考和探索,马克思、韦伯、欧文是这类探索的先驱。进入 21 世纪以来,社会创新如雨后春笋,出现了所谓的斯堪的纳维亚国家模式,以及亚洲国家政府在教育、卫生等公共服务的创新等。

(一)现代化进程中的矛盾与困境

在经济领域,“现代化带来了无数的制度安排,如扩大的产权、公司法以及金融制度等。这就为个体从事与新产品和新方法的融资、开发以及营销相关的创新活动,亦即商业创新,开辟了阳光大道。”②事实上,现代化也给社会带来了无数制度创新的机会,只是不像在经济领域,人们还没有放开视野来仔细透视和分析它给现代社会带来了什么,还仅仅局限于从传统的农业社会到工业社会,从乡村社会到城市社会的转变等问题的理解和解释上。实际上,眼下需要考虑的现代社会制度安排至少应当包括社会保险及其辅

① http://en.wikipedia.org/wiki/Social_innovation.

② 〔美〕埃德蒙·菲尔普斯:《现代经济的宏观经济学》,中信《比较》编辑室编:《建立现实世界的经济学:诺贝尔经济学奖得主颁奖演说选集》,中信出版社 2012 年版,第 187 页。

助要素、社会组织以及慈善制度改革创新等。如同在经济领域，社会领域中的机制和体制在严格意义上也不是一个东西。“要记住机制设计的基本思想就是给个体提供激励，以使他能够以确保最优结果的方式行事。”①市场机制是迄今为止最能给个体提供激励的机制，因为它很好地解决了价格与产权和竞争之间的关系。如何设计一个在社会领域中能够激励个体的机制还需要深入分析各种社会条件。目前，现代社会学对于现代社会的研究和认识还达不到现代经济学对于现代经济的认识水平，这也是社会学不能像经济学一样成为一门显学的原因之一。不过，这也为社会学的进一步发展预留了空间。

（二）当代的社会差距与社会冲突

值得关注的是，不论在发达国家还是在欠发达国家都存在着社会差距和贫困问题，这是一个世界性问题。截止到2008年，世界上全部人口中营养不良发生率为12.9%。2011年，5岁以内儿童死亡率为51.4%。2010年，12—23个月儿童麻疹免疫接种率为85.3%。2010年，日均收入不足2美元的贫困人口比重在一些国家达到40%以上，诸如中非、利比里亚、莫桑比克、坦桑尼亚等。在发达国家内部，收入分配问题也十分突出，2000年，美国的基尼系数达到0.4，最高收入的20%占全部收入或消费的比重达45.82%，而最低收入的20%占全部收入或消费的比重仅为5.44%。② 这些都是传统产业和传统经济的结果，需要通过新的产业革命和社会创新加以解决。

（三）反反复复的公共服务创新及其问题

在经历传统的行政管理和新公共管理之后，新公共服务出现了。“新公共服务通过广泛的对话和公民参与来追求共同的价值和共同的利益。公共服务本身被视为公民权利的拓展部分，它是由为他人服务和实现公共目标

① 〔美〕埃里克·马斯金：《机制设计：如何实现社会目标》，中信《比较》编辑室编：《建立现实世界的经济学：诺贝尔经济学奖得主颁奖演说选集》，中信出版社2012年版，第232页。

② 国家统计局：《2013年国际统计年鉴》，中国统计出版社2013年版。

的愿望所促动的。"[①]它"主张用一种基于公民权、民主和为公共利益服务的新公共服务模式来替代当前那些基于经济理论和自我利益的主导模式。"[②]这实质上是对里根和撒切尔倡导的基于新自由主义的新公共管理的否定,如果把传统的公共行政算在一起,就是一个否定之否定的过程。把居民满意的程度和投入产出共同作为公共物品的绩效指标比使用其中的任何单一指标都更能体现公共物品绩效的公共性和经济性。"当评价有关公共物品的决策时,我们通常用'社会净剩余'最大化作为标准:有关公共物品的决策是否使社会总收益与提供公共物品的总成本之间的差值达到最大化?"[③]通常,在这样的决策面前,政府是一筹莫展的。"净剩余最大化的公共物品决策依赖于公众对这些物品的偏好,而无论如何政府也未必清楚这些偏好。"[④]最好的办法是,政府通过合同外包等方式交给营利组织或非营利组织去提供,政府负责推动社会体制改革和社会机制创新。

三、社会创新都创新什么?

(一)探索现代社会创新智库建设

1. 社会创新园区

位于西班牙和法国之间的社会创新园区(The Social Innovation Park)又被称作社会硅谷(Social Silicon Valley)。西班牙政府和地方政府出资600万欧元启动这个项目,旨在为社会企业和社会合作创造经营和发展环境。作为欧洲的一项新尝试,社会创新园区根据社会需求提出新的解决方案,吸纳初创企业、区域和政府组织以及慈善基金会参与,一道工作。园区的研究和开发需求由社会创新学校来完成——培育社会创新模式、开发社会创新方

---

① 〔美〕珍妮特·V.登哈特、罗伯特·B.登哈特:《新公共服务:服务,而不是掌舵》,中国人民大学出版社2010年版,第124页。

② 同上。

③ 〔美〕埃里克·马斯金:《机制设计:如何实现社会目标》,中信《比较》编辑室编:《建立现实世界的经济学:诺贝尔经济学奖得主颁奖演说选集》,中信出版社2012年版,第223页。

④ 同上书,第224页。

法和工具、吸引社会创新人才。慈善组织、非营利组织以及致力于社会创新的企业聚集在一起，一道工作，互相学习，在创新的环境中开发合作。为了促进思想领袖的成长，园区着力培育社会和环境领域的社会企业家精神。社会企业家精神是社会创新园区的灵魂。社会企业家精神意味着要结合独特的市场和经营模式探索有新意的思想、有特色的产品和服务。在园区中，公共部门和私人部门一道评估现有的服务供给模式的得与失，以便使创新方案更加贴近实际。园区也对新出现的创新企业展开培训、提供咨询和进行评估。

新加坡社会创新园区（Social Innovation Park Ltd，SIP）是一个孵化社会企业家和创新者的非营利组织，旨在在全球范围内为建设一个美好社会培育社会创新者。它的动议和项目瞄准教育、授权和提高。作为社会企业家和创新者的孵化器，它努力在全球和地区范围内为充满活力的社会企业发展创造条件。PaTH（Pop and Talent Hub）是新加坡社会创新园区的启动项目，也是新加坡第一个社会企业发展平台。PaTH 通过开发性创新艺术倡导企业家精神，使一些非营利组织从传统管理走向现代管理。通过各种倡导和创新，PaTH 帮助一些组织接触有经验的顾问、网络和商业销售平台，给它们机会去创造可持续的合作经营。与此同时，PaTH 通过推动每个人积极贡献力量给社会来激活人们的心态。PaTH 模式的可持续和成功之处就在于它使受益者和天才的参与者把扩大就业、增加收入等与社区发展联系起来，与企业界联系起来，促进各种各样社会组织的提升。新加坡社会创新园区是全球社会创新者论坛（The Global Social Innovators Forum，GSIF）的发起者。自2006年启动以来，全球社会创新者论坛为全球社会企业家、私人部门领导人、公共部门领导人搭建了一个可以与来自世界各地的人分享创新理念和社会企业家精神，探索如何提高收入和如何增加就业机会等社会创新问题的平台。全球社会创新者论坛的目标是，在教育领域，引领社会企业家精神和社会创新，为变革建立知识储备和思想库；在授权领域，引导领导人支持企业形成可持续的社会影响，形成跨部门的能力以引领社会企业发展；在提高领域，形成对于引领建设一个美好社会的领导者们的认同。卓越人物对话（Giants in Conversation，GIC）是一个来自世界各地的杰出人物的系列活动,它旨在教育和鼓励来自世界各地的、不同背景的个人,培育社会企业家精神和社会创新精神。对话的话题囊括全球趋势、全球问题、有争议的创新以及演讲者个人的故事。谈话系列(Chatter Box)聚焦地方社会企业家和社会创新者,邀请对专门话题有兴趣的参与者参与讨论,他们来自非营利组织、大学、社区组织等。任何对特别话题有兴趣的人都可以被邀请参与。谈话过程中,提出问题和解决问题并行。置身于社会创新的前沿,新加坡社会创新园区拥有一个关系密切、来自地方和全球的私人部门、公共部门、非营利组织的领导人和决策者组成的网络,拥有雄厚的社会创新的知识和资源。

2. 社会创新中心

作为社会企业,多伦多社会创新中心(Centre for Social Innovation, CSI)的使命是在多伦多和全球各地催化社会创新。创建伊始,该中心精心发展自己的社会变迁理论,并以这些理论支撑了它的大部分工作。中心的理论建立在具有三个层次的金字塔之上:空间、社区和创新。金字塔底部是一个物理空间。创新中心对物理空间的设计非常仔细,确保其功能诱人,富于想象力和活力。第二个层次是社区,它是通过一群人有意识地聚集在一起而成为项目共同体。第三个层次是组织起来创新——相互认同的人群、共同的价值和宽松的环境组合起来就会产生意外发现、设计和思想。在这个过程中,制度创新非常重要。没有制度创新就不会产生有成效的结果。制度在激发活力和精心策划中发挥着核心作用,尤其是在应对气候变化和社会福利挑战时如何让小型社会企业和项目参与其中的问题上,制度、法律和规制不可或缺。

(二)实现社会发展资金的可持续性

1. 社会金融

2007年在英国出现了社会金融,它把拥有金融知识、战略思想和社会经验的专家们聚集在一起,去探索具有创新性、可持续和不断发展的投资议题,建立社会投资市场。这一年,英国建立了社会投资银行。社会金融把深刻了解社会问题的专家融入金融框架、金融活动和投资结构中,它的第一个目标是更加具体地探索社会投资银行的细节以及在英国发展社会投资市场的需求目标,为帮助建立社会投资市场提供金融咨询,也为优秀的社会项目寻求资金。它承诺通过设计社会产品推动金融领域的社会创新。社会金融具有双重目的,一方面实现投资回报,另一方面实现社会目标。迄今为止,社会金融已经衍生出了社区投资、小额贷款、社会创效证券、具有可持续性的社会经营和社会企业贷款、以绩效为基础的慈善筹资和与慈善项目相关的投资。澳大利亚社会风险投资项目下的社会创效基金由澳大利亚政府部分资助(大约400万美元),其他来自私人投资者。来自澳大利亚政府的资助放在社会企业发展和投资基金项目名下。以绩效为导向的慈善筹资和与项目有关的投资,有时是指风险慈善,都可以囊括在社会金融之下。在加拿大,促进社会金融的发展,**一是**靠社会企业家精神,**二是**靠更加灵活的国家和地方政策发挥创新。

2. 社会责任投资

社会责任投资(Socially Responsible Investing,SRI)是指可持续的、具有社会良知的、“绿色”的、道德意义上的投资。一般说来,社会责任投资鼓励投资者关注环境改善、保护消费者权益和生物多样性等,避免介入酒精、烟草、博彩、色情、武器等经营活动。社会责任投资关注的领域大致可以归结为环境、社会公正、共同治理等。

3. 社会创效证券

社会创效证券是基于绩效支付的一种社会金融模式,或者叫作根据结果支付。根据结果支付(Payment by Results)是指在公共服务供给过程中,合同文本要求根据服务供给者提供的服务效果支付资金,若是达不到预期效果,可以拒绝支付。这里的结果是指客户的感受和服务效果,诸如在减少犯罪、促进教育发展、增加就业等领域开展效果评价。这就需要委托者、服务提供者和投资者之间达成共识,在合同的基础上规划产出,不仅仅是直接产出,也包括间接产出。社会创效证券也被称作胜者奖励证券,是近年来兴起的一种旨在支持私人部门、非营利服务提供者和政府有关部门一道合作致力于促进满足个人和社区发展需要的金融工具。波士顿的社会金融公司是一家非营利创效投资组织,其工作是把高效的非营利组织与资本市场有机结合起来,推动社会发展。作为一个独立投资和管理机构,波士顿的社会金融公司推动它在英国的分支机构——社会金融有限公司(Social Finance, Ltd.)利用社会创效证券探索减少刑释解教人员的再犯罪。社会创效证券是福利体系的重要补充,一方面,它为福利机构解决了资金不足的问题,另一方面,它满足了不断增长的社会福利需求。

社会创效证券从私人和基金会筹措资金,支持促进社会进步的非营利预防项目,节省政府支出。如果独立的评估部门和专家证明非营利组织获得预期的社会效益,政府将再支付给投资者一定的资金。世界上第一个社会创效证券由英国社会金融有限公司于2010年秋季发行,17名投资者参与这一证券,该证券的目的是通过资助有经验的社会组织,诸如基督教青年会等,降低离开监狱后的刑释解教人员的重新犯罪率。项目规定,6年内这些社会组织帮助大约3 000名刑释解教人员重归社会。如果这种主动干预达到预期目标,投资者可以得到政府的补偿。干预的效果越高,得到的补偿也越高。补偿的范围在2.5%至13%之间。自从第一个社会创效证券发行以来,人们对其兴趣与日俱增,澳大利亚、加拿大、爱尔兰等国家也开展了有关探索。社会创效证券的目标是,提高社会效益,减轻纳税人的负担,把绩效风险从政府转向投资者——一个更乐于冒险和善于冒险的群体,同时,用长期资金供给来鼓励绩效明显的非营利组织探索社会问题的解决方式。

伦敦的一项社会创效证券出资500万欧元支持St Mungo's和Thames Reach两个组织安置无家可归者,规定如果它们在三年内达到预期目标,大伦敦机构(Greater London Authority, GLA),即社会创效证券的委托方,将支付投资者500万欧元的投入。这是一个适应各个方面的制度安排。大量无家可归者露宿街头,通常占用政府的公共设施,诸如应急避难所等,需要政府管理。如果社会创效证券能够支持社会组织解决无家可归者问题,政府就可以节省大笔开支。与此同时,把公共支出置于社会和市场压力下,只有达到预期目标,纳税人方可罢休,投资者也有法定的回报。对服务提供组织来说,诸如St Mungo's,它们得到的资助,与政府购买公共服务或合同外包比较起来,数量大、周期长。这类投资方式是比较适合一些特定服务和社会问题的,比如无家可归者、吸毒者或刑释解教人员,对于这类人群的帮助或者改造非一日之功,需要时间,需要方法,需要耐心,这些都需要探索长周期下的资助方式。对无家可归者采取社会创效证券方式的支持，是自2010年秋季发行减少离开监狱后的刑释解教人员的重新犯罪项目之后在英国发行的14个社会创效证券之一。它在世界各地赢得了不少的追捧者，目前，美国有三只社会创效证券，一只在纽约，2012年纽约用于监狱问题，两只在波士顿，还有28个申请项目在待批中。

在“发展创效证券”名义下，社会创效证券正在成为一个新兴市场。研究者也在探讨社会创效证券在发展中国家的应用问题，他们指出，由于社会安全网比较脆弱，与发达国家比较，发展中国家的政府偿还投资者的能力有限。所以，由国际开发机构担任担保者来开展会更合适一些。随着推动社会创投证券呼声的提高，相关问题的研究也需要深入：一些实施多年、也有效果的项目并不能引起投资者的兴趣。在发展中国家，计量产出的数据很关键。除此之外，投资者更加关注于是不是有更多的经济回报。英国彼得伯勒的社会创效证券把人们的胃口吊得很高，一旦实现再犯罪率每年下降到足够程度，投资者就可以得到高于13%的回报，但是若是再犯罪率达不到预期的话，投资者将失去所有资金。这样的股市风险不能吸引更多的人参与。也有人建议把社会创效证券改造为一个债务工具更好一些。不过，在美国，特别是在波士顿，社会创效证券还在试验阶段，有人将其称为一项“伟大的试验”。

4. 社会创效企业

成立于2010年的“香港有光社会地产有限公司”是一家创效企业，它利用市场方法，通过房地产业开发创造经济效益和社会效益，在实现企业盈利和持续发展的同时，解决贫困问题。该公司的创效项目——“光房计划”，把福利组织、物业组织、学者和志愿者组织起来，联合生产，开展社会创新。“光房计划”的主要做法是：物业投资公司把私人房产以合租方式租给住房困难的单亲家庭，单亲家庭视自己的支付能力交房租，租金一般会低于市场价格。“光房计划”是香港社会创投基金的品牌项目。项目不仅解决了单亲家庭的住房问题，还使这些家庭建立了和谐的、守望相助的邻里关系。在“光房计划”的平台上，福利组织、物业组织、学者和志愿者组织设计了各种扶贫项目——食物银行、日用品超市、就业培训和职业介绍等。

5. 社会投资基金

社会投资基金(The RSF Social Investment Fund)代表了一种新的社会金融方式:取得社会和环境目标的同时获得利润回报。社会投资基金为社会企业借贷项目提供抵押贷款,专门为促进社会福利和环境改善设立金融、信贷资金在线服务。自1984年以来,社会金融(RSF)一直对其社区投资者保持100%的回报率。通过这个项目,社会投资基金已经向社会企业投入2.5亿美元。为促进社会公正,国际劳工组织社会金融项目支持把金融服务拓展到被排斥人群,主要强调两个目标,**一是**促进更高质量的就业,**二是**关注贫困工作人群,减少其弱势特征。所谓更高质量的就业是指创造更多的工作岗位,以及通过创新型金融服务以及有利的政策措施提升就业质量。所谓减少弱势特征是指为贫困工作人群提供适当的风险金融管理服务,包括小额保险等,提升其发展能力。

6. 参与型非营利组织

参与型非营利组织是一种"全新的组织","这种组织首先是为公共事业服务的,比如运营一所医院,并且不以营利为目的,但是又与传统的非营利组织稍有不同。参与型非营利组织可以发行股票,购买这类股票等于向慈善事业捐款,也可以由此享受税收方面的优惠。出售此类股票不用交税,前提是将出售所得全部捐赠给其他慈善事业,比如再次买入其他参与型非营利组织的股票。""对于做善事的人而言,如果是以传统方式给非营利医院或大学捐款,那么钱捐出去之后就和自己没有关系了,但是如果以购买参与型非营利组织股票的形式捐出资金,那么这个善举和捐赠人之间还会一直维系着关系。购买此类股票的人会对这个组织产生一种心理上的期望,就像普通股东一样。"①参与型非营利组织可以说是对当前非营利组织概念的进一步拓展。

---

① 〔美〕罗伯特·希勒:《金融与好的社会》,中信出版社2012年版,第299页。

第8章
公共服务提供面临新挑战

昨日是而今日非矣，今日非而后日又是矣。

——李贽

当前，几乎每个人都会感受到，改革是决定中国前途命运的关键一着。在公共服务领域如何改革，还需要有具体的思考和探索。中国在新的历史时期的公共服务建设行为选择取决于正在生成的新的经济、社会、行政和文化环境。在国民经济和社会发展成长新阶段，政府如何决策？社会集体如何决策？这就是新的社会选择。这里还包括社区怎样就其内部事务进行决策等。毫无疑问，变化中的经济、社会、政治和文化必将改变人们的决策行为，问题的关键是，怎样确定正确的行动。

一、经济需要转型升级

（一）把保障民生作为内生动力

当前，全球经济危机呈现长期化趋势，经济复苏乏力，失业问题严重，政府债务规模庞大，金融改革缓慢。中国经济正在从高速增长向中速增长转换,面临下行压力、产能过剩、投资效率低下等一系列问题。“过去10年中国经济出现了各种不平衡问题,如果中国想要继续保持与近年来持平的经济增长速度,就必须建立根本性的增长模式。这些不平衡问题包括:个人消费占国内生产总值的比重非常低,而投资比重过高;制造业规模太大,服务业规模太小;官方持有前所未有的巨额外汇储备。……中国房地产投资规模越来越大,增长速度很可能不可持续。”①目前就中国经济是否能够一如既往地保持高速发展,学界还在争论。但是,新一届政府以稳增长调结构为主线的发展思路以及2013年以来采取的一系列措施已经彰显政府推动经济发展进入健康持续轨道的决心。事实上,国内外环境变化要求中国经济必须进入结构调整和健康发展轨道。2008年,中国应对国际金融危机冲击,采取了一系列政策措施,经济经历了短暂下滑后迅速回升,到2010年年初达到一个高点,之后又开始下滑,到2012年底出现企稳反弹。2013年的经济总体平稳,但继续下滑,在一季度实现7.6%的基础上,二季度实现了7.5%的增长速度,到2014年第一季度下滑到7.4%,一些省份甚至下滑到4%。如何看待这一轮经济回落?是短期下滑还是长期趋势?国务院发展研究中心的报告认为,“两年前,我们在研究的基础上,提出了一个基本判断,即中国经济的潜在增长率将会下一个较大台阶,进入由高速增长阶段到中速阶段的转换。”②目前,这一判断似乎在得到越来越多人的认同,即我国经济正在经历一个由快速增长到稳步增长和结构调整并举的时期。“十三五”时期,我国经济社会发展呈现的特点可能包括,经济呈中速增长,大约保持在5%—8%,经济结构转型升级加速。中国经济要持续发展,必须摆脱单纯靠打“强心剂”的路径依赖,把深化改革、扩大开放摆在更加突出的位置。实现从粗放型到集约型,从出口导向到内需拉动,从投资推动到消费支撑,从成本优势到市场创新,从政府主导向以市场为基础的经济增长方式转变,从过去的重GDP到更加关注民生。

从更大方面看,全球经济正在步入长期的结构调整时期,其实质是酝酿

---

① 〔美〕尼古拉斯·拉迪:《中国经济增长,靠什么》,中信出版社2012年版,第XIV页。

② 刘世锦:《中国经济增长十年展望(2013—2022):寻找新的动力和平衡》,中信出版社2013年版,第1页。

新的产业革命。“经济危机通常会10年发生一次。”[①]但是从2008年开始的国际金融危机有点特殊。这个阶段的经济转型升级不仅仅包括由粗放型向集约型的转变,还可能包含了新的产业革命的内涵。杰里米·里夫金的《第三次工业革命》的出版在世界范围内引起了不小反响。《经济学人》评论道,人类已经进入第三次工业革命。里夫金把21世纪的两种新技术——互联网和再生能源结合起来,探索人类未来新的经济发展模式。《第三次工业革命》的过人之处就在于它不仅仅就经济来谈经济,而是把适应新经济模式所需要的社会发展模式也给描绘出来了。在里夫金看来,第三次工业革命本身就已经包含了正在全球蓬勃发展的社会企业家精神、法人意识和合作精神。这些非经济要素与经济要素密切结合将治理20世纪经济社会发展中形成的种种弊端,尤其是即将打破营利组织和非营利组织各走各的阳关道、营利组织过于强势而使非营利组织步履维艰的局面。社会创新与新产业革命将结伴而来。目前,全球范围内的社会发展正处在一个新的探索阶段,主要在两个方面酝酿突破,**一是**针对社会问题,通过各种途径和平台,在交流和碰撞中形成新的理念和方法,参加交流和碰撞的部门包括非营利组织、企业、政府、专家学者、职业服务供给商、创效评估人员等。**二是**在传统的金融体制内,植入社会和环境效果评价,引导私人资本进入社会和环境领域,产生了诸如社会创效证券、小额贷款、小额保险等新的金融产品和组织形式。信息化和新媒体引发的公共服务革命日新月异,“由于信息不对称,按需定产而没有库存在工业化时代是可望而不可即的,但在信息化时代,信息的沟通、需求的聚合都因互联网而变得轻而易举。”[②]在北京,3D打印植入物已经进入临床阶段,北京大学第三医院团队在脊柱及关节外科领域研发出了几十个3D打印脊柱外科植入物。[③] 科技部已经将3D打印编入《国家高科技支撑计划制造领域2014年度备选项目征集指南》,据悉,国家工信部也在考虑对3D技术及其发展进行顶层设计,编制发展规划。目前,我国3D打印实

---

① Olivier Blanchard, etc, *In the Wake of the Crisis*, the MIT Cambridge, Massachusetts, London, England, 2012, p. 169.

② 《C2B开启个性生产新时代》,《人民日报》2013年7月3日, 第10版。

③ 《北医三院骨科:3D打印植入物已经进入临床阶段》,《人民政协报》2013年7月3日。

现的产值在3亿人民币左右,占世界的3%。不过考虑和计划开发3D技术和产业的地区却不少,诸如珠海、青岛、成都等。[①] 在这样的背景下,中国需要支持新的创新体系,大力发展各类交易市场和交易方式,以及与之相适应的公共服务体系。

(二)以深化财税体制改革明晰政府制度安排者角色

国务院机构改革和职能转变方案要求,要加快行政审批制度改革,把该放的权力放掉,把该管的事务管好,激发市场主体和社会主体的活力,增强经济社会发展内生动力,并承诺在本届政府任期内由国务院部门实施的行政审批事项减少1/3以上,彰显了党中央国务院加快推动改革的决心和信心。根据国务院机构改革和转变职能的构想,行政审批权下放、压缩和转移主要是面对市场、社会和地方政府,这就要求厘清政府与市场、政府与社会、中央和地方政府的边界,要对经济调节、市场监管、社会管理和公共服务的具体形式、主要内容、服务对象细心研究,精心分类,制定出符合现阶段中国国情的规则和标准,找准切入点。深化政府改革关键在于打破利益格局,就政府来说,打破利益格局的核心是财政体制改革。政府改革关键是要从"事"和"财"入手。从"事"入手,就是要进一步明确中央政府与地方政府、政府与企业、政府与社会的边界,明确各自的职责。从"财"入手,就政府本身来说,主要是中央和地方政府的财力划分问题,就企业和社会组织与政府来说,就是政府在公共服务领域如何购买服务的问题。"从收入结构看,在取消预算外收入后,地方财政收入包括地方财力、基金收入以及债务收入。基金收入中绝大部分是土地出让收入,以2011年为例,土地出让收入为33 477亿元,占全部基金预算收入的75.3%。全部土地出让收入中中央收入305亿元,地方收入33 173亿元,占全部土地出让收入的99.1%,占地方基金收入的86.8%。土地出让收入已经成为地方政府可支配公共收入的重要组成部分。2007年土地出让收入占地方一般预算收入比重为50.9%,2011年这一比例上升到63.9%,五年间比重值最高的2009年为85%。2007年土

① 《地方争食3D打印百亿市场》,《经济参考报》2013年7月30日。

地出让收入占地方一般预算财力的比重为34.6%,2011年这一比例上升到44.2%,五年间比重值最高为2009年的56.8%。”[①]2013年上半年,基于全国经济下行压力的大环境,地方财政收入增幅均出现不同程度的下滑,尤其是2012年税收增幅较大的省份,下降幅度也比较大。不过,受益于年初推出的“国五条”政策,2013年上半年房地产收入异军突起,成为地方财政收入增长的中坚。2013年上半年,中央财政收入32311亿元,同比增长1.5%;地方财政收入(本级)36280亿元,同比增长13.5%。而2012年上半年,地方财政收入增长14.4%,2013年上半年同比下降了0.9个百分点。在财政收入中,中央收入更低于地方收入。在地方财政收入的报告中可以看到,地方财政收入大多是两位数增长,而地方财政总收入上则大多是个位数增长。比如,2013年上半年山西省公共财政预算收入完成969.6亿元,同比增长18%,而财政总收入为1572.3亿元,同比仅增长5.5%。防范和化解地方政府融资平台债务、房地产泡沫、严重产能过剩和影子银行等重大风险必将对地方财政产生影响。最近,美国著名的“汽车之城”底特律正式申请破产这一事件值得中国引以为戒。底特律是美国历史上申请破产保护的最大城市,尽管中国地方政府“破产”的案例前所未闻,但在国内,地方政府债台高筑的现象确实比比皆是,因此,要把有效防范地方政府性债务、信贷等存在的风险放在重要位置。各地高耸林立的楼房,空空荡荡,不能不引起人们的高度重视。即使各处楼房各有其主,考虑交通便利和公共设施的缺乏,这些房地产何时能够得到充分利用还真值得思考。

(三)以多样化服务满足基本公共提供新要求

纵观历史,基本公共服务体系建设,要么是为社会秩序体系继续运转,要么是为保持经济体系的运转而建立的,前者的典型例证是19世纪后期德国的铁血宰相俾斯麦,后者是20世纪30年代的罗斯福,政治家会着眼于更大的问题来采取具体的措施。这既是政治家的过人之处,也是政治家的不足之处,因为政治家在大多数情况下要首先解决眼前的问题,同时有可能为

① 财政部财政科学研究所课题组:《从源头规范地方政府土地出让行为》,《经济参考报》2013年7月31日。

下一阶段的发展创造出了新的问题。当前,我国经济进入新的历史阶段,中长期保持中速或低速发展可能会成为中国经济的常态。在这样的背景下,伴随经济高速增长不断扩大的财政规模面临萎缩,各种社会问题和矛盾会暴露出来,创新可持续的基本公共服务供给模式必须提上议程。推进新型城镇化不仅要解决好流动人口的市民化问题,还要通过城镇规划和建设提升居民的生活品质。城镇的特性要体现社会安全、社会交往及孩子们的同化。举例说,人行道一方面要体现承载行人走路的功能,还要体现街道安全,不受野蛮行为和恐怖行为的侵扰。城镇街道的安全一方面需要政府来维持,另一方面更需要形成一个社会氛围和社会风气。这实际上是说,街道也要发挥社会交往的功能,"如果城市人之间有意义的和重要的接触都只能限制在适合私下相识的过程中,那么城市就会失去它的效用,变得迟钝。"①另外,街区公园、城市街区、老建筑等,都有其社会功能,这是我们在推动以人为中心的新型城镇化过程中千万不能忽视的。毫无疑问,仅仅注视问题的一面,那就会造成单调、缺乏活力的城市发展,最终会孕育自我毁灭的种子。充满活力、多样化和多种用途的城市是其不断自我发展的内在动力,这是当前我们在推进新型城镇化进程中需要注意的,千万不能以一种倾向掩盖另外一种倾向,现行体制往往会造成这样的结果,新型城镇化还需要新型的思维方式、体制机制和管理模式。以人为中心的城镇化,包含了更加丰富的内容,要求我们有更大的想象力。现代城镇规划还要防止另外一种倾向,就是仓储式超市的激增对于居民参与社会治理、社会交往的摧毁。从经济上来说,这类购物方式给人们带来便利,价廉物美,但是,它对于就业、社区生活、基层社会特色和环境都带来巨大损害。美国最近的研究发现,"沃尔玛这种大型超市似乎与投票的选民减少有关,标志着民众参与度降低。"②美国的研究还发现,凡是建立沃尔玛的社区,10 年内社会资本都会下降。把这个问题延伸到中国,情况也不容乐观。中国住房私有化,尤其导致大量住房向少数人手中集中,产生了大量的"鬼城"或者空房率很高的社区,这样的社

① 〔加拿大〕简・雅各布斯:《美国大城市的死与生》,凤凰出版传媒集团、译林出版社 2006 年版,第 40 页。

② 〔英〕戴维・博伊尔、安德鲁・西姆斯:《新经济学》,中信出版社 2012 年版,第 159 页。

区。一方面,居民参与率低——很多人不来社区或不常住在社区,对社区的日常管理事不关己、高高挂起。突出表现是,对社区越不熟悉,参与的热情缺乏,社区越来越混乱。居民没有信心,最终导致社区环境恶化、资产贬值,社区走向溃败。另一方面,对于社区生活和环境不熟悉,不知道和无法参与,造成管理上的种种问题。这些事实告诉我们的道理是:效率不等于有效。20 世纪70 年代,美国芝加哥的警察启用了巡逻车,但是城市犯罪仍然居高不下,究其原因,巡逻车和警察虽然可以提供震慑性的服务,却无法把分裂的社区凝聚和整合起来。整合起来的社区需要交往、公众参与公共事务,形成对于公共利益的认同。公共利益需要一种"共生"的社会关系来维护,"如果没有普通人积极参与社区活动,为社区贡献时间和精力,政府仅凭制定规范和目标难有作为。"①

问题的实质是,地方政府以高价把土地卖给了开发商,开发商必须以高价把房子卖出去,物业公司是开发商的分支机构,也必须遵循利益最大化原则收取物业管理费,一个个抱着炸药击鼓传花,到了谁的手里都是烫手山芋,最终是业主倒霉。中国在过去几十年的土地开发中不仅埋下了地方债务的地雷,也埋下了社会冲突的地雷,业主与物业,甚至与开发商之间的冲突,最根本来自于地方政府谋取高价格土地和暴利般的财政收入。不要低估了土地财政的经济成本,更不要忽视财政的社会成本。土地财政的社会成本又分为两部分,一部分是当初为了吸引投资,地方政府不惜强行拆迁引发的社会冲突,另外一部分是地方政府以高额地价卖给开发商土地,开发商为了回收高额付出强加给房主的各种成本,这些成本会在居民入住以后逐步暴露出来,直接的矛盾是业主与物业公司或开发商之间的矛盾,最终还是要由政府通过"维稳"来解决。地方政府在自身的经济社会发展中埋下了短效和长效炸弹,对此要有清醒认识。何时引爆,要看各种矛盾积累到什么程度。

(四)告别模仿和追赶战略

我们现在生活于转型时代。就世界而言,当前经济形势处于低迷实质

① 〔英〕戴维·博伊尔、安德鲁·西姆斯:《新经济学》,中信出版社 2012 年版,第 165 页。

是第二次工业革命接近尾声和第三次工业革命刚刚启动这样一个转型时期经济自身的阵痛。新旧产业处于胶着状态,仅仅依靠传统意义上的认识工具已经捉襟见肘,要么理解不了经济发展中出现的起伏波动,要么拿出的方案不能奏效。

面对当前的经济形势,众说纷纭的实质是没有从传统意义上的宏观调控思维模式走出来。自2008年国际金融危机发生以来,各国政府、企业界、经济学家,甚至普通的老百姓一直就如何拉动经济增长进行热烈讨论,采取货币政策还是财政政策?稳定市场预期等建议层出不穷,但是见效甚少,究其原因,主要还是难以摆脱传统的宏观调控模式。大机器生产和拥有丰富的石油使美国成为第二次工业革命的主导者和旗手。赢者通吃,经济上的成功使美国在长达一个世纪的岁月中不断推出自己的标准化的、大规模的、连锁式的产品和服务——通用汽车、电子产品、麦当劳、肯德基,进而是《泰坦尼克号》等文化产品,以及美式民主。2008年美国爆发的金融危机,也暴露出其自身的特点和问题,迫使人们探索发展道路的多元特质。

人们长期陷入的路径依赖是,充分就业。在不改变既定条件,包括工作方式、工作空间布局、劳动时间等因素的条件下,充分就业几乎成了一个不可能实现的目标。况且,为了建设小政府,各国政府也在精减人员,在税收监管、社会保障经办、兵役等诸多方面引进了智能技术。当前中国大学生就业难实际上是中国按照传统的产业革命需要设置了相应的课程和教学方式,而在现实中,劳动密集型的重工业接近尾声,难以吸纳更多人就业的结果。再加上,教育的产业化把应试教育推向极致,无以复加,使培养出来的人才难以与家庭、社区、社会、产业接轨,其结果是人力、物力和财力的极大浪费。在传统产业下,智能技术的应用越来越广泛,使得市场就业机会越来越少。

(五)告别投资和外贸依赖

与发达国家不同,我国的消费市场远远没有得到开发和培育。高储蓄率意味着民间蕴藏着巨大的消费潜力,当务之急的宏观政策是找对路子来开发这些潜力。

加大力度完善社会保障体系。完善社会保障体系能够增加居民收入，提高居民消费水平。发展中国家的社会保障建设可以成为新的增长点。如果把社会保障体系建设延伸到农村，所产生的刺激消费效果将更明显。让老百姓没有后顾之忧地消费，业已成为扩大内需的关键所在。加大完善社会保障体系力度有助于解决我国投资比重过高，消费比重过低，对外依存度过高的发展方式。

一是继续深化存量改革，就是计划经济遗留下来的机关事业单位养老金改革。从这个意义上说，养老金的顶层设计就是在进一步完善增量改革的同时，深化存量改革，在改革过程中使二者逐步并轨，最后形成统一的养老金制度。当然，在这个过程中，也要看到公务员和事业单位的养老保险制度改革的复杂性，尤其是公务员，这是一个特殊群体，完全用市场方式来改革公务员的养老保险和福利制度，既缺乏国际惯例，也缺乏理论基础，需要认真研究，找到切实可行的解决办法，不可一刀切。

二是通过创新实现增量改革，就是改革开放以来在计划经济体制外逐步建立起来的城镇职工养老保险、城镇居民养老保险，以及新型农村养老保险，这些保险制度的发展不平衡，有的已经比较完善，有的刚刚搭建起制度框架，需要进一步完善。还有的需要借鉴国内外经验进一步深化改革。实行增量改革必须积极应对发展中出现的新问题，诸如老龄化快速来临、抚养压力加大等。重启改革，一方面是进一步深化未完成的对计划经济体制的改革，就是进一步扩大和深化存量改革，另一方面还要对改革开放三十多年来制定出的改革政策中已经不适应当前发展要求的部分进行改革，这就是完善增量改革。换句话说，在计划外生长起来的市场经济需要创新，在计划内尚未完成的改革需要继续，当前是一场在发展中不断面临新问题的增量和存量叠加的改革，难度可想而知。如何使叠加的各部分有机结合起来，需要从时间、空间上谋篇布局，这就是所谓的顶层设计，在此基础上进行全面深化改革。

三是以平常心对待养老金改革问题。改革不是中国独有的阶段性现象，而是世界各国面临的共同问题，罗斯福建立美国的社会保障体系是对美国传统的社会福利制度的改革，小布什对社会保障体制的改革是对罗斯福以来的美国社会经济环境发生巨大变化导致原有的社会保障制度难以适应现实需要而进行的政策调整。撒切尔在20世纪80年代对政府公共服务的改革是对传统的福利国家体制的改革。撒切尔、梅杰等实施以市场为导向、以经济效率为目标的改革,率先在公共部门引入竞争机制,这种以自由主义和市场化为导向的改革,将传统意义上的"国家照顾"转变为"社区照顾",减轻了国家的负担,拓展了公共服务的内容和公共服务的供给方式。2010年,卡梅伦执政后进一步改进公共服务体制机制,发挥社区和社会组织的作用。改革是各国发展中的常态现象,应以平常心对待改革,包括养老金体制机制的改革。

四是把确保老年人的基本权利摆在核心位置。养老金改革的核心是如何确保老年人基本权利的问题。国际劳工组织提出的有关基本社会保障权利的"核心内容",认为基本社会保障应当包括:基本医疗保健、家庭基本福利、老年人和残疾人的基本养老保险。提供基本社会保障是政府的义务。把社会保障作为人类的基本权利也是许多其他国际组织的一贯做法。《世界人权宣言》第22条阐明:"每个人,作为社会的一员,有权享受社会保障,并有权享受他的个人尊严和人格的自由发展所必需的经济、社会和文化方面各种权利的实现,这种实现是通过国家努力和国际合作并依照各国的组织和资源情况。"这个论述表明了实现社会权利的基本原则:人人应当享有,国家积极介入,与国家经济社会发展水平相适应。基本社会保障是满足所有社会成员的保障,它不仅要覆盖在正规部门就业的人员,也要覆盖自雇就业者、兼职人员和没有固定工作的劳动者,确保他们在患病、失业、年老、病故、生育、意外伤害时的基本生活。

2014年4月10日,在博鳌亚洲论坛年会开幕式上发表演讲时,李克强总理强调中国不会为经济一时波动而采取短期的强刺激政策,而是更加注重中长期的健康发展,努力实现经济持续健康发展,向世界展示了运筹帷幄的思维和乐观向上的心态。

告别短期强刺激,中国经济如何实现长期持续发展?李克强总理给出的答案是:向改革、调结构和改善民生要动力。他特别指出,13亿人口的中国是世界上最大的消费市场,通过保障和改善民生,内需对经济增长的拉动作用将不断增强。做出这样一项重大决断绝非易事,正如诺贝尔经济学奖得主克鲁格曼所说的,“短期增加福利的行为是不会受到责难的”,这就是说,人们习惯了眼前获利,而不会考虑长期后果。对于这个问题,个人不考虑,群体不考虑,情有可原,但是,政府必须考虑公平的可持续发展问题。

(六) 用大周期思路和心态对待经济增长

告别短期强刺激,是打造中国经济升级版的经济政策升级版。它表明,中国经济政策将以公平正义和可持续的方式达到长期社会福祉最大化的目标。经济政策必须关注真正的经济稳定和可持续的、公平的长期增长,并兼顾增长、就业和人民福祉。它也需要中国的决策者和人民用大周期思路和心态对待经济增长。

根据历史经验,短时间内部分经济指标转好并不意味经济走出低谷,同样,短时间内部分经济指标变坏也不意味经济就进入低谷。**一是**指标问题和数据问题。当前很多经济数据不仅需要从经济上来理解,还需要从历史和政治上来解释。而且这些指标和数据未必能够说明全部事实。理由是一些统计指标形成于 19 世纪末期,是用来描述悠闲经济活动的,而我们当前处在一个前所未有的全球化时代,信息技术为基础的经济社会全球化改变了一切:金融工具日新月异,科学技术不断创新,国际贸易快速发展,等等。在全球化下,对经济基本面的判断至少应包括 GDP 增长率、失业率、政府预算赤字、经济体的经常项目、外债占 GDP 的比重、出口收入占总债务的比重、进出口数量限制、进出口关税等。到目前为止,人们对经济危机的机理还是没有说得很清楚,就像 20 世纪 30 年代的经济大萧条一样。对于那次危机,狄克逊・韦克特说,“究竟是生产过剩,还是生产不足,是银行的运作和方法的创新,还是希望或恐惧的歇斯底里,抑或是太阳黑子,这些并不清楚。”到目前为止,仅就这场国际金融危机对我国的冲击程度,也还没有能够说得很清楚。**二是**根据历史经验,面对严重的经济衰退,对决策者和政策研究者来说最大的忌讳就是过早乐观。当年美国总统罗斯福一看到复苏迹象出现,就对新政期间建立起来的一些重要机构进行削减并实施增税政策,结果使经济大萧条卷土重来,一发不可收拾。日本对在“消失的十年”中挽救经济的政策略加放松,结果是经济迅速陷入停滞。还有,2001 年的经济衰退持续了八个月的时间,但失业率在以后的一年半内持续上升。这样的现象也发生在 1990 年至 1991 年的经济衰退时期。历史的经验值得注意。

二、政府治理模式创新

国务院机构改革和职能转变方案要求,要加快行政审批制度改革,把该放的权力放掉,把该管的事务管好,激发市场主体和社会主体的创造活力,增强经济社会发展内生动力,并承诺在本届政府任期内由国务院部门实施的行政审批事项要减少 1/3 以上,彰显了党中央国务院加快推动改革的决心和信心。

千里之行,始于足下。审批放权,要深刻认识到政府改革的复杂性和艰巨性,在理论上大胆探索,在思路上改革创新,在设计上精心细致,在实践上求真务实。当前,要进一步明确,哪些权力需要下放、压缩和转移,哪些需要根据实际情况完善和增加。政府职能转变,要有破有立。这就涉及明确审批放权的边界问题。国家在 2004 年对项目核准做出明确规定,要求凡是涉及国家经济安全、重要资源、主要河流、污染严重和能源消耗大、涉及国家重点建设项目的投资必须由国家核准。当前,要根据新形势下的新情况,在科学发展观的指导下,进一步明确审批放权的边界。

明确审批放权边界的意义在于真正实现本次改革的目标——政府职能转变。当前需要注意的是,在利益格局还在调整中和新的利益格局协调机制没有建立起来的情况下,要防止一些部门和地方以"凡是市场能办的交给市场,凡是社会能办的交给社会,凡是地方政府能办的交给地方"为借口,把一些不该下放的下放了,而一些需要下放的却留下了,使现有的利益格局进一步固化。尤其是要注意一些部门把权力和利益下放给自己所属的事业单位,肥水不流外人田,既造成改革目标难以实现,也为下一步改革带来更大困难。

根据国务院机构改革和转变职能的构想,行政审批权下放、压缩和转移主要是面对市场、社会和地方政府,这就要求厘清政府与市场、政府与社会、中央和地方政府的边界,要对经济调节、市场监管、社会管理和公共服务的具体形式、主要内容、服务对象细心研究,精心分类,制定出符合现阶段中国国情的规则和标准,找准切入点。

(一)明确审批放权边界的原则

1. 从国情和阶段性特点出发

世界上没有政府的“最好”模式,也没有通向服务型、责任型、效能型、法治型、和谐型和廉洁型政府的唯一途径。人们对政府职能的态度在不同的历史时期也不一样,随着时间、地点的不同,细节上会有所差异。例如,在美国历史上,政府监管最初发生在州和地方政府,到了19世纪晚期,联邦政府才介入到监管领域。每一次经济危机都是美国联邦政府扩权的重要契机。“人们关于政府的职责范围是什么或者应该是什么的讨论,似乎始终没有结论。”①世界上不存在一般意义上的政府与市场、政府与社会、中央政府与地方政府的关系模式,由于各个国家的历史、文化、经济、社会和体制背景不一样,政府与市场、政府与社会、中央与地方政府关系组合方式也不尽相同,这也是为什么迄今为止会在世界范围内出现并存在着自由市场体制、国家市场体制和社会市场体制等不同经济模式的原因。一般说来,尽管都是市场经济,美国政府在市场中的作用相对小一些。

一个国家走向市场化的阶段不同,市场化程度不同,政府与市场、政府与社会、中央与地方政府关系的表现方式也不一样。因此,要仔细研究政府与社会关系的不同表现形式。正如诺贝尔经济学奖得主约瑟夫·E.斯蒂格利茨(Joseph E. Stiglitz)观察到的,“政府失灵问题由来已久,这是私有化浪潮迭起的缘由。可私有化又引发了市场失灵问题。在那些市场与社会目标迥然不同的行业,市场失灵问题可能更为严重。在这些行业,要确保私有部门与社会需要及期望相吻合,看来并不是一件易事。”②中国经过三十多年的改革开放,社会主义市场经济体制框架基本确立,但重点领域关键环节的改

① 〔美〕理查德·塞拉:《扭转金融衰退——1789年以来的政府和金融体系》,〔美〕普莱斯·费希拜克等:《美国经济史新论》,中信出版社2013年版,第104页。

② 〔美〕热拉尔·罗兰:《私有化:成功与失败》,中国人民大学出版社2013年版。

革任重道远。当前,要在坚持社会主义市场经济改革方向的前提下,深入研究现阶段中国发展的历史、社会、文化和阶段性特征,探索符合中国国情的政府、市场、社会以及中央与地方政府的边界。

审批放权要全面考虑实现改革目标的制度环境,不能单兵独进。这次改革取消了"非营利性科研机构认定"和"国家级示范生产力促进中心认定",改革后,这些过去依靠政府审批获得地位、信誉和资源的机构要面对还没有彻底改革的国有科研机构,意味着这些机构今后要完全依靠自己的研究能力、工作水平和社会影响在经济社会发展中求生存、求发展、求壮大,与目前处于改革前夜的国有科研机构进行竞争。这就是中国特色。这自然需要加速国有科研机构改革,否则,竞争环境不公平,何以谈发展?更值得进一步说明的是,非营利性机构与企业比较,更注重员工的生活水平,在意提高产品质量。非营利组织更关注员工津贴,企业更关注利润。当前,与事业单位比较而言,在中国,无论是人事制度,还是社保制度,都不利于非营利组织。还有,最近党中央国务院对于发展智库高度重视,很多非营利性科研机构将会随着社会需要逐步发展成为思想库或智库,问题是,现在政府的智库很多,如何与政府智库展开竞争,这需要加快政府自身的改革和建设。

审批放权政策的实施一定要考虑中国目前地域和城乡之间的巨大差异。尽管政府在解决外部性问题上作用很大,然而政府在管制问题上并不是万能的,有时会使问题的解决变得更加复杂。特别是当一个国家内部差异较大时,更会出现这种情况。例如,面对当前百姓关注的食品安全问题,企业会通过各种途径来打造产品的品牌和提高产品的声誉,以赢得消费者的信任,一些行业协会也会向消费者提供产品质量信息,甚至一些研究机构和专家学者也会加入到这个行列中来,政府也同样会确保产品质量进行投资。这就需要研究,到底哪个机构来做这件事情更好?在一个社会结构呈多元化和区域差异较大的国家,解决问题的灵活性到底是政府介入最大,还是市场介入最大?有时候,一个行业在供给领域实行自然垄断可能更有利于保护消费者,可是在生产领域实行竞争可能更有利于降低生产成本和价格。在自由市场经济下,生产者会追求利润最大化,但是,若是实行政府特许经营,合约可以监管和约束企业行为,关键看是什么样的市场体制。

2. 坚持有理论指导的实践

有理论指导的改革会走得更远更踏实。改革进展到这一步,理论的储备必不可少。回顾20世纪90年代社会领域的产业化问题及其带来的后果——老百姓看病难、看病贵、上学难、上学贵等,究其原因,理论上准备不足就是原因之一。当时,经济沙文主义盛行,有人认为经济发展可以自然而然地带动社会发展,认为市场手段可以适用于所有领域。

现在看来,当时的理论界对政府性质、公共服务特点以及教育和医疗的基本公共服务等重大问题缺乏深刻认识和研究,对于世界范围内的相关理论也缺乏了解。过去一个多世纪中,主要国家分别对自己的政府职能、基本公共服务体系进行了改革和创新,形成了各种各样的基本公共服务供给模式,目前这种创新依然在探索中。有些研究已经非常深入,例如,当决定提供一种公共物品或服务时,必须考虑怎样生产,再如,这些服务或物品是由政府工作人员来提供还是通过订立合同由其他的生产者来提供。至于采取何种方式主要取决于是否节约成本,是否专业化,是否公平公正,以及是否使服务对象满意。对许多公共物品来说,政府基本上是安排者或提供者。从现代社会发展趋势看,在公共服务领域,政府越来越多地扮演制度的安排者角色。在涉及基本公共服务供给的问题上,发展改革、卫生、教育、社会保障和劳动就业、民政、残联、文化等部门将越来越扮演制度的安排者角色。但必须认识到,目前指导公共领域改革的理论多是借鉴西方新公共管理和新公共服务的成果,如何找到适合中国国情和当前中国发展阶段特点的市场理论和政府管理理论,需要中国的理论工作者深入实践、潜心研究、勇于创新,为改革奠定理论基础。

还要承认一个基本的事实,有一些问题,理论界、政府、企业和社会可能都不能确定其性质。人类的认识能力永远是有限的。随着经济社会发展和企业及社会的创新,会遇到一些新事物,政府可能对其是否可以和应该管理不清楚、不确定。这种情况在历史上和现实中比比皆是,1929年至1933年的经济危机中,美国当时的总统胡佛对于社会保障是否应该由联邦政府负责就缺乏明断。对于这类情况,在美国的政府管理中往往将其视为默认管理,采取备案形式处置。政府默认并不等同于政府同意,只是为进一步地认识和采取政策留有空间。这些,都需要我们在推进审批放权工作中认真考虑。

3. 重在操作和技术上创新

审批放权是具有很强操作性和技术性的政策运作。从理论上探索政府与市场、政府与社会、中央政府与地方政府的关系固然重要,在具体形式上,分清楚哪些事情需要政府去做,具体方式是什么,则更重要。对于市场和社会,以及中央和地方政府,也是如此。审批放权既是一个减量的过程,也是一个增量的过程。所谓减量,就是目前正在进行的、今后还要进一步进行的审批放权;所谓增量,就是要在审批放权的过程中,建立起一系列新的社会组织形式,比如,把政府在公共领域的投资项目交给独立的社会组织审批,避免下放和取消的权力在原有的体制内循环,进入自己所属的事业单位或下属单位。明晰市场的边界,依次可以从制造业和工业、农业、畜牧业和渔业、服务、旅游和房地产、贸易、金融、交通运输、能源、供水和公共事业、电信、电力中推进,这些部门依次由市场化逐步过渡到准市场化,或者叫边界越来越模糊,而水利、电力、电信等更是需要谨慎市场化的领域。"公共事业、基础设施、银行、铁路和大型自然资源采掘业是比较难处理的案例。困境是很明显的:保持它们原有的国有企业形式意味着更多的低质服务和资金流失。错误地将其私有化又将带来经济和政治的问题。"①在这些部门,更多是采取了特许经营模式,当然,特许经营也有它的问题,眼下北京正在进行的出租车改革就是一个很好的例证。把出租车经营权出让给个人不行、放开管制也不行、不制定价格政策不行、放开价格会损害消费者利益,等等,诸如此类的问题,在今后进一步的审批权下放过程中会更加凸显出来,理论界真的需要深入研究此类问题,要积极探索以合约方式来明确政府和企业及社会组织的关系。这里面真有一些悬而未决的问题。准公共服务更需要监管和监督,需要引起有关部门及早关注,深入研究。

值得注意的是,最近二十年来,西方国家为了提高政府绩效,以最小的财政投入形成最大的社会产出,在社会领域探索社会企业、社会经营、社会

---

① 〔美〕热拉尔·罗兰:《私有化:成功与失败》,中国人民大学出版社 2013 年版,第 121 页。

创效证券等把市场手段引入社会领域的创新,使市场与社会、政府与市场的边界变得越来越模糊。目前,在社会经营、社会企业和社会创效证券领域唯一能够进行区分的就是目标与手段,即目标是社会性的,手段是市场性的。这些改革和创新,需要政府制定新的管理框架和新的标准。我国的一些地区和城市,诸如北京、上海、广东,正在开展此类的示范或试点。

涉及中央和地方政府的关系,还会涉及宪法问题。《中华人民共和国宪法》对中央政府及"地方各级人民代表大会和地方各级人民政府"的职责进行了规定。随着经济社会的发展,中央和地方政府的职责在发生变化。各国历史上也曾出现类似情况。这就需要我们与时俱进。比较简单的办法是,宪法对中央政府的权力进行明确,对地方政府的权力做出禁止性规定,凡是没有禁止的,可以允许地方政府尝试。在坚持社会主义市场经济改革方向下,宪法最重要的是确保市场经济需要的产权制度和各类市场主体之间依法建立的合同关系。

国务院把城市轨道交通的审批权下放给地方政府之后,广东省东莞市开始研究如何利用民间资本发展城市轨道交通问题,说到底也就是探索地方债务融资,前一个时期,有些地方已经就这类探索进行了实践,似乎效果并不理想。面对这种情况,地方政府到底如何去做?是研究项目的可行性,还是把精力放在融资上?从降低风险来说,更应关注项目的可行性。

(二)明确审批放权边界的标准

从历史发展来看,持续不断的监管往往发生在健康、安全、公平公正的领域。

1. 最大限度促进产业升级

产业升级是未来中国经济持续发展的基础和保障。到目前为止,国务院两批共批准取消和下放133项行政审批事项,重点是经济领域投资、生产经营活动项目,特别是一些对企业投资项目的核准,对企业生产经营活动的许可,以及对企业、社会组织和个人的资质资格认定等。在财政体制和政绩考核体制改革没有完成的情况下,**一是**下放审批权会不会造成地方政府为发展经济而发展经济,上项目上规模?此次下放的项目中,有25项是投资审批项目。从投资主体上看,除非仅仅为了追求 GDP,否则企业是不会把资金投向产能过剩领域的,例如,面对当前产能过剩,取消“企业投资冷轧项目核准”“举办全国性人才交流会审批”“只读光盘生产设备引进、增加与更新审批”和“设立出版物全国连锁经营单位审批”等,让举办单位或企业根据市场情况决策,自我管理,自负盈亏。作为市场主体,企业会根据供求关系做出决策和判断,不会冒投资风险。市场机制的最大特点就是它会根据供需信号做出判断和选择,关键是地方政府不要在土地、税收、财政等方面开口子,给企业造成投机的机会。这的确需要管好政府,要求地方政府根据产业升级要求,管好财政、土地等常规刺激经济发展的手段,在转变发展方式、改善保障民生和环境生态保护上加大力度,制定标准,做出规划,总体布局。**二是**要下决心改变现行干部政绩考核以 GDP 为主的体制机制,在地方政府依然把 70% 以上的精力放在经济发展的前提下,有关投资项目下放还要积极和尽快研究政府资金投入的评价机制,使涉及政府项目投入的审批独立于政府之外。在这个问题上,可以借鉴发达国家和地区的经验,建立独立的第三方机构来处理项目申请,例如,香港大学教育拨款实际上是由独立于香港教育局之外的、由来自各界甚至包括世界各地的专家和专业人士组成的大学教育委员会审批的,美国白宫用于社会发展的资金也是交给独立于白宫社会发展办公室之外的评审机构评审的,政府不介入评审过程。

事实已经很清楚,产业升级不是现在才提出来的,早在第九个五年规划时就明确提出来了,而且之后的每个五年规划都有重申,但始终没有得到有效解决。这其中的原因值得总结,教训值得吸取。其中最值得吸取的教训是,不进行行政体制改革,产业升级门槛根本迈不过去。“‘提升产业结构’的问题,不是产业政策的问题,而是教育政策的问题,不应搞什么产业政策,而是要有体制改革和教育发展的政策。”①这个分析是从一个深层次来分析产业结构调整的,值得深思。但是,对这个判断还需要加以补充。**一是**不仅仅是教育政策,而是整个公共政策,因为在公共领域的改革和发展中,教育不可能单兵独进,必须有其他公共政策与之匹配。**二是**一个国家不可能不

① 樊纲、武良成:《城市化:一系列公共政策的集合》,中国经济出版社 2009 年版,第 50 页。

去解决它已经面临的挑战,这样,在现阶段,中国的改革就必须是统筹性的、全面的、协调的。

2. 最大限度改善民生

改善民生是发展的最终目的。经济发展可以带来富裕,也可能带来贫困。当经济发展的成果仅仅为少数人享用的时候,对于其他大众来说就是剥夺,就是贫困。发展的核心问题是如何让更多的人在发展中受益。要使更多的人受益关键是看有没有一个公平公正的分配制度。这是就经济发展在一个国家或地区内部而言的。像中国这样一个大国,要实现民族的伟大复兴,其经济发展就不仅仅会是满足其内部发展的需求,还要考虑更多更复杂的目标。一个国家或地区的经济发展是否可以获得相应的国际地位和认同,恐怕还涉及其他的因素。进一步说,经济学这把钥匙既可以开启富裕之门,也可以开启贫困之门,究竟开启哪扇大门,则有赖于经济学家的人文精神。关注人民的福祉应该是经济学家必备的品质。

保障和改善民生是政府的根本职责。只有实现充分就业,劳动者才能实现劳有所得,才能有机会有能力参与社会保障,才能拥有安全的生活和幸福的未来。当前,国内外经济形势的不确定性进一步加大了对就业形势的影响,就业总量矛盾和结构性矛盾会更加凸显。与往年一样,2013年我国城镇需要就业的劳动力会达到2 500万人以上,其中高校毕业生规模达到699万人,是新世纪初年的6倍多。社会保障体系既是国家的责任,也是企业和个人的责任。与发达国家比较,我国在建设基本公共服务体系过程中面临的突出问题是人口众多和规模庞大。随着时间的推移,要特别关注国家履行基本公共服务承诺的能力,也要妥善安排社会领域的财政支出,在这个问题上,我国更需要在社会保障和社会福利领域进行创新。

权力下放还意味着过去由政府自己评价自己的职权应当交给百姓和独立的社会中介机构来承担。通过群众的评价来认定政府民生工作的绩效。在民生领域要建立"自下而上"和"自上而下"相结合的考量政府的评价制度,主要评价指标将不再是GDP,而是民生指标和群众的满意度。

权力下放还意味着改革要进一步深化。将来进一步下放包括土地审批等权限的过程中恐怕还涉及深层次的改革,例如在美国历史上,"宪法赋予美国政府征用权,这可以让政府出于公共利益而征用私人财产。当然,政府征用私人财产要合乎程序,必须给财产所有人全额补偿。全额补偿就是要按照'财产的市场价值'补偿财产所有人。"土地征用、房屋拆迁是这些年来引发社会矛盾和冲突最多的领域,由于这个土地所有权和使用权以及"确权"领域的一系列改革没有到位,社会矛盾和社会问题就特别多。

3. 最大限度促进生态文明

促进生态文明是实现中华民族永续发展的基本条件。尽管审批权下放,但政府对企业投资和项目建设的环境影响评价工作不能放松,而且要通过各种政策工具确保节能减排、资源节约利用、区域布局合理、生态环境健康以及公众参与。环境保护不仅是企业的责任,也是全社会的责任,要鼓励公众参与,支持居民自我管理、自我约束,逐步形成健康可持续的消费模式,这是实现生态文明建设目标的关键。本次取消"企业投资纸浆项目核准"后,随之而来的是如何控制污染和保护生态。政府要从排放标准和排放措施上严格把关,全程跟踪,确保环境和生态安全。在这个问题上,要吸取近年来发生在各地的由于环境问题引发群体事件的教训,政府要真正在环境保护问题上有所作为,就要建立独立于政府之外的第三方环境影响评价机构。

促进生态文明也需要改革和创新,人类对于自然环境的破坏,究其原因之一是自然资源和生态环境的所有权很难确定,如空气和大片水域的所有权基本还是所谓的公共领域,在这样的领域,"由于没有人要求污染者对资源的所有者进行赔偿,所以污染情况经常出现。"①为了解决这个问题,有的国家将其所有权界定为共有财产。近年来,在这样的领域,产权不明晰导致资源枯竭的例子比比皆是,造成了所谓的"公地悲剧",这些都需要当下的审批放权管理机构深入思考,认真研究,从长计议,确保国家能够持续发展。

如果不改变地方政府以及地方政府关于单纯追求经济增长和 GDP 的目标选择,它们干预市场以实现自己目标的动机就会存在,并在实践中不可避免地显露出来。因而要建立生态文明建设考核评价体系,从体现资源消耗、

---

① 〔美〕普莱斯·费希拜克:《政府和经济》,〔美〕普莱斯·费希拜克等:《美国经济史新论》,中信出版社 2013 年版,第 7 页。

环境损害和生态保护的绿色GDP核算入手，建立体现生态文明理念的科学发展指标体系，将其纳入各级领导干部和各级党政领导班子专项考核和年度考核中去。

4. 最大限度抑制腐败和寻租行为

打破利益格局是当前改革的重中之重。需要确保"凡是市场能办的交给市场，凡是社会能办的交给社会，凡是地方政府能办的交给地方"之后的资源不被特殊利益支配和俘获。纵观20世纪70年代以来，风靡全球的私有化改革浪潮，遍及美洲、欧洲、加勒比海和拉丁美洲、亚洲和非洲，它们在各个地区的表现程度千差万别，但在许多国家都出现了私有化过程中特殊利益集团支配和俘获资源的现象，导致这些国家的财产分配不公、社会矛盾突出、社会冲突不断，这些教训值得吸取。

（三）找准进入审批放权边界的着力点

1. 完善适合政府改革目标的决策机制

强调一整套体制机制的配套改革是成功实现目标的关键，单一的政策本身不足以确保市场或社会的功能得到有效发挥。审批放权需要进一步解放思想，进一步完善决策模式。更要进一步研究不论是政府投资项目还是社会投资项目的决策模式问题。例如，"企业投资在非主要河流上建设的水电站项目"的核准权限由国家发展改革委下放给地方政府投资主管部门，这不是问题的关键，关键是涉及环境生态及土地利益关系的各个利益主体要参与决策和利益协调，使最终形成的方案可以为各方接受，使项目实施顺利，不引发群体事件。在中央和地方关系上，例如涉及基本公共服务均等化的问题，要建立中央政府、地方政府之间的协调协商机制。以澳大利亚为例，联邦基金委员会根据前一年固定的人均税收来计算转移支付基金。基金的规模和增长由每年的总理会议根据宏观因素、联邦、各州的情况来确定。澳大利亚拥有一个非常复杂的均等化体系，这个体系依赖于财政收入和财政支出需求，其计算依赖于三个变量：人均财政收入的能力、人均支出需求、循环计算的专项基金的人均不同数额。联邦基金委员会组织各州代表审议计算结构，然后递交最终建议给联邦内阁审议。联邦内阁通常根据自己掌握的财政需求和财政支出等信息做出修改，每年的部长会议做出最终决定。

要认识到，即便是在发达国家，通过法律也是一个政治过程，强势利益集团的游说普遍存在。谨防利益集团打着公众利益的名义为自己获取利益是需要认真研究的。

2. 对政府服务进行全面细致分类

要建设服务型政府，首先要对服务进行全面研究和分类，区分哪些是需要政府财政支持，哪些需要政府直接生产，哪些可以通过市场提供，哪些可以通过志愿生产。对于通过政府财政支持的也需要进一步分类，比如政府财政支出、税收减免、联合生产、其他公共资源的投入等；对于政府直接生产的也需要进一步分类，比如治安等；对于市场生产的也要深入研究，比如政府特许经营、社会经营、社会金融、公私合作伙伴关系；至于志愿生产需要进一步研究志愿服务、慈善捐赠等。这里要特别注意，政府生产、市场生产和志愿生产随着经济社会发展，其界限会越来越模糊，相互间的关系也越来越密切。除政府必须提供的基本公共服务外，要在对各类基本公共服务分类和定性的基础上，充分发挥合同外包、联合生产、合作生产、志愿生产等体制机制的积极作用，在完善体制机制的基础上，创造社会组织参与基本公共服务供给的积极性和创造性，推动社会组织发展壮大，与此同时，调动企业的积极性和创造性，促使企业积极履行社会责任。

接下来还要研究如何决定由哪些组织提供服务，包括提供哪些服务、服务数量、服务标准，如何根据财政公平原则决定财政支出。如何制定居民接受服务的标准和规则以约束居民消费公共服务的个人行为，如何根据财政预算和服务类型选择公共服务的供给者，这是最为关键的。

3. 建立和完善自上而下和自下而上有机结合的评估体系

综合评估是当前审批放权的重要手段。仅仅自上而下考虑问题，会忽视居民和社区的利益偏好、基层特殊环境和问题，会导致社区和居民的需求难以满足。比较好的办法是，自上而下与自下而上的有机结合。例如，政府购买服务，合同外包既然是政府授权的，行政机关必然有责任对服务业企业和社会组织进行监督和管理。在合同外包过程中，一定要明确政府和外包企业及社会组织的界限,明确约定公共服务的范围,避免企业或社会组织越权。要建立健全评价规范和行业法规,着手调研和建立建设项目的评价筛选模型,建立评价的后评估规范,加强项目影响评估规范,加强项目评价方法研究,逐步引进先进的评级方法,开展项目影响评价有效性研究,发挥其决策作用。还要不断提升政府相关人员的知识和专业化水平。基本公共服务创新需要学习型政府和学习型公务员队伍。

以政府购买服务为例,在我国,政府购买服务尚处在探索阶段,很多配套政策还不完善,诸如,外包企业或社会组织的准入门槛尚不明确,第三方评估体系也没有建立起来。要进一步制定政策,明确外包机构的资质,细化外包机构的选聘标准,加强对外包机构的全程监管,加大对外包机构违法的惩罚力度,提高违法成本,完善对外包机构的考核机制。最关键的是,不要搞运动式评估,要使评估制度常态化。

(四) 吏治推进国家治理体系现代化

1. 如何看待"为官不易"和"官不聊生"

吏治是推进国家治理体系和治理能力现代化的重要组成部分。一年多来,开展党的群众路线教育和贯彻中央八项规定,大大改善了党风政风和社会风气。与此同时,媒体、社会对于在这场运动中受到约束的公务员也给予较多关注,对公务员职业的评论报道不断,内容涉及公务员的收入、社会保障和福利待遇、社会地位、下一步取向等。

时下,"为官不易"和"官不聊生"成了媒体和社会热议的话题。所谓"为官不易"和"官不聊生",实质上是贯彻八项规定和一系列针对领导干部和党政机关的"禁"字头举措,个别习惯于搞不正之风的公务员不能再明目张胆地吃拿卡要、滥用职权、贪污腐败等,这实际上是一件好事。但是,个别官员苦声连连,有的哀叹春节"额外福利"没了,有的抱怨待遇差、工资低,有的坦称"为官不易"及"官不聊生"而欲离职。更有2014年春节期间,媒体报道,由于不敢接受下属或企业节假日送红包,一些公务员因孩子的红包缩水而招致抱怨"当官窝囊",凡此种种。这一方面反映了党风政风民风正在朝着大多数人期待的方向转变,另一方面也反映了人们对公务员职业操守认识的模糊。因此,在继续贯彻中央八项规定的同时,要进一步端正公务员的“官念”认识,在此基础上,进一步完善我国的吏治制度,推进国家治理体系和治理能力的现代化。

中国民间长期流传“当官不为民做主,不如回家卖红薯”的说法,实际上是社会对于官员社会角色的基本预期。公务员是一种社会角色,社会成员对于公务员的社会位置有着特定的期待,换句话说,公务员是人民的公仆,它是一种责任和要求。正如习近平总书记所说的,“作为党的干部,必须永不动摇信仰,做到坦荡做人、谨慎用权,光明正大、堂堂正正。”习近平总书记还说,“当官不要以钱为念,要以理想为基础,不要看到经商发财而感到怅然若失……如果觉得当干部不合算,可以辞职去经商搞实业,但千万不要既想当官又想发财。”这不仅是总书记对广大党员干部的期望,也是人民对党员干部的期望。角色是社会结构中非常重要的组成因素,角色到位可以使其他社会成员预期他人的行为,而自己也照着社会对自己的角色要求行事,于是就有了稳固的社会秩序和奋发向上的社会活力。也就是孔子讲的“正名”,“名不正则言不顺,言不顺则事不成”。角色错位,必然会破坏既定的社会秩序。这也可以解释为什么这些年来,个别官员的党风政风不正带来整个社会风气的恶化。因此,必须把吏治问题提升到整个国家的治理体系和治理能力现代化的高度来认识。

2. “在朝美政,在野美俗”

与其他行业比较,官员职业固定、收入稳定、社会保障和福利良好,谈何“为官不易”或“官不聊生”?实际上,它反映了个别官员以及部分社会成员“当官做老爷”的思想根深蒂固。不同历史阶段,吏治方法是不一样的,但人类文化中有一些基本的吏治制度和思想值得我们学习和借鉴。

荀子在《儒效》中说道,“儒者,在本朝则美政,在下位则美俗。”我认为它包含了两层意思,官员在位时要为社会制定各种行为规范、制度纪律,以促使社会有序;不在位时,要不断修身养性,引领社会风俗。从制度上来说,即便是在传统社会中,做官的直接好处也是不多的,利用权力发财,不仅是腐化自己供职的机构,也是与皇室争利,在一个明君眼里是难以容忍的,一旦发现,必定遭遇杀身抄家之祸。《红楼梦》中的贾政,自己本身是循官,与朝廷还有着裙带关系,但终因侄媳受贿,落得了抄家之灾。由此可见,即便是在封建的皇权下,吏治也是非常严厉的。

吏治的基本价值在于“美政”和“美俗”。国学大师钱穆在其《晚学盲言》中也提到,“在朝美政,在野美俗。”是不是可以这样理解:**一是**说官员在位时要兢兢业业,克己奉公,努力工作,即“美政”;不在位时,依然要严于律己,恪守规范,引领风尚,也即“美俗”。**二是**说官员工作时间要遵守纪律、努力做好本职工作;下班时间,要严格要求自己,自觉遵守各项规定。“美俗”可以理解为首先自己要严于修身,遵循社会日常生活的行为规范。这种日常行为规范对社会成员的日常行为的影响是深远的。由此也可以解释为什么必须从根治党风政风来引导整个社会风气的根本好转。

传统社会的基层治理在某种意义上是依靠士绅的“美俗”行为的。人们时常提及传统社会里的“皇权不下县”。“皇权不下县”,基层如何治理?于是就有了吴晗和费孝通在《皇权与绅权》中的“士绅”阶层在乡间治理的作用问题。“士绅”是退了休的官员或者是官员的亲戚,也有知识分子。士绅是儒学教义中确定的纲常伦纪的守护者和传播者。中国传统的儒学教义规定了中国社会及其人际关系的准则,包括“五伦之道”等,在中国封建社会晚期的几个朝代中,政府通过科举和功名制度确定了士绅阶层的成员及其人数,并给了他们明文的权利、责任、威望等,士绅则把自己受过的儒学教育用于社会治理,通过这些来维持基层的社会秩序。试想,若是基层官员不能克己守法,何以引导整个社会克己守法?又何以实现基层的社会治理?

(五)以完善公务员制度提升政府公信力

要明了政府和市场、政府与社会的关系,必须从具体的制度入手。时下,公务员成为社会热议的话题,特别是公务员的待遇、工资、福利引起媒体高度关注,似乎成为一个问题。公务员到底该干什么,不该干什么?该得到什么,不该得到什么?这涉及如何看待公务员制度的问题。

1. 作为一种制度安排的公务员

在古代的雅典,市民聚集于市场处理公共事务,政府只是处理这些事务的一个过程,并不独立于市民之外。但是,今天很少有人认为政府是一个过程,事实上,它作为一种制度模式已经成为社会的角色之一。政府被认为是独立的实体不仅是因为它成为一种制度形式,也因为它是某一群体的代表。为了正确理解治理,首先要意识到重视公众利益并不意味着要约束政府。但是政府应当与其他角色包括媒体、一些社会组织、军事组织、宗教组织以及商业组织分享共同利益,有时在公共问题上它们是一致的。

公务员制度,又称文官制度,是国家依法对政府行使行政权力、执行国家公务的工作人员进行管理的人事安排。每个国家的政治、历史和文化不同,公务员制度也不一样。

现代公务员制度始于18世纪的英国。为适应大英帝国的经济发展和对外扩张,英国建立了工作部和海军部,当时,两个部门的工作人员或者通过介绍进入,或者干脆赤裸裸地购买。通过考试成为公务员的制度实行于1829年。许多人认为,英国的公务员考试制度是从中国学习的。美国的公务员制度建立于1871年。美国联邦政府的公务员包括政府部门任命的行政、司法和立法人员,但不包括非正式部门的工作人员。美国大部分公务员必须通过竞争才能上岗,只有少数部门,诸如联邦调查局、国务院等可以例外。

美国州政府和地方政府的公务员与联邦类似。通常,国际上把创造地方政府的就业环境放在一个非常突出的位置。根据《世界地方自治宣言》第5条,"地方政府雇员的雇佣和培训机会,应当确保地方政府的职位是具有吸引力前景的职业。中央政府和/或上级政府应鼓励和促进地方政府实行功绩制。《欧洲地方自治宪章》第6条要求,'地方政府雇员的任职资格条件,应确保根据品行和能力录用到高素质的人员;为实现这一目的,应提供充分的培训机会、报酬和职业前景。'"[①]这就是说,要把地方公务人员的素质高放在首位,为此要充分考虑他们的培训、报酬和职业前景,使他们有信心来从事这项工作。

2. 各国和地区形形色色的公务员制度

在英国,只有中央政府的工作人员可以叫作公务员,在县镇政府或公共

---

① 任进:《比较地方政府与制度》,北京大学出版社2008年版,第323页。

部门工作的则不被叫作公务员。因此,英国的公务员在范围上比较小,主要包括中央政府非选举产生和非政治任命的工作人员。英国公务员的工资水平属于中等,退休金还算丰厚,因此,在英国还是比较吸引人的职业。尤其是其福利待遇特殊,很多部门实行弹性工作制,可以在家处理公务,有相当的自由度和保障。英国公务员与普通老百姓一样,也参加国家基本养老金制度,除此之外,政府为公务员建立了职业年金,且比较丰厚,在缴费标准上低于大学教职人员,在待遇水平上则高于大学教职人员。

美国于 1883 年颁布了《彭德尔顿法案》,奠定了美国公务员制度的基础。根据《彭德尔顿法案》,公务员必须政治中立,严禁腐败,公开竞争上岗。美国公务员退休金制度是一个独立于美国社会保障计划之外的社会保障制度。现行的联邦政府公务员养老金制度分为两种,一是公务员退休制度,一是联邦政府雇员退休金制度。公务员退休金制度适用于 1983 年以及以前参加工作的联邦政府雇员,联邦政府雇员退休金制度则覆盖 1984 年以后参加工作的所有联邦政府雇员,实行“老人老办法,新人新办法”,这点上,与中国没有什么不同。美国的公务员养老保险两套制度的设计理念不同,后者更多体现了市场化原则。如同美国整个养老保险计划,美国公务员的养老保险制度也处在不断改革中。

2004 年 4 月、2007 年 8 月和 2010 年 10 月,为了使香港公务员的入职薪酬与私营部门大致相等,香港特区政府通过调查,调整了部分公务员的入职薪酬。2000 年 6 月,香港特区政府为新聘员工制定了一套新的附带福利条件,包括修订假期赚取率、度假旅费福利安排以及提供实报实销的房屋津贴。政府向公务员提供的附带福利的基本原则是,福利应该有足够的吸引力去吸纳、挽留和激励具有才干的公务员为市民提供优质的公共服务。这些福利应当大致按私营部门的做法和安排提供。例如,在日常门诊情况下,医院应考虑为公务员预留若干优先机会和安排,以便让公务员在健康许可的情况下,尽快返回工作岗位,维持政府部门正常运行。这种优先权仅限于现职公务员。2000 年 6 月以后入职的公务员实施公务员公积金制度作为退休福利制度,其要点包括,公积金计划下的正常退休年龄分别为 55 岁、57 岁和 60 岁,财政负担的公积金保持在不超过薪酬开支的 18%。

3. 正确看待我国公务员及其制度安排

在我国,作为一种职业,公务员的优越性主要表现在工作稳定、福利优厚、社会声望高。公务员通常是财政供养的政府行政人员,还有一些称为公务人员,包括参照公务员管理的人员,科研、教育、卫生、文化等行政性事业单位工作人员。政府最为典型,处于核心圈,事业单位处于中间状态,而国有企业则处于最外围。我国约有公务员700多万人、事业单位员工3 000多万人。2014年国家公务员考试,职位只有1.9万多个,报考人数却达到了111.9万人。有人把考入公务员和事业单位,甚至国有企业,视为进入"体制内"。

对于"体制内"和"体制外",应该历史地看待。中国的经济体制改革是从体制外开始的,先是农村实行联产承包责任制等等。通过体制外的改革推动体制内的改革,也就形成了后来所谓的"双轨制",双轨制不仅表现在经济体制和市场体制上,也表现在行政体制和事业单位的体制上,也就是人们现在看到的"体制内"和"体制外"。如果当时不是采取这样的改革,像苏联那样采取"休克疗法",中国也许走不到今天,这是我们必须看到和认识到的。但是,这并不表示我们认可目前的"体制内"和"体制外"现状,而是要把改革进行到底。把改革进行到底,必须遵循习近平总书记要求的,对全面深化改革的艰巨性、复杂性、关联性、系统性有充分的估计和认识。当前"体制内"的所谓"待遇优渥"、工资稳定、福利待遇好、"保障完备"、退休金制度、"劳动强度低"、"掌控更多资源",等等,可以从几个方面来理解和解释,**一是**有些是计划经济体制留下来的,还没有改革。**二是**在过去三十六年的改革过程中,曾经有一个时期实行部门自己改革,结果导致部门利益膨胀,不断扩大自己的利益,"掌控更多资源"。**三是**社会上的一些片面认识,如"劳动强度低",其实,很多政府部门和机构是"五加二,白加黑",机关工作人员工作强度和压力巨大,非一般人可以理解。

对于公务员的工资福利待遇应当全面地看,正如我们前面介绍的其他国家和地区的情况一样。涉及公务员和事业单位养老保险与其他养老保险,诸如城镇职工养老保险和城乡居民养老保险,议论较多的是所谓的"双轨制",即公务员和事业单位退休金制度与其他养老保险"并轨",其核心理念出自“社会保障体系的公平性”,这的确道出了当前我国社会公务员问题的症结。在这个问题上,**一是**必须把个别官员腐败与公务员制度本身区分开来,不要因为个别官员腐败而质疑公务员制度本身;**二是**要认真研究现阶段我国公务员制度的特点,从我国的公务员和事业单位的历史特点以及我国工资福利制度和社会保障建设的全局来设计我国的公务员工资福利及社会保障制度。

对于公务员的行为应当客观历史地去看。这些年来,确实有不少公务员不争气,利用公权力吃拿卡要、贪污腐败,引起了人民群众的不满,成为社会关注的热点问题。而一些公务员,把利用公权力吃拿卡要、贪污腐败作为自己的基本追求,甚至习以为常,这种局面需要加以改变。要逐步把公务员变为一种与社会其他行业相同的职业,公务员本身要严格要求自己,不搞特殊化,社会成员也要以平常心看待公务员,让社会和公务员自己以一种淡定的心态来看待公务员,使公务员回归自己的本色,使社会也回归自己的本色。

(六)治理现代化:让权力回归本色

当下,政府与市场的关系、政府和社会的关系正成为人们关注的热点,究其原因,**一是**《中共中央关于全面深化改革若干重大问题的决定》提出“使市场在资源配置中起决定性作用”和“更好发挥政府作用”,这给人们留出很多解读的空间。**二是**人们认为,只有界定清楚政府、市场、社会的关系,才可以规范它们各自活动的范围,预防滥用权力,避免市场失灵,确保社会公平正义。

1. 市场秩序依赖于政府法制建设和权力规制

殊不知,世界上没有统一的、绝对的政府与市场的关系、政府和社会关系的划界,不同国家的政府与市场的关系、政府和社会关系是不一样的。以美国为例,美国的劳动力市场非常特殊,**一是**它以自己的强大经济和科技环境吸引了世界上数以万计的高智能型人才,从而铸就了这个国家经济社会进步的科技创新动力。**二是**它通过非法移民的形式输入极其廉价的劳动力,美国的贫困人口占其人口总数的10%以上,也有人认为接近20%,这些贫困人口既拖累了美国,又支撑了这个国家,这种市场构架是世界上其他国家都不曾有的。因此,人们通常把市场经济划分为以美国为代表的自由市场国家,以德国为代表的社会市场国家,及以日本为代表的国家市场国家,等等。第二次世界大战以来,这几个不同类型的国家,都成为现代国家发展的代表,它们代表了不同历史、文化、政治和地理环境所塑造的不同市场经济。

现代经济是一个高度复杂的体系,其复杂程度不亚于物理学家和生物学家研究的物理体系和生物体系。人从来就不仅仅是英国经济学家亚当·斯密假定的经济人,或叫作"理性—**经济人**""实利人"或"唯利人"。现实生活中,经济人同时也是社会人,他(或她)通过各种社会方式展示自己的需求,这也就增加了在实际生活中划分政府、市场和社会边界的难度。就研究来说,经济学家和社会学家研究的具体的个体,在其实际行动中表现出来的可能是"说得出来的我",但是,真正意义上的"我"可能是说不出来的,或者不愿意说出来的,因此,学者们即便是做了深度的研究,要真正把握现实的经济运行规律也并非是一件易事。这就不能不依靠假设,但是,假设与现实有时会存在巨大差距。因此,从理论上梳理政府与市场、政府与社会的关系就需要特别谨慎。

这不是说,政府与市场、政府与社会没有边界,其实,我们可以通过权力的使用来看它们之间的界限。市场机制的特点之一,就是市场的权力是通过一个个市场主体分别做出交易决策实现的,所以,市场的权力是分散的。这些分散的权力要有秩序,必须依法运用,所以市场经济又是法治经济。政府是制定法律法规、保护市场的主体。政府在规范市场的同时,也要规范自己,这就是要谨防政府机构和公务员滥用权力。滥用权力,尤其是滥用公权力成为社会、百姓、媒体关注的热点问题,它是人们评判政府的公信力、绩效和透明度的标准之一。一方面,滥用公权力严重损害公共利益,使广大社会成员感到不公平和不公正,引发群众不满。另一方面,公权力的滥用会对现代市场制度和社会体制造成严重扭曲,不利于市场经济体制的建设和完善。发展和完善中国特色的社会主义制度,推进国家治理体系和治理能力现代化,必须把公权力的约束摆在一定范围。当前,为了进一步明确政府与市场、政府与社会的关系,必须进一步规范政府的权力,进一步明确市场的作用,进一步完善社会组织治理体系。

2. 政府要在坚持公平正义原则的基础上设计关乎人民福祉的各项政策

政府行使权力的首要任务是维护社会公平正义,具体体现在它确保社会公平正义的社会政策上。通常,社会政策是政府的兜底政策。一个经济体,该把多大比例的权力交给市场去支配?老实说,这不是一个容易说清楚的问题,一方面,市场的力量来自它本身的分权:它促使个体去发挥各自的积极性来解决自己的问题,创造更多的利润。另一方面,现代市场经济的交易体系非常复杂,非古代市场的简单产品交易所能比拟,例如,网络上的金融交易因为黑客等因素的介入而变得十分复杂,必须引入政府的监管。再者,政府还需要提供市场不愿意提供的公共服务和公共产品,诸如义务教育、基本医疗等。在我国,经济调节、市场监管、社会管理、公共服务和环境保护被界定为政府的基本责任。

发挥市场在配置资源中的基础性作用的同时实现社会的公平正义是全面深化改革的核心。这件事情说起来容易做起来难。2009 年启动的医药卫生体制改革取得了巨大成就,尤其在医疗卫生设施建设方面功不可没,但具体到制度和机制上,则还需要进一步深化改革。医疗卫生是较早被产业化的行业,后来又在改革中被纠偏,转向公益化方向。但是,在这个过程中存在的问题还是不少,以挂号为例,替人排队在全国各地医院已经司空见惯,甚至出现了所谓的“黄牛党”,也出现了合法化的 VIP 通道,这些看似发挥市场作用的手段,其实背后就隐藏着不公平和不公正,它意味着有钱人可以付得起额外的加价,可以优先于他人。当然,这不是中国特有的现象,在美国有偿替人排队和“特约医生”也司空见惯。这个始于撒切尔和里根时期的所谓新公共管理革命的体制机制,目前已经蔓延到基本公共服务和福祉领域,诸如用金钱实现牢房升级、购买代孕、投资移民、碳排放交易、付费猎杀珍稀动物,等等。在美国加利福尼亚的圣安娜和其他城市,非暴力罪犯可以通过付费的方式购买更好的、单独、干净、安静的牢房。在伊拉克和阿富汗战场上,私人军事承包商的雇佣军在数量上远远超过美国士兵,凡此种种。如果金钱可以购买一切,富足与否就决定一切。如果把一切都交给金钱,人世间的诚信、友爱、奉献等社会价值和生活意义都会受到侵蚀。这可以帮助我们理解为什么《中共中央关于全面深化改革若干重大问题的决定》中特别强调在实现人民福祉、推进社会体制和司法体制改革中要坚持公平正义的原则。在全面深化改革的过程中,针对社会和司法领域的改革,必须坚持公平正义,确保其不遭受市场价值观侵蚀。从这里,我们也可以看到政府是应当,而且必须有自己的边界的,这个边界就是保护社会的公平正义。

政府要最大限度确保社会政策的公共性,避免利益集团干扰。科学技术研究和科学技术开发本身是没有什么价值取向的,对于那些从事科学技术研究和开发的人来说,他们完全可以按照价值中立原则进行技术研究和开发。市场经济则是完全按照利润最大化原则吸纳技术,这就是为什么过去几百年人类在经济技术上取得巨大、快速进步的原因之一。但是,社会发展和社会政策则大不相同,社会政策的应用涉及实施这些政策的决策者的自身利益,在某种意义上,决策者本身是政策的受益者或受损者,决策者在实施政策、制定政策过程中难以坚持价值中立原则,这就必然造成社会发展领域的不平等,甚至出现“经济和技术越发达,社会就越趋向于不公正”的现象。针对社会政策和社会保障失灵,出现了志愿主义的治理模式,那就是非营利部门参与社会福利和社会保障,但是,在社会政策制定领域,如何确保政策的公共性依然是一个确保实现公平正义的大课题,也是界定政府作用和界限的关键。

3. 以制度建设严格限制公务员滥用公权力和预防官员腐败

政府的权力通常是通过它的工作人员,公务员和政府雇员来实施的。作为公权力的政府权力在由公务员实施过程中若要确保不被滥用,必须加强制度建设。当前,我国的政府管理存在的问题主要包括,职能越位、缺位问题;职责交叉、权责脱节、争权诿责;机构设置不合理,机构重叠、人浮于事;权力缺乏制约监督,不作为乱作为;以权谋私、贪污腐败。尤其是腐败问题,引起社会关注最多,议论最激烈。严格限制公务员滥用公权力,预防官员腐败,必须进一步加强制度建设。公务员是人民的公仆。永做人民公仆,是公务员的基本价值。从以上分析来看,当前,“为官不易”和“官不聊生”是一件好事,它就是要通过制度规范、舆论监督、道德约束,使公务员回归本来的角色,来为百姓做事,为国家服务,为社会尽职,为民族效力。

从这样一个视角来看吏治制度建设与推进国家治理体系和治理能力现代化,当前有这么几类问题需要解决,**一是**公务员要恪守职责。个别官员在位时,工作上得过且过,以权谋私,为所欲为,更着眼于个人的升迁和敛财,不择手段,贪赃枉法,不惜牺牲国家和人民的利益,一些领导干部离开工作岗位后,进入社会组织,利用老关系和已有的权力场,继续占有社会资源,美其名曰发挥“余热”,实际上侵占社会资源,引发人民群众的不满。**二是**提升公务员业余生活品位和品质。个别官员上班时间得过且过,下班时间公款吃喝、公款送礼。这些人,在“朝”不能美政,在野恶俗,引起人民群众的强烈不满。这也正是这些年人民群众反映最突出最强烈的问题,败坏了社会风气,带来了恶劣的影响。**三是**努力贯彻落实中央提出的破除官本位的各项政策措施。目前的教育机构、科研机构、医疗卫生机构,甚至包括企业中都存在“官本位”问题,个别政府官员不仅染指经济领域和社会组织,甚至染指教育和科研领域,在高校担任教授,在研究机构承担科研任务,这些实际上造成角色错位,它的直接后果是,教育质量下降,专业人员缺乏积极性,科研成果水平不高。社会秩序混乱不仅仅是指社会不稳定和社会问题丛生,也是指由于社会规范被打乱和社会角色错位导致的人们行为规范的失序。试想政府官员兼职高校、研究机构,何以全心全意地“美政”?利用权力挤占教育、科研资源,挫伤教师和研究人员的积极性,又何以“美俗”?**四是**现职干部既要“美政”也要“美俗”,老干部要“美俗”。老干部是党和人民的宝贵财富,如何在离开工作岗位后为党和人民继续发挥余热,也是进一步落实中央八项规定中要认真研究的问题,特别是发挥老干部在引领社会风气中的作用更是“美俗”的重要内容。2010年8月25日,美国前总统吉米·卡特以86岁的高龄,受奥巴马总统的委托,以民间人士身份,长途跋涉赴朝鲜解救美国人质戈麦斯,得到各界关注和赞誉。**五是**正确引导年轻一代的未来选择。这几年的“国考”,既反映了就业压力问题,也折射了公务员背后的稳定、高福利、有保障、安全感,还折射了对于“隐性福利”的追求与考量。2013年以来,一些地区“公务员热”暂缓和趋于常态及理性,从另一个角度说明了“隐性福利”的吸引力和其对社会的负面影响。

努力建立和完善社会多元化评价体系,逐步形成一个不管在哪个领域工作,都要坚持职业化方向,不管在哪个行业工作,只要做出贡献,都应得到社会的认同和尊敬的良好社会风气。在继续贯彻群众路线和八项规定的同时,进一步树立社会主义核心价值观也非常重要。2014 年 2 月 12 日,中央各报都在显著位置刊登了社会主义核心价值观的基本内容:富强、民主、文明、和谐、自由、平等、公正、法治、爱国、敬业、诚信、友善。这是新时期我国社会成员行为的基本规范和准则,尤其是文明、公正、爱国、敬业、诚信、友善,更是人们日常工作和生活中必须做到的基本的民德。如何把这种国家颁布的"社会规范"变成民德、民俗?要转化为人们内心的约束,政府官员的行为和引导十分重要,社会各业的努力也不可或缺。只有社会各业恪守自己的职业规范,才能有整个社会风气的根本好转,只有建立平等、公正、法治、爱国、敬业、诚信、友善的行为准则,并使这样的行为规范得到全社会的尊重和认同,才能真正建立多元的社会评价体系,引领社会朝着健康、秩序、活力的方向前进,逐步实现中华民族伟大复兴的中国梦。

4. 实现社会组织的善治

近年来,腐败问题不仅侵蚀了公共部门,也蔓延至非营利组织,即社会组织,郭美美事件就是一个典型。当然,类似郭美美的事件还非常多,规范社会组织管理,建立和完善社会组织的善治机制,就是实现社会组织治理体系和治理能力的现代化。

社会组织善治的意义在于,社会组织的财富归公共所有;社会组织的权利不是归捐赠者、政府官员或专业管理者所有,而是归那些来自不同背景的志愿者领导人组成的理事会所有。在美国,非营利部门理事会成员在法律的要求范围内——包括团体组织法以及根据州非营利法和联邦税收与公民权利法制定的章程来行使自己的权利。它的外部机构,如州司法部或内务财政部运用一些法规控制外,非营利部门的大部分权利行使包括自我规制、问责性和伦理实践,这依赖于成千上万名服务于理事会的成员们 。一些非营利组织在财政、管理和治理实践中暴露出的严重的和引人注目的弱点破坏了公众对于整个非营利部门的信心,恢复公众对于非营利部门的信心的办法莫过于社会组织的管理机构能够向公众保证它们只是充当守护人和监护人,它们能够保证非营利组织的问责性。在志愿部门,治理一般是指理事会成员和执行官发挥关键作用的行动领域。治理包括一种特殊的管理。治理者们负责组织的整个方向。治理不可避免地包括大量责任和判断。从法律的角度来看,治理者对组织负责,他们负责组织干什么、怎样干和怎样干好。他们还负责保证组织依法履行自己的义务。尽管治理者负有如此重要的职责,但是通常他们是以志愿者身份参与社会组织的治理的,理事会成员只是一份兼职工作,通常一个月参加一次理事会。就社会组织来说,它的治理更体现出志愿精神的价值。

社会组织的治理结构取决于它的自身特点,这一点我们可以通过与营利部门的比较来观察,**一是**社会组织缺乏营利部门所具有的底线——最低利润底线,社会组织必须具有一个明确的任务和目标,并且必须把这些抽象的目标变成可操作的目标和可以实施的行动方案。当然,如果营利部门没有明确的目标,也会陷入混乱,它们的努力也会付诸东流。但是,在一定时期和一定的资金底线内,营利部门可以混乱,缺乏目标。社会组织则不可这样,否则,它马上会陷入混乱,社会组织必须不断重申自己的使命,这是毫无疑问的——因为社会组织依赖于捐赠者、志愿者,或者兼而有之。**二是**社会组织需要非常明确它要达到的结果和社会影响,营利部门则主要考核利润。**三是**营利部门的经营所得归自己所有或归股东所有,相反社会组织的所得不论来自捐赠者还是纳税人,都不归自己所有——它们是公共财富,社会组织的理事们只是这些资金的看管人而已。

所以,社会组织非常强烈的问责性机制——问责它们的使命、产出、资源配置和它们的生产率,需要非常明确它们的责任。它们需要有效的、强有力的、直接的治理和清晰的治理结构。实际上,社会组织的理事会一直非常重要,现在人们对于它的作用的关注超过以往。这个细致观察一直受到下列因素的影响:计量社会组织提供的服务需求、对于资助这类服务的私人或公共资金来源的极度竞争以及人们对于社会组织传递服务取决于它们领导人的效率这一日益增长的认同,等等。

在美国尽管社会组织的任务和规模千差万别,但大部分社会组织都拥有一样的理事会。它们拥有无酬金、来自外部的、利用业余时间参与管理的理事会成员。与此同时,它们也拥有全职的、有酬金的执行官,称为总裁、执行主任、执行秘书、高级主管、行政官、执行副总裁、总经理,等等。在美国,社会组织全职的、有酬金的执行官不是最终的决策者,而仅仅是决策的执行者,最终的决策者是理事会,那些被称为志愿者的理事会成员承担着重大问题的决策责任,他们与社会组织没有利益纠葛,可以凭自己的价值判断、社会良知、智慧才能对社会组织的发展做出决断,确保社会组织的良性运行,确保公共财产合理、合法地运用于社会发展和公益事业。

总之,保护和监管市场,建设法治经济,通过社会政策兜底,实现公平正义,加强社会组织的绩效管理,实现其善治,是当下进一步理顺政府与市场、政府与社会之间的关系,预防腐败,推进国家治理体系和治理能力的重要任务。

三、紧紧围绕民生深化社会体制改革

《中共中央关于全面深化改革若干重大问题的决定》(以下简称《决定》)从三个方面对实现公平正义提出了要求,**一是**要求全面深化改革要以促进社会公平正义、增进人民福祉为出发点和落脚点。**二是**深化社会体制改革要紧紧围绕更好保障和改善民生、促进社会公平正义。**三是**在司法体制改革中要让人民群众在每一个司法案件中都感受到公平正义。

把公平正义作为全面深化改革的出发点和落脚点,紧紧围绕公平正义来推进社会体制和司法体制改革,道出了公平正义与全面深化改革之间的关系,也道出了历史发展的逻辑内涵。正如诺贝尔经济学奖获得者阿玛蒂亚·森在其著作《正义的理念》中描述的,近代受到支持和拥护的每一个关于社会正义的规范理论,都要求在某些事物上实现平等,其中特别体现在平等的自由、平等的收入或平等对待每个人的权利或效用。公平正义是近代历史发展中的重大课题,任何发展改革都难以绕过它,在社会领域,它特别体现在收入差距和社会公正,必须谨慎对待,认真处理,因为,“不平等和社会反抗之间的联系确实十分紧密,它们之间的关系是双向的。”①

① 〔印度〕阿玛蒂亚·森:《论经济不平等》,社会科学文献出版社2006年版。

(一) 紧紧围绕全面深化改革的总目标

全面深化改革的总目标之一是发展和完善中国特色社会主义制度。回顾历史,社会主义制度的形成与发展是一个漫长的历史过程。人类过去几个世纪的历史发展表明,社会差距和社会不平等在加剧,社会问题越来越突出。在这样的历史背景下,以马克思主义为代表的社会主义思潮应运而生,社会主义在许多国家得到实践。我们看到,几个世纪以来,经济发展遵循一个基本原则,经济增长带来的成果应该主要由那些创造财富的人分享。从这个意义上讲,普通阶层收入的增加与生产力增长之间的差距拉大是不可避免的。在技术进步加速并在经济增长中发挥越来越重要作用的前提下,没有接受过大学教育的劳动力的实际工资必然会减少。这种减少反过来又反映出长期的失业问题、全球化、制造业工作机会向低工资的服务业工作转移等。私有制本身会造成不平等和收入差距扩大,卢梭在其《论人类不平等的起源》中说道,“按照贤明的洛克的格言:在没有私有制的地方是不会有不公正的。现代社会存在不平等是必然的。”这也可以解释为什么在那些经济已经十分成熟、市场化程度非常高、政府公共福利制度非常完善的国家,收入分类和社会收入差距拉大依然存在,且趋势还在不断扩大。完善社会主义制度是当代中国共产党人和中国民族的伟大使命。

发展和完善中国特色社会主义制度必须坚持社会主义公有制和市场经济改革方向,积极实现二者的有机结合。全面深化改革,**一是**要缩小收入差距,完善分配体制。设计收入分配体制,既要超越既得利益,又要考虑既得利益,既要考虑中国现实实践,又要考虑人类社会近二百年来的历史和挑战,这的确需要大智慧。**二是**大胆探索。公平正义常常会牵扯对社会发展历程的基本评价,对于思想史的基本判断,面对这样一个问题,我们的思想需要有与之相适应的知识储备,在认识方法上需要有博大的包容性和历史的纵深性。**三是**要深入研究贫富差距和分配体制问题,必然会碰到诸如所有制、市场机制、社会保障、政府职能以及社会参与等问题,需要战术和技术上的社会创新。

探索公有制与市场经济的有机结合必须探索如何使利己主义与利他主

义并驾齐驱。当代美国经济学家加德·伯恩斯坦对当前美国经济中的不公平现象,诸如医疗卫生私有化、贫富差距扩大、失业率不断攀升等,进行了大胆的批评,认为,保护美国人民的私人权利一直是美国价值的核心,但是由于过分强调个人主义,人们被推到了相互孤立的境地,尽管经济持续发展,但过分强调个人主义的政治和社会哲学正在伤害着美国,危及国家的未来,危及后代的发展。

(二)以公平正义统领社会体制改革

要从顶层设计各类社会物品的分配方式,在这里,公平正义涉及整个社会生活及公共善。这里讲的社会物品包括收入与财富、义务与权利、权力与机会、公共职务与荣誉等等,而不仅仅是指财富的分配。在一个公平正义的社会里,必须以正当的方式把这些社会物品给予每个应得的社会成员,而不是将其集中到某些个人和集团手中。以公共职务和荣誉为例,公平正义的社会对官员的要求是,为公众服务可以获得在职期间的社会声望、稳定的收入和福利,如果服务期间有功绩,可以获得退休以后的功勋和荣誉,而不是在职期间除行政职务外,还染指企业、教育、科研领域的荣誉与利益。公平正义的原则要求在社会体制改革中关注人民群众社会生活中富有生气的价值观念,诸如公正与权利、义务与同意、荣誉与德性、道德与法律等。公平正义要求社会有一种善良生活以及支持这种善良生活的共同价值——公共善。

把所有制改革与市场经济结合起来进行顶层设计,在这里,公平正义涉及市场体制改革。2006 年,沃伦·巴菲特在向比尔·盖茨基金会的认捐签署仪式上说了一番话:“市场经济无助于解决贫富差距。”对于美国的收入差距拉大问题,经济学家柯密特·高登有一个解释:“从某种意义上说,当代美国社会结构是双层次的。其政治制度和社会制度提供了广泛的权利分配,公开宣布所有公民一律平等。然而其经济制度却建立在市场决定收入的基础上,由此产生了公民生活水平和物质福利上的悬殊差别。”①这值得我

---

① 〔美〕阿瑟·奥肯:《平等与效率》,华夏出版社 1987 年版,第 1 页。

们在发挥市场配置资源的基础性作用时考虑全面的利益格局调整及其对策。

进一步完善社会保障和社会福利制度,在这里,公平正义涉及福利最大化。**一是**继续探索公务员和事业单位的养老保险改革,努力打破双轨制。改革“养老金”双轨制实际上就是李克强总理所说的触动利益格局,“割自己的肉”。**二是**努力实现基本社会保障均等化。基本社会保障均等化的核心就是确保包括低收入群体在内的各类社会群体有支付社会保险的财政能力,标准是保证基本生活。就预防性社会保障,诸如养老保险、医疗保险、失业保险、工伤保险、生育保险而言,要确保每个有能力建立自己账户的社会成员都能够建立这样的账户,雇主、个人和国家都要尽到各自的责任。**三是**把基本社会保障的差异问题摆在重要位置,努力实现城乡、地区、部门甚至个体之间的差异协调与统一。**四是**坚持社会政策兜底,在保障民生的基础上进一步改善民生。进一步完善社会救助体系。完善财政体制和筹资机制。在属地管理的基础上,中央和省要进一步完善社会救助专项调剂资金制度,用于补助中部、西部、革命老区、少数民族地区社会救助资金的不足。加快转移支付制度与方法、手段的改革,逐步采用“因素法”为基础的转移支付办法。在转移支付的结构安排上,要根据地区人口、经济、财力和支出标准等综合因素,科学测算社会救助“标准支出”和地区财政“标准收入”,依据客观指标,设置转移支付救助项目和指标,确定标准支出规模。

四、以内化规范约束外化行为

完善国家治理体系、提高国家治理能力离不开每个社会成员的努力,中国有句古话,“修身、齐家、治国、平天下”,讲的就是这个道理。2014 年 2 月 17 日,在省部级主要领导干部学习贯彻十八届三中全会精神全面深化改革专题研讨班上,习近平总书记强调,必须适应国家现代化总进程,提高人民群众依法管理国家事务、经济社会文化事务、自身事务的能力。这里的“自身事务”既包括居民的日常生活事务,也包括居民自身的修养和行为。治理是指一系列的价值、政策和制度,通过这些,一个社会可以来管理它的经济、政治和社会进程。它是一个社会开发经济和社会资源过程中实施管理的方式。它同时也是制定和实施决策的过程。治理还被界定为限制和激励个人和组织的规则、制度和实践的框架。

(一) 社会规范是制度建设的重要内容

每个社会成员自觉遵循社会规范是社会秩序的基础。习近平总书记指出,推进国家治理体系和治理能力现代化,要大力培育和弘扬社会主义核心价值体系和核心价值观,加快构建充分反映中国特色、民族特性、时代特征的价值体系。这透彻地分析了作为社会成员的个人在治理体系中的作用和个人修养在提升国家治理能力中的角色。"修身、齐家、治国、平天下。"修身是治国平天下的基础。而修身就是要树立正确的价值观,遵从社会规范,形成合群爱群的公德。这是一个把社会制度内化为个人内心规范的过程。合群的态度、乐群的行为是社会治理的基础。

社会规范以社会制度为基础。制度包括法律法规、风俗习惯、组织章程、政策措施、游戏规则等,一旦形成,将成为社会规范,如果人们接受了这些社会规范,就会形成社会治理或社会控制的体制机制,一方面表现为个人对于社会集体行为的从众意识和一致行动,另一方面表现为个人对于权威的顺从,进而在从众和顺从中形成社会秩序和社会活力。制度是社会成员必须遵循的行为规范,为了让规范变得有意义,社会规范本身必须是社会的多数人所能接受并且了解的。制度可以分为两类,一类是正式制度,通常是通过文字建章立法,包括法律等,法律是国家强制的制度和规范,各个地区、部门的规章制度也是强制性的。另一类是非正式制度,没有文字记载,多是约定俗成的,但是在人们的行为中发挥着重要作用,主要通过民德和民俗体现出来,它经过长期的教化和社会化把政府的强制规范和社会约定俗成的规范内化为人们行为,受社会舆论监督。民德通常是一个民族最珍视的原则,要求每个社会成员都必须遵守,违者必须受到社会舆论的谴责或严肃惩处,例如不赡养老人、虐待儿童妇女都会遭到社会的强烈反对。民俗是指导日常生活的行为规范。2014 年 2 月 12 日,中央各报都在显著位置刊登了社会主义核心价值观的基本内容:富强、民主、文明、和谐、自由、平等、公正、法治、爱国、敬业、诚信、友善。这既是国家意识,也是民族意识,更是个人的行为规范,是新时期我国社会成员行为的基本规范和准则。

(二)价值观是社会规范的基石

价值观是社会规范的核心。价值观是文化中的共同的东西,它告诉人什么是好的、对的、合适的,也告诉人什么是坏的、错的、不合适的,它决定了人们的喜恶,也直接影响人们的行为。它可以体现在具体的行为中,也可以体现在一般的判断里,用来规范自己,判断别人。尽管文化中的某些文化价值会随着时代的变化而不断发生变化,但是大部分的价值观,特别是成就感、效率、物质享受、平等等,都会保持相对的稳定性。这也是为什么中华民族历经千年,始终保持认同的原因。当下的问题是,如何把这些核心价值内化为全民族的行为,逐步变成民德、民俗,成为全体社会成员遵循的行为规范。

把全体人民认可和认为可以接受的核心价值内化为民族的行为不是一朝一夕的过程,需要几代人甚至十几代人的努力。对此,一定要有清醒认识,切不可认为通过媒体的宣传就可以树立支配人们行为的价值观。**一是**儿童要从家庭开始,从其社会化的进程初始阶段教化。在出生不久和开始具备自我的初始阶段,儿童只会模仿身旁的人的言行,特别是与他们互动亲密的人的言行,这时,父母和家庭成员的德行就显得特别重要。之后,他们参与父母的生活圈子、朋友的生活圈子,再后来他们进入学校和职业,这些过程中,他们不断模仿别人,受到鼓励,也受到干扰,他们的人格、行为逐步被塑造出来。教育不仅要教给学生知识,更要培养学生的德行和信仰,这就要求教师首先自立、自尊。教育若没有德行和信仰,就不会成为国家的核心力量。**二是**当代社会化的一个显著特点是新媒体的出现,以及年轻一代在接触新媒体的过程中逐步实现社会化,形成自己的行为规范和人格。社会化是社会成员的文化塑造、学习及其生活态度养成和价值观培养、行为规范形成的过程。如何把社会主义核心价值观培养成全体社会成员的行为是一项艰巨的任务。这个过程既是国家治理体系完善的重要过程,也是国家治理能力提升的重要过程。**三是**要崇尚知识、思想和文化。知识、思想和文化复兴是伟大民族复兴的基本标准,要通过文化潜移默化为人们的生活方式,用知识引导人们的生活,以思想涵养人们的内心,使整个社会的定力得以培育。“修身”也是国家治理体系和治理能力的具体体现和基础。

(三)社会规范具体体现为个体和群体的治理能力

个人的修身立人最终体现为治理能力,这个在当前对于公务人员尤为重要。治理能力包括治理主体的影响力、凝聚力等,诸如政府、企业、社会组织等的影响力,具体到领导干部身上就是,是否能够虚心听取群众的意见,与群众打成一片,不武断专横;心胸宽阔,不唯书、不唯上,坚持真理;开放包容,任人唯贤等;以及领导干部的自我认知能力、价值观、思维模式、领导行为等。通过这些要素的转型最终提高个人的影响力和组织的影响力。在新媒体时代,领导干部如何面对这些挑战?首先需要解放思想,在这样一个时代,卓越的领导者必须具有远见卓识,与社会和群众共享持久的价值观,具有变革的勇气和胆识。“既无为一己之修,乃无为一群之政。”[①]“于是今人乃惟知为政有学,而不知修身之有学。乃更不知修己乃为政之本,为中国文化之大传统。”[②]与社会和群众共享持久的价值观,首先要修己,努力培育领导干部自己的规范行为、健康人格和核心价值观。不能修己,何以为政?健康的人格、规范的行为、高尚的人生价值是领导干部影响力和魅力之所在,是其领导力的基础。

凝聚力主要表现在感情方面,但凝聚力又不完全归结为情感。我们可以把凝聚力界定为一种理念形态(价值观、理想、感情),它蕴藏在每一个社会成员之中,是社会成员共同的心理和精神的集中体现。在一个拥有56个民族的国家,建立强大的民族凝聚力是实现国家治理现代化的重要内容。民族凝聚力是某个民族整体对其民族成员的吸引力、这个民族的成员对民族整体的向心力以及民族成员之间的亲和力。这三种力量有机统一起来,才能形成强大的凝聚力。而民族整体吸引力处于决定地位,它决定着民族成员的向心力和民族的亲和力。文化是人类强大的黏合剂,因为交流是文化

① 钱穆:《晚学盲言》(下册),生活·读书·新知三联书店2010年版,第853页。
② 同上书,第855页。

的本质,也只有交流才能培养人们的认同和社区感,产生人们共同的情感和行为,发现共同生活、共同工作的感觉。从原初文化衍生出来的其他因素,也决不能忽视。凝聚共识,建设强大社区,需要用创新的思想和理念去思考问题,以更大的智慧去解决现实中遇到的具体问题。放宽历史的视野,增强彼此的了解,拉近心与心之间的距离。

修身立人必须从个人信仰、国家和民族意识以及个人的自信力培养开始。国家和政府在个人社会化进程中的作用日趋明显,人们越来越认识到,国家是一个重要的社会化机构,因为国家对一个人的生命历程的影响越来越大,在传统文化中,本来是由家庭承担的教化功能越来越让位于国家机构,比如媒体、学校、社区组织、社会组织。尤其是 20 世纪以后,国家机构的影响越来越大,比如政府规定了孩子几岁才可以开车、饮酒、参加选举、结婚、退休等,这些虽然在实际执行过程中不是那么明确,但是政府已经介入到个人的生命历程,不同程度上影响着人们的社会化过程。由国家倡导的价值观也是如此,20 世纪 60 年代初,美国总统约翰·肯尼迪的至理名言,“不要问你的国家为你做了什么,问一问你为你的国家做了什么!”激励了几代美国青年参加和平队和志愿服务。通过个人和文化教化实现的社会秩序是成本较低的社会治理,这样的治理体系建设需要时间,通常需要几代人的努力。卡斯特指出,“(在苏联)长期的冰封之后,最尖锐地冒出来的问题显然是认同的问题。但是把它当成是一个纯粹的种族或文化的问题,仍然是不够的。实际上,这里涉及到的问题是重新寻找文化、经济和对于居住在其中的人们来说意味着某些东西(某些情况下意味着一切)的现实生活的土地。”[①]在这里,我们不必对卡斯特的所有阐述进行分析,但他透出的信息,通过苏联的经验告诉我们,仅仅有文化因素还是不够的。

要对建设社会主义核心价值体系的艰巨性有充分的认识,毕竟我们的价值观历经几个时期,出现过不同程度的断层。教育是一项重要的社会制度,它为每个人进入社会体制中扮演角色做准备,成为训练公民适应社会机制的工具。如何发挥教育在核心价值观中的作用?这值得进一步探索。在当代,教育可以传播文化,促进社会与政治的融合,促进社会治理。

---

① 〔美〕曼纽尔·卡斯特:《认同的力量》,社会科学文献出版社 2006 年版,第 43 页。

第9章

我们还要做什么?

如果我是一名医生,我会赞成出台有关法令,限制行医执照的发放数量,反过来,如果我是病人,我肯定会反对这样的法令。这一点是非常清楚的。但是,有些事情会给我的切身利益带来什么样的影响,就不那么清楚了。

——〔美〕戴维·弗里德曼

从主要国家的历程、经验和教训中,我们得到的启发,至少包括:公共服务提供既要讲效率,也要讲公正;既要讲创新,也要讲公平;既要讲供给技术,也要讲世故人情;既要讲服务提供者,也要讲服务对象。适应新的历史时期的经济社会发展变化,“十三五”时期的基本公共服务提供要提升一个层次,更加关注“人”,关注服务对象的感受和满意程度。要实现这样一个目标,不仅要求规划的结果中体现出相应的政策,也要求规划制定过程中要进一步创新五年规划的制定方式和决策模式。

当前,需要做的工作包括,从全局和战略谋划养老保险制度改革和养老服务体系建设、完善基层公共服务体系、改革创新准公共服务体制机制、以购买服务实现基本公共服务的可持续性。

一、如何深化养老金体制机制改革？

面对新的发展阶段和急速变化的国际形势，我们需要做的工作还很多。2014年3月4日，李克强总理在政府工作报告中指出，社保是民生之基。重点是推进社会救助制度改革，继续提高城乡低保水平，全面实施临时救助制度，为特殊困难群众基本生活提供保障，为人民创业奋斗解除后顾之忧。建立统一的城乡居民基本养老保险制度，完善与职工养老保险的衔接办法，改革机关事业单位养老保险制度，鼓励发展企业年金、职业年金和商业保险。完善失业保险和工伤保险制度。落实社会救助和保障标准与物价水平挂钩联动机制。发展老龄事业，保障妇女权益，关心青少年发展，加强未成年人保护和困境家庭保障，做好残疾人基本公共服务和残疾预防，支持慈善事业发展。让每一个身处困境者都能得到社会关爱和温暖。

进入新世纪以来，政府在完善社会保障体系建设领域倾注了大量心血，取得了举世瞩目的成就，社会保障体系不断完善，保障水平不断提高。2014年春节过后的第一次国务院常务会议就进一步完善养老保险制度做出决定，提出合并新型农村社会养老保险和城镇居民社会养老保险，建立全国统一的城乡居民基本养老保险制度，彰显了中央政府加快养老保险制度改革的决心和信心。

现行社会制度依然存在诸多短板，除了城乡社会保障发展不平衡、农村地区明显滞后等状况外，2013年以来，养老金制度改革和创新问题引起各界广泛关注，学界观点建议诸多，民间议论纷纷，主管部门高度重视，媒体报道频频。各方逐步将其上升为养老金的顶层设计和全面深化改革问题。围绕着这个所谓的顶层设计及其改革，出现了养老金安全性（包括提高收益率和多元化投资等）、基础养老金、延迟退休、机关事业单位社会保险制度改革等一系列说法。在我国进入老龄化社会，养老问题已经影响到千家万户时，这个问题得到关注和深入讨论不无道理。

当前的问题是，什么是顶层设计？如何深化养老金体制机制改革？在我看来，要回答这些问题，不如回到问题本身，看看当前的养老保险制度到底存在哪些问题,解决这些问题需要坚持的原则是什么,以及如何去解决这些问题。

(一)当前养老保险体制机制面临什么?

当前,中国养老保险存在诸多问题,主要表现在以下几个方面。**一是**碎片化严重,存在城镇职工、城镇居民和农村养老保险。社会保障内部的各类保险采取的方式不一样,有积累制的,有半积累制的,还有其他的形式,积累制与个人的收入有很大的关系,每个人的收入又不尽相同,就自然造成养老金缴费和待遇上的差异。**二是**全覆盖的体制机制虽然已初步建立起来,但待遇水平不高,差异较大。截止到2012年底,我国社会基本养老制度覆盖人口大约2.6亿,其中有1.9亿缴费人口,7 000万领取养老金者,这就是说,3个人上缴工资的28%来支付1个人的养老金。**三是**养老金存在缺口。我国实行养老保险积累制的职工的个人账户并不在职工自己手里,而是掌握在政府手中,基本养老保险收不抵支和部分统筹账户挪用个人账户,就出现了职工个人账户的"空账户"问题。如何加强养老金的监管,寻求投资多元途径,包括市场手段,实现养老保险金的规模不断扩大和保值增值,就成为解决养老金缺口的关键。总体看来,我国养老金的维持相对来说比较紧张,这种态势还可能会进一步加剧。**四是**老龄化进程不断加速,养老压力越来越大。到2012年底,我国的老龄人口已经达到1.94亿人,2013年超过2亿人,在老龄人口中,失智失能的老年人在2012年已经达到3 600万人,2013年达到3 750万人。

(二)如何推进养老金改革?

实现养老金制度在当前的发展变化进程中考虑增量、存量和创新多重叠加的改革至少需要从四个方面入手。**一是**进一步完善基金积累制度,探索现收现付制度存在的问题及其改革方向。现收现付制度意味着代际之间转移支付。当年罗斯福通过《社会保障法》缓解了经济大萧条带来的失业和贫困等问题,现在却成为福利国家必须面对的财政压力。布什自己解释道,"在1935年这种制度是非常合理的,当时每40个在职员工承担1位退休者的生活费用。但是随着时间的推移，出生率下降，人口比例逐渐变化，生活成本则不断攀升。结果，到2005年的时候，社会保障体制要求每3个在职员工承担1位退休者的生活费用。对于在21世纪头十年里步入职场的年轻人来说，这一比例将会变成2∶1。”如何让更多的人承担起自己对于社会的责任和自己对于自己的责任将是问题的出发点。随着人口尤其是老年人口的增加和医疗技术的不断进步，人类创造的社会保障制度本身已经出现问题，可以使用的资金数量捉襟见肘。在美国，《社会保障法》把政府对穷人承担的责任进一步制度化。包括：第一，建立由联邦政府掌管的养老金制度，其资金来源是从工资总额中征收1%的税收，先是决定从1942年开始发放，后来提前到1940年，凡是65岁以上退休工人以个人贡献大小每月得到10美元至85美元。在此之前已经退休人员由政府提供最高每月15美元的养老金。第二，雇员和雇主分担失业保险，联邦和州政府合办。第三，联邦政府提供资金照顾残疾人及其未成年子女。**二是**积极探索各类保险在征缴、发放等方面的统一和协调问题。社会保障内部的各类保险采取的方式不一样，有积累制的，也有半积累制的，还有其他的形式，积累制与个人的收入有很大的关系，每个人的收入又不尽相同。要建立有效的社会保险关系转移接续制度。要提高各级财政补助标准，确保职工、城镇居民基本医疗保险和新农合政策范围内住院费用支付比例均达到国家规定的目标。**三是**继续探索公务员和事业单位的养老保险改革，努力打破双轨制，尤其是打破养老保险领域的“官本位”制度，正确处理“干部”与“群众”的关系问题。根据《社会保险法》第十条规定，公务员、参照公务员法管理人员养老金办法由国务院规定。实际上，这两个群体，甚至包括事业单位，一直游离于尽缴费义务之外，而且退休后替代系数也远远高于其他群体，这既不公平，也不合理，也是社会上多年批评的话题。改革“养老金”双轨制实际上就是李克强总理所说的触动利益格局，“割自己的肉”。下一步，解决这个问题的基本思路是“老人老办法，新人新办法”。事业单位养老金改革一直悬而未决，各地开始试点的公务员聘任制也许会成为一个突破口。尽快建立公务员职业年金，通过配套改革解决“养老金”双轨制问题。**四是**加快建设与老龄化需要相适应的保险制度和服务体系，尤其要及早考虑长期护理保险制度的建设。老龄化加速和未来老龄人口的不断增加,医学进步会把许多致命的疾病变成慢性病,病人的弥留时间会大大延长,老龄人口的医疗支出会大大增加,如何加强医疗保险基金的管理也非常重要。有几个人群需要给予特别关注。关注农村人群,充分考虑城市和农村需求的差异,分别对待城市养老和农村养老。要着力解决农村80岁以上老人的补贴问题,在此基础上启动养老服务。关注失能人群,按照国际惯例对失能老人分等级管理。关注高龄人群,要特别关注80岁以上高龄人群、低收入人群,以及失去亲人的老人。积极谋划具有中国特色的养老服务体系。着手规划和试点护理保险制度。从建立长期护理体系入手,规划和试点护理保险,必要时先动用医疗保险或养老保险,同时加速护理保险建设。

二、依靠社区完善基层公共服务体系

(一)最大限度体现以人为中心

中共中央政治局原委员、北京市委原书记刘淇同志在西城区调研时强调,在推进网格化管理过程中,使用信息技术是完全必要的,但决不能忘记人的因素是第一的。服务型政府是以居民为中心的政府,而不是以政府自身为中心的政府,它要求政府实现“民本位”的思想观念转变,最大限度实现居民的广泛参与,建立居民、政府、社会组织和企业之间的交流互动,把民意诉求体现在政府决策、执行和评估过程中。刘淇同志提出了一个全球共同面对的社会治理问题。**一是**美国前总统克林顿说过,在信息化时代,要给人民更多的机会和授权,让他们自己去解决问题。国际经验表明,复杂的政策问题单靠政府自身是不能解决的,只有大多数人民参与到这个政策的过程中,有效的公共服务和公共政策目标才可能实现。国际上强调公共服务产业化的实质不在于其产权归属,而在于如何提高投入产出效率、降低成本、提高服务质量和客户的满意度。不存在公共部门必然效率低下,私人部门必然效率高,关键看如何执行。研究表明,关键问题是对公共服务的结果是否可问责,合同是否有明确的标准,公共目标是否明确。**二是**通过网络建立起新的公共领域,拓宽居民参与的渠道,推动“社会协同、公众参与”格局的完善，也使其成为政治沟通的新手段。“建构小而富有回应性的政府意味着，应建立瘦型而有效能的政府组织，以积极回应公民的要求。”①“如果政府制度不能让社区居民接近公共政策过程，或者只将居民视为事件而不是人的话，那么，居民恐怕没有什么特别的理由一定要支持政府的制度。虽然职业行政官员也可能考虑不满的公众提出的地方治理应具更强的政治回应性的要求，但是，他们应该明确，地方政府存在的目的永远是服务于社区公民，而不是以职业主义的思维方式考虑如何操纵公共生活。”②“社区居民是他们自己社区的‘所有者’，所以，他们应该做出必要的决定以确定应该提供什么样的公共服务以及如何运营这些公共服务。”③用什么办法来建立有效的社会秩序？这就是，让社会逐步实现自我治理。

（二）如何完善体制机制？

接下来，如何决定由哪些组织提供哪些服务还需要进一步深化改革。这包括，**一是**提供哪些服务、服务数量、服务标准。**二是**要根据财政公平原则决定财政支出。**三是**制定居民接受服务的标准和规则以约束居民消费公共服务的个人行为。**四是**根据财政预算和服务类型选择公共服务的供给者，这是最为关键的，这意味着政府在这个领域的改革目标和方向需要进一步明确，即从划桨者逐步变为掌舵者。**五是**建立对公共服务消费者和生产者行为监督的标准和规则。**六是**建立绩效评价体系，评价的内容包括回应程度、公平性、绩效和居民的满意度。

要充分认识到，既然建立了全响应系统，那就要做好为居民全面服务的准备。居民的需求多种多样，因此，公共服务产品类型多、劳动密集型，它所需要的生产组织可能规模不大，但类型多样，这就需要考虑公共服务的就业问题。另外，生产组织规模过大，就会缺乏灵活性，回应速度就会慢。**一是**全响应系统的建立和完善要考虑自上而下和自下而上的有机结合。仅仅自上而下考虑问题，就会忽视居民和社区的利益偏好、基层特殊环境和问题，

---

① 〔美〕理查德·C. 博克斯：《公民治理》，中国人民大学出版社 2005 年版，第 7 页。
② 同上书，第 15—16 页。
③ 同上书，第 19 页。

会使社区和居民的需求难以得到满足。**二是**中央政府的社会管理创新是对地方发展过程中出现的问题所做出的一种回应，并基于全国的发展，提出既考虑国家整体发展又考虑地方特点的政策框架。在中央政府社会管理创新的框架内，允许地方根据自己的实际情况进行一些大胆的试验。**三是**政府社会管理创新要考虑中央政府和地方政府的不同特点。中央政府考虑组织构架变革比较容易，而且，就一般意义上看，任何创新，改变组织构架都是较容易的，但是改变与组织构架相适应的人力资源、财政资源、工作风格、价值观念却是比较困难的。当前，我国的政府社会管理创新已经遇到这样的问题，基层，尤其是社区，承载着厚重的历史、文化和习俗，其变革往往不是一日之功。地方政府的创新不仅仅取决于正式的组织结构，也取决于地方的历史、文化、现有企业和社会组织状况。**四是**政府社会管理体制创新要处理好相似问题和共同问题。共同问题诸如民生问题，包括养老保险制度建设、公共卫生和基本医疗等。这是需要中央政府全面规划和部署的事情，需要用宏观的政策和统一的办法来处理。相似问题诸如流动人口，则需要根据不同地区的实际情况进行具体分析。

（三）把理念创新放在重要位置

当前我国转型的压力不会简单地随着经济增长或民生条件改善而消逝，要消除这种压力，还必须提高公民自身的治理能力和水平。**一是**有效的社会治理，必须始终把理念创新放在重要位置。社会治理，必须正确处理权力与责任的关系、利益与风险的关系。在社会领域，更大的权力意味着更大的责任，在涉及利益等领域，权力越大，责任越大；社会治理主体的利益越大，风险就越大。只有实行多元治理，才能减轻责任，分散风险。在社会治理中，政府要全心全意地提供公共服务，这是政府的根本职责。政府要部分地承担社会治理的责任，所谓部分承担就是说，社会治理的另外一部分责任实际上是需要居民自己负责的。**二是**从政府为民做主，到政府代民做主，进一步到居民自己做主，这是一个历史性转变。不断改善基层干部的领导方式。过去基层干部是按照上级党委和政府的要求工作，现在要按居民的要求工作，这就要求改变工作方法，进行工作方式的创新。

综合决策既是一个探索的过程,又是一个参与的过程。所谓探索是指在制定综合决策之前,决策者应当会同专家对决策的目标和实际状况进行研究和评估,提出发展目标和具体的运作手段,并随着政策的实施进行监督和修正。所谓参与过程是指实施政策的区域和部门的各利益群体和个人都要参与政策的讨论和政策的制定,并参与政策的实施,这些参与者或者在实施综合决策的过程中获的一部分利益,或者在政策的实施过程中失去一部分利益。综合决策就是在对各种利益群体冲突目标的协调中达到可持续发展的总目标。

(四) 正确使用数字服务

从国际经验来看,数字政府(Digital Government)的弱点主要表现在:在居民接近互联网方面缺乏公平性;网址上的信息的可靠性;隐藏在背后的政府议程会影响公众的选择。

网络化下的社会结构变化对"全响应"社会服务管理提出了新要求。建立在数字和信息化基础上的"全响应"社会服务管理,除了利用数字和信息为居民提供服务和创新社会管理外,还要考虑到社会生活网络化这一新趋势:居民中网民队伍的不断扩大,网络交往的日益频繁等,造就了社区居民之间、社区居民与社区外居民之间的"缺席互动",通过网络传递经验,并通过缺席互动和网络经验传播提升社会认同。这是一般意义上的社区建设所不曾拥有的现象。当"缺席互动"和网络经验传递改变了传统的社会结构,一般人们管用的行政层级式的"响应"模式就显得力不从心。这是我们在关注"全响应"社会服务管理建设时要注意的。

如何教会社区干部利用网络技术与居民交往也显得十分必要。根据我们的调查,社区干部的工作很难,每天主要工作是应付上级部门交办的各项工作,根本没有时间与社区居民接触,也没有机会考虑居民的需求和意愿,与居民基本是隔阂的。

当前中国"智慧城市"建设面临四大挑战。首先是信息技术挑战。一方面,未来云计算、物联网、大数据、移动互联网和智慧城市等各种新兴技术,将完全改变各种应用模式,提出新的挑战;另一方面,随着技术成熟、应用深化,城市发展将从技术驱动转向需求驱动,这将是全面的战略挑战。其次是能力亟待提升的挑战。“智慧城市”是在综合平台上应用的,目前国内政府、企业把握如此复杂系统和新技术的能力还有所欠缺。再次,认识、习惯、制度需要适应智慧城市的应用。最后,法律环境需要调整。

(五) 探索灵活和可持续的基本公共服务供给模式

提高地方政府基本公共服务的供给能力,需要深入探索基本公共服务的供给模式。“日本地方自治制度的一个基本原则就是,凡是直接与居民日常生活相关的行政工作都尽可能由居民身边的地方公共团体来处置。”①结合政府转型和推进公共服务建设,在加强社会组织管理的同时,要培育社会组织参与公共服务的供给,由政府购买社会组织的公共服务。要制定有关政策和标准,为政府购买社会组织公共服务创造条件。政府对社会组织的扶持培育最重要的还有资金方面的资助。把社区服务、养老、就业培训、科普教育等通过政府购买社会组织服务的形式转移给社会组织去做。

要进一步解放思想,打破传统的行政思维方式,走出所谓的“横向到边、纵向到底”思维惯性,通过体制机制创新,除政府必须提供的基本公共服务外,在对各类基本公共服务分类和定性的基础上,充分发挥合同外包、联合生产、合作生产、志愿生产等体制机制的积极作用,在完善体制机制的基础上,创造社会组织参与基本公共服务供给的积极性和创造性,推动社会组织发展壮大,与此同时,调动企业的积极性和创造性,促进企业积极履行社会责任。

要改革公共服务的供给方式,把地方政府职能能够分解给其他部门的尽可能分解给其他部门;通过购买服务的方式把可以由企业承担的公共服务交给企业生产和供给;将一部分政府公共服务交给社会组织承担;将可以由社区组织承担的公共服务转交给社区。

与发达国家比较,中国在建设基本公共服务体系过程中面临的突出问题,一是人口问题,二是规模问题。随着时间的推移,要特别关注政府履行

---

① 魏加宁、李桂林:《日本政府间事权划分的考察报告》,《经济社会体制比较》2007年第2期。

基本公共服务承诺的能力，也要妥善安排社会领域的财政支出，在这个问题上，政府更需要在基本公共服务和社会福利领域进行创新。

（六）加快政府自身改革与创新

在全响应系统中，各类不同性质的服务之间政策和法律框架如何设计？政府、社会和市场的关系如何界定？如何从全能政府逐步转变为有限责任的服务型政府？这意味着要实现五个根本转变，即由单一的民意表达转向多元的民意表达，除了发挥网络的作用外，可以考虑民意调查、消费者座谈会、服务电话、街道和社区发展论坛、邻里委员会等；由国家转向国家与社会共同治理社会事务；由公共部门提供公共服务转向政府、企业、社会组织和居民共同提供公共服务；由等级和权威转向网络和合作伙伴关系；由注重居民的反映到注重居民诉求回应的结果。从中央和地方的职责划分来看，基层公共事务越来越依赖于地方的各种机构，包括地方政府。但是，决不能把地方公共事务仅仅视为地方政府的责任，需要以更开阔的视野把地方公共事务拓展到地方政府与其他纵向的政府间关系、政府与企业部门、社会部门以及居民之间的关系，把单纯由地方政府铸造的公共舞台变成地方政府与企业、社会组织和居民共同表演的地方，在这个过程中，政府将由生产者、主导者逐步变为协调者和助推者，由划桨者逐步成为掌舵者。

“全覆盖、全感知、全时空、全参与、全联动”需要在搞清楚政府服务、社会服务、市场服务的基础上，分清楚政府、社会、企业的责任，否则，不分类别，所有的事务都要政府来抓，是真真正正的“大政府”，是把社会建设行政化的一种做法。而且，在社会工委不具备完全协调和驾驭“全响应”社会服务管理整套系统的前提下，“全响应”社会服务管理系统会落入概念炒作，脱离实际。

“全覆盖、全感知、全时空、全参与、全联动”忽视了社会生活的特点，过于强调信息技术，忽视了人自身，美国哲学家和教育家约翰·杜威（John Dewey）就明确指出：“虽然我们说尽家庭和邻里组织的所有不足之处，但是，它们永远是培养民众精神的首要组织。”

(七) 进一步拓展便民利民的思路

调研组2012年9月11日到北京西城区行政服务中心大楼是下午1:15,没有开门,有一些人坐在树下等,看起来是在等着办理企业工商登记,直到1:30才开门,排队的已经有数十人。服务机构不同于政府机构的特点是要充分体现服务,是不是可以考虑中午不休息,或者多开几个窗口,便民利民?正如目前的商业机构,诸如银行等所为。

从国际经验看,信息中心的资料应当允许居民和参观者拿取,作为公共物品,一方面可以宣传政府的政策措施,另一方面也可以为居民提供便利性。

(八) 努力把社区办成凝聚公民群体的社会共同体

经常收到《西城区报》,调研中也翻阅了各街道办的报纸,诸如《白纸坊》《天桥报》《北京大栅栏》《陶然之窗》《今日牛街》《今日德胜》《展望》《长安街》《椿树风采》,感觉报道各类活动的新闻多,介绍老百姓生活,或者老百姓自己写自己的东西少。有一篇刊登在《陶然之窗》的《学电脑 晚年乐》,还是挺有意思的,是一位老人写自己学习电脑的过程,很有可读性。《北京大栅栏》刊登的《童年的记忆、小时的摊位》也不错。这引发我们进一步思考:社区报纸给谁看、给谁办的问题。

(1) 社区报纸应当是给社区居民看的。如果有这样的定位,报纸的内容可以考虑多刊登一些社区和市区街道办事处的公共议题,诸如财政预算、公共安全、环境生态、休闲娱乐、公共设施等,听取居民的意见和建议,也可以刊登一些有关居民生活的报告讲座信息,可以刊登一些社区安全或者最近发生的偷盗、抢劫等事件,提醒居民注意,提高居民警觉,自我保护。可以通过报纸听取社区居民对社区发展的意见和建议,还可以刊登一些反映居民问题的来信、文化信息。

(2) 社区报纸能不能发给社区居民一家一份,让大家熟悉自己的社区?只有熟悉自己的社区才能了解她,才能热爱她,才能有归属感。社区新闻小报将把一家一户凝聚为公民群体,为社区自治和社会治理服务。

（3）可不可以考虑让社区组织和居民负责报纸的组稿和编辑，报纸可否免费发放给社区全体居民和驻区单位？

（九）发挥行政服务中心的社会组织作用

北京西城区行政服务中心的设施设备堪称一流，如何充分利用需要进一步开拓思路。行政服务大厅不仅可以办成公事公办的场所，其实也可以考虑办成市民活动中心。西城区行政服务中心的阅览室等完全可以开放给居民召开会议，包括社区居民的会议。这样，既可以发挥公共设施的作用，也可以推动更多的人参与到政府的各项社会事务中来。行政服务中心可以考虑与自己工作有关的公共议题，自己或者通过居民组织沙龙、座谈等方式，寻求更加符合居民需求的解决方案。

（十）将居民的问题和需求细化

美国堪萨斯的劳伦斯对市政服务做了细化，针对每一类问题和需求，都设有专门电话，诸如垃圾车、狗叫、人行便道修理、房屋修理、涂鸦、危险停车、悬垂的树枝或灌木、坑洼、地理信息系统资料索取、迷路狗、暴雨堵塞、杂草、路灯损坏等，除此之外，还专门设有应急电话，专线专用，专事专办。这样有利于提高办事效率，也有利于提高居民的满意度。这样既可以满足居民的需求，也可以扩大基层公共部门的就业。

居民满意度评价已经成为国际上基本公共服务供给绩效评价的重要手段。应当借鉴国际经验，建立起一套能够准确对居民满意度进行测量的指标体系和评价标准，并由第三方机构进行评估，及时发现问题，进而及时改进工作。

三、改革创新准公共服务体制机制

（一）坚持改革的基本原则和方向

我们仍然以出租车为例。当前和今后一个时期，加强和创新出租车管理的基本思路是，进一步加强对现阶段我国经济社会发展特点和规律的认识,通过不断更新出租车管理理念,进一步明确出租车管理主体,改革和创新现行出租车管理体制,逐步建立起与市场经济体制相适应的出租车管理体制,包括政府管制和企业经营模式,不断提高居民福祉,实现社会和谐与稳定。

总的目标是,以经济社会发展和人民生活水平提高为基础,以完善社会主义市场经济和加强政府职能转变为契机,以满足各类群体的乘车需求和保护消费者权益、激发经营者活力以及平衡企业和职工利益关系为核心,经过一个时期的努力,逐步建立起以政府特许经营为基本管制方式,以质量控制、价格控制和总量控制为基本调控手段,以公司化经营为基本经营模式的有中国特色的出租车管理体制,形成政府调控企业、企业协调司机、公司治理结构相对合理完整的体制。要在明确出租车定位和发展目标的基础上,提出解决当前紧迫问题的原则和建议,为地方政府制定具体实施政策和为下一步制定国家有关法律法规预留空间。

从国内外经验看,出租车行业非常复杂,各个国家都面临这样或那样的问题。中国目前在制定出租车法律法规过程中,可先制定一个指导性意见,在大的发展方向和目标上明确我国出租车行业的发展趋势,指导各地的出租车发展。与此同时,要着手研究设计出租车行业的相关领域的各种问题,尤其是经营模式中涉及的出租车公司模式、出租车司机劳动性质及其相关的税收、社会保障、社会福利和社会救助政策等问题。举例说,出租车司机是雇佣者还是自雇者?如果是雇佣者,相对应的劳动合同法和税收有关法则如何管理?出租车的相关法规建设不是单一的问题,而是一个综合问题,要考虑劳动、社保、税收等相关法律的建设。完善的法律体系建设需要从长计议。

当前研究中国出租车的法规和政策,必须考虑以下问题:基本定位、政府管制方式和行业经营模式。(参见表9-1)

表9-1　解决出租车问题收益与风险评估

主要问题	收益	经济风险	社会风险	实现条件
定位：准公共服务	解决了总量控制问题；解决了各地的困惑问题	无	无	深化改革、政府职能转变、服务型政府建设
政府管控方式：特许经营	解决了经营期限和经营权私下转让问题	由于经营权的无偿使用，地方政府损失一定的财政收入	无	立法能力和执法能力的提高
经营模式：公司化经营	解决出租车司机的超负荷工作；建立新型的劳资关系	无	既得利益群体不满，甚至闹事	公司管理模式的设计、员工职业精神的培养、各地区根据现有情况分步推进

在对出租车管理特点的理解以及对当前加强和创新出租车管理必要性和紧迫性认识的基础上，需要进一步厘清加强和创新出租车管理的总体思路，不断推进出租车管理体制改革和创新。有必要进一步明确我国出租车行业发展的方向、指导思想和基本原则。

重新洗牌过程中既涉及企业、个人的利益，也涉及地方政府的财政收入。现有的利益格局主要是在财政分权模式下形成的。从调查的情况看，在整个国家经济发展和地方财力有了一定提高后，地方政府放弃利益的可能性和现实性都是存在的，问题是如何协调出租车公司和出租车司机个人之间的利益，以及历史上遗留下来的个人经营权问题。

1. 坚持正确的发展基本方向

改革创新出租车管理体制，必须坚持正确的方向。**一是**坚持以人为本。有效的出租车管理必须紧紧围绕居民生活质量的全面提升展开。把一切为了人民作为出租车管理的出发点和落脚点。把不断提高居民福祉和充分发挥企业及司机的积极性作为衡量出租车管理成效的首要标准。**二是**坚持从国情出发。中国社会主义市场经济体制框架已经初步建立，但市场经济的发育程度仍需要进一步提高。传统计划经济遗留下来的深层矛盾有待于进一步解决，同时又面临转轨过程中出现的诸多新问题。这些都要求我们开创有中国特色的出租车管理模式。**三是**坚持政府主导、多方配合。要通过立法和制定相应的政策,为出租车行业健康发展提供必要的法律法规支撑,充分调动出租车企业、司机的积极性。

2. 出租车行业发展的基本原则

必须坚持出租车行业发展的基本原则。**一是**政府政策要紧紧围绕居民和游客出行的满意度、企业效率和市场管理来制定。要学会在各个利益相关者之间进行平衡,利益相关者之间的关系应当成为地方政府政策制定的出发点。政府要在制定法律法规支持的基础上,把更多的服务职能以多种形式下放给企业承担。鼓励和支持企业提供公共服务,参与对有关社会事务的管理。要确立基本的理念:如果出租车企业和司机能够按照自己意愿解决的,尽量让他们自己解决,政府不干预,如果他们自己不能很好地解决的,再由政府来解决。**二是**坚持政府负责、政府规划、市场运作。所谓政府负责和政府规划就是要通过总量控制、发展规划、质量监督等制度,保持出租车市场的健康发展。所谓市场运作,就是指在政府规定的框架内,出租车公司和出租车司机建立经济合同和劳动合同关系,按照市场规则进行经营,提高出租车运行效率。政府确保公平和公共目标的实现,企业确保效率和效益。**三是**因地制宜、因人而异、分步推进。各地在过去发展中已经形成了各自的发展模式,有的市场化程度很高、利益格局固化。财政分权体制下形成的发展模式要求必须因地制宜。采取经营权无偿使用要因地制宜,对于已经拥有个人经营权的考虑其现状,实行新人新办法,老人老办法,逐步过渡到统一的方式上来。由于各地、各人情况不同,公司经营和经营权无偿使用必须分步推进,政策要逐步实施。要制定出相关的路线图。**四是**出租车在一个国家或一个地区经济社会生活中的定位是随着这个国家、地区的经济社会发展水平和其他环境的变化而不断变化的,不是一成不变的,要及时根据经济社会的发展变化来定位出租车行业。各个国家和地区在出租车定位过程中也曾遇到问题和争论,都深刻说明了这个领域的复杂性。**五是**出租车问题是个世界性难题。中国改革开放以来允许地方探索各自的出租车发展道路,各地走出了自己的发展道路,遇到的问题也确实不少。关键问题是经营权。在出租车问题上,中国应当发挥后发优势,走自己的道路,寻求自己的解决方法。要着力解决好两个关系:行业与政府的关系、出租车司机与企业的关系。调研表明，出租车管理必须建立公司治理结构，政府不可能面对成千上万的个体。关键问题是：个体与公司的治理结构如何确定。基本的考虑是建立司机与公司之间的经济关系，以解决积极性和效益问题；建立公司与司机之间的劳动关系，解决他们的基本权益和社会保障问题；建立绩效工资和谈判工资制度解决利益协调问题。

3. *管理方式方法*

积极探索正确的管理方式方法。**一是**健全法制体系。一个有秩序和充满活力的市场，必须通过法制的力量，强制性干预传统企业法人和个人权利领域，平衡个人利益和市场利益之间的关系。必须对企业间的关系、市场与国家间的关系、市场与出租车司机间的关系等进行法律调节。法律法规要强化政府的权威，赋予其必要的权力干预市场生活，保证社会安全，从而实现市场稳定有序。要进一步转变、规范和完善政府对企业的行政管理职能，从公共服务的唯一提供者转变为保证者和制度安排者，从直接拥有和管理转变为制定规划规则和监督评估。**二是**完善政策体系。加强和创新出租车管理必须重视政策的作用。通过经济政策和社会政策的制定与实施，实现出租车行业的健康发展。把制定完善的经济社会政策和化解经济发展中的社会矛盾，作为提高出租车管理能力和水平的重要内容。要使经济社会政策集中在政府关注的规模、质量、价格和公共福利领域。**三是**政府主要工作要转到建立和维护出租车的市场秩序上来。通过出租车运力总量调整实现供需关系协调，保持城市环境和秩序；通过经营权期限的界定实现公平竞争，确保公共资源的合理和有效利用；通过明确经营权无偿使用和逐步禁止私下转让来确保公平公正，防止暴利；通过经营模式的确定，建立和谐的企业和司机之间的关系，进一步实现社会秩序。**四是**坚持综合考量、综合决策，确保各项政策配套实施。出租车发展涉及城市中长期规划、群众生活水平和生活方式的特点、城市性质和定位等因素，要综合考量各种因素，决不能没有配套政策就出台。**五是**政府特许经营条件下的经营模式必须遵循三个基本原则：作为公共资源的经营权无偿使用；经营权不得私下转让或买卖；确保出租车司机的生活品质与大众持平。各地根据上述原则，对现有的体制机制进行改革和创新。**六是**在出租车管理领域，培养一批既熟悉政府公共管理，又具备专业能力的公共管理人才，培育一批具有较强公共服务能力的出租车公司，提高出租车司机的公共服务意识，促进出租车市场的发育成长。

（二）准公共服务的几个关键

对出租车是否应该进行总量控制的问题上，地方各政府部门、企业、司机的观点比较一致：出租车需要总量控制。政府在总量调整中需扮演重要角色。

1. 出租车需要总量控制吗？

要进行总量控制的理由包括，**一是**在质量控制没有建立起来和进入退出机制不完善的情况下，总量放开会造成出租车市场秩序混乱。出租车总量过少，人们出行需求得不到充分满足，会引起群众不满，也会导致黑车盛行；无限制扩展出租车，会造成出租车经营者及司机等收益下降，城市交通体系不合理发展等问题。**二是**在历史遗留问题没有解决的前提下，一旦运力放开，会造成经营权获得者利益的损失，影响社会稳定。

政府对出租车运力实行总量控制是一把双刃剑。“从更根本的意义上来说，确定公共部门活动最适度的整体的经济规模，这一点既很重要也颇有难度。首先，资源是有限的，配置给公共部门就意味着私营部门无法得到。其次，必须为公共部门活动筹措资金，无论是通过税收还是借款，但这些方式同样会阻碍企业和私营部门的发展。”[①]对此要充分考虑。

在限量问题上，各国情况不尽相同，有些国家有着严格的数量限制，通过质量标准限制数量，诸如挪威、德国、芬兰、丹麦；通过带有倾向性的质量要求严格限制数量，例如比利时、法国、西班牙等。有些国家不采取数量限制，比如，奥地利、瑞典、荷兰。带有倾向性的质量要求的国家有匈牙利、爱尔兰等。英国分成两类：一类是必须拥有执照的（分为街道上巡游的、停在一定地点的、事先预约的出租车），另外是没有牌照、但可以事先预约的，不能在街道上预约的出租车。在英国，政府主要通过数量控制、质量控制和价

① 〔美〕约翰·威尔逊：《公共服务财政管理》，清华大学出版社2008年版，第7页。

格控制进行管制。由 OECD 发布的《2007 年世界出租车服务报告》指出，世界上实施数量限制的国家很多。

还有些国家或地区无价格限制，如瑞典中部、挪威主要城市、英国一些地区等。有的国家实行最低价格或混合收费，包括比利时、芬兰、匈牙利、荷兰、爱尔兰、挪威、瑞士、英国、奥地利、德国、法国、丹麦。总的趋势看，各国侧重质量控制，保持最高收费，加强信息化建设。

政府部门集中决策由于受信息资源有限等条件限制，不容易较快实现供需平衡。在实现供需平衡上，私人分散决策的优势往往高于公共部门。市场微观主体通过自下而上的传导反映，可以较快实现供需平衡。

不过，上述资源合理配置的前提是价格传导机制必须灵敏快捷，即通过市场价格的信息传导来实现供需平衡。现实问题是，由于政府实行管制，出租车行业价格传导并不十分灵敏快捷，尤其是在涉及外来旅游者信息不对称的情况下，政府管制的必要性就更为突出。在不完全市场价格机制下，发挥个体的分散决策，由市场调控总量来实现供需平衡和资源的合理配置还要考虑其他公共交通工具的发展情况。如果把政府管制的方式进行排序的话，我们认为应该是按质量、价格、数量建立优先次序。

作为公共服务体系中的准公共服务，政府对出租车行业实行总量调控是理所当然的。这个问题也有国际经验可以借鉴。**一是**总量控制应由政府按照市场规律，科学合理地做出。政府调控应以市场为导向。出租车的投放应该以实载率为准，不能单方面听到市民诉说打车难，就匆忙决策。**二是**调控要增加透明度，向全社会公开，举行听证。**三是**综合考虑地铁等公共交通工具的发展，按经济发展的一定比例来确定出租车在城市交通体系中所分担的比例。这是合理确定出租车运力规模的重要依据。**四是**建立相应的运力调控指标体系很有必要。要根据各城市自身发展状况及发展程度来决定，在城市可持续发展、市民满意、司机收入之间找到一个平衡点，需继续做深入调研，不必作统一规定。**五是**逐步考虑将出租车分类管理，可以考虑电话预约出租车、街道巡游出租车等。**六是**各地面临的最大问题是交通拥挤，总量控制要着重解决这个问题。同时也要考虑几个时段的运力过剩问题，要解决好早上上班和晚上下班的运力不足问题。

2. 出租车经营权应该有期限吗?

主导观点认为出租车经营权需要有期限,期限与其车辆报废时间保持一致。也有观点主张**经营权不必设限**。一些个体经营者希望经营权永久使用,并作为个人财产,可转让、可继承。另有观点认为,出租车的经营权问题比较复杂,最好先不要触动。还有观点认为,经营权期限不必规定,可将有偿使用费与出租车载客里程联系起来,采用打表计算支付有偿使用费,以解决永久经营权的问题。

经营权的期限主要与车辆的运营周期相结合,车辆报废时间一般是4年或5年,因此,8年与10年分别是两个周期。

人们对期限的长短意见不一,还基于其他考虑。**一是**有的主张期限长一些,这样企业心里有底,会更加努力去经营。企业成长期为10年左右,经营期可以延长到15—20年,以帮助企业做大做强。这样,企业可以有一个长远规划。**二是**经营期年限也决定城市品位。提高城市品位,车子要提升档次,如果政府给的年限长一些,就会鼓励公司买好车,否则每个月折旧高,运行成本高,企业会把责任转嫁到司机身上。

对于已配置出租车经营权指标而未确定经营权期限的地区,要求地方政府确定出明确的期限截止的日期,会给地方政府带来较大压力。由于历史原因,一些未确定经营权期限或允许永久使用的情况,是政府通过一定程序规定的。要求停止执行原有规定,会伤害出租车经营者的合法权益,造成矛盾积累,也会使人们对政府信誉产生怀疑,影响地方政府在民众中的公信力。出租车经营权的永久使用也会带来诸多矛盾和问题,规定出一个截止期限是必要的,但不可操之过急。要考虑城市发展水平、人们的思想认识水平、政府的财政能力等多方面因素。要在取得民众理解及合理补偿的前提下,逐步收回并重新配置出租车经营权。

一些地区大部分个体经营权未明确使用期限,如果对期限新加规定,经营者和政府之间存在的矛盾便会激化,可能作为历史遗留问题成为政策出台的障碍和阻力。

作为政府特许经营,政府设定出租车经营期限在理论上是成立的。经营权期限原则上不应超过10年,经营权到期后,政府在收回重新配置时,可通过测评优先考虑经营优良的企业，以鼓励企业做大做强。配置经营权应该公开透明，以服务质量为标准开展招投标。关键问题是如何解决个别城市历史上已经出让的经营权、没有设定的经营期限，以及为了激励企业发展如何合理设定经营期限。**一是**出租车的经营权需要有期限，无限期的出租车经营权不利于政府的调控，也不利于出租车行业的良性发展，因此，建立一定的退出机制是必要的。经营权期限过长或过短都会造成不同的问题。经营期过长，不利于政府调节；经营期过短，则不利于企业的发展及规划，同时也会增加出租车经营者的成本。**二是**经营权期满之后，有成熟经验的出租车企业可以续用，这对维护行业稳定和城市的形象有重要意义。经营权到期后，最好平稳发展，不宜简单洗牌。**三是**对经营不佳的企业，经营权期满之后，政府有必要收回进行重新配置。政府在收回经营权指标的同时，需建立相应的整套保障机制，促使企业提升水平，保障司机利益，使司机不至于因非个人原因丧失生计来源。**四是**永久经营权是最大的问题，相应的应对措施可以采取税收调节的办法、让渡经营权期限的办法等。**五是**在配置经营权上，推行以服务质量和企业综合素质为标准的招投标方式，公开配置经营权指标，逐步建立中期考核制度。

3. 经营权无偿使用和有偿使用

第一种观点认为，从行业长远发展来看，出租车经营权应该总量放开，无偿使用。第二种观点认为应该总量放开，有偿使用，政府从价和量上对出租车市场进行调控。第三种观点认为应该总量控制，无偿使用。这种观点认为，出租车经营权是公共资源，有偿使用会增加运营成本，且会造成炒买炒卖现象。第四种观点认为应该总量控制，有偿使用。由于总量管制，牌照会发生溢价，因此要通过公开拍卖的方式出售经营权，以保证公平竞争。

当前出租车经营权有偿使用有两个症结：**一是**地方财政压力。县级政府往往是基本公共服务的直接提供者，一些地方政府缺乏农村基本公共服务领域的投入，且各地差别巨大，在任各地自己自行解决各自问题的前提下，各类公共资源往往成为转让和出售的资源，出租车经营权也不例外。**二是**历史上缺乏市场经济和政府建设的经验，尤其是20世纪90年代，一些地区和部门试图把公共领域市场化来解决发展中遇到的问题，把本应政府特许经营的出租车也完全市场化,导致了目前一些地区出租车经营权个体化。

作为政府特许经营,出租车经营权无偿使用在理论上是成立的。各级政府财政能力得到一定程度提高,大部分城市可以不必通过出让出租车经营权来获得财政来源。新增运力要实行无偿使用。对于曾规定的永久使用的经营权,也要逐步将经营权收回。禁止经营权的私下转让,严格控制炒买炒卖等行为。关键问题是如何解决个别城市历史上已经出让的经营权。要考虑"老车老办法,新车新办法"。**一是**出租车经营权有偿使用不利于经营权到期后的收回和重新配置,造成政府管理中的被动。出租车的经营权应该无偿使用。出租车属于准公共服务产品,经营权的无偿使用会减轻企业及运营者的负担,同时也便于政府加强对出租车行业的规范管理,建立相应的调控机制,促进出租车行业的有序竞争。**二是**非法营运是各利益主体比较关心的重要问题之一,出租车经营者希望政府加强对非法营运的打击力度,而政府在依法行政的过程中,面临着取证困难等难题。非法营运给正常的出租车运营造成了冲击,使得企业及司机的收益下降,也不利于城市的稳定和政府管理,因此,打击非法营运还需要作为长期任务来抓,必须健全相关的法规体系。**三是**谨防公共资源私人化。要实行公共资源的舆论监督。建立公共资源阳光运行机制。完善公共资源领域的法律法规。

4. 出租车可以私下转让吗?

个体经营者认为,炒买炒卖现象是市场行为,与政府无关;出租车企业认为,要有条件地允许转让,即通过干预转让权来调控转让;地方政府的观点是要通过税收调节,即通过干预受益权来调控转让;还有种观点认为,如果不允许转让,情况会变得更为复杂,因为经营权的转让是无法有效遏制的。

出租车经营权私下交易和私下转让会造成出租车行业混乱,不利于政府控制,进而引发矛盾。目前,在我国54%的地市级以上城市中55%的出租车实行经营权有偿使用。经营权有偿使用费各地差异很大,少则几百元,多则几万元,有的甚至高达几百万元。一些既得利益者是解决这个问题的制度性障碍,其中不乏个别政府官员介入到这个领域,加大了问题解决的难度。

接近一半的出租车司机认为明确经营权期限对其市场价格产生的抵制作用一般，这里面至少有几方面的原因：第一，历史遗留问题没有解决，经营权即使到期也难以收回，这也是发生在我们调研城市的例子，比如乌鲁木齐、合肥规定经营权期限为8年，可是到了8年以后政府也难以收回，最后只能顺延；第二，经营权的价格本质上是其未来收入的贴现值，而其未来收入即赢利能力与出租车供求关系具有本质联系。

解决这些问题的对策措施包括，**一是**对于政府规定无偿使用的出租车经营权，不允许私下转让。**二是**政府从企业发展和社会稳定的角度出发，需认真考虑到期出租车经营权回收时间设计，对经营权到期的企业，可采取多种方式收回经营权。对于公司化经营的出租车企业，在政府的监督下，可以通过企业合并、重组的方式，实现出租车经营权的变更；对于个体出租车经营者，经营权的变更要通过政府规定的程序，进行合法登记。要通过车辆的转让引导企业积极向上走，不能做得好和做得不好都一样。**三是**为了确保到期出租车经营权的收回，必须建立对各类出租车公司的中期评估、激励、质量监督制度。积极推进标准化建设。

5. 关于经营模式

国家要认真考虑经营模式问题。不要单一的模式，允许多种模式进行选择。逐步公司化经营要有个过程。现阶段，我国多数城市出租车经营模式非常复杂，既有个体经营，又有挂靠经营，还有公司承包经营以及公司自己运营等。

规模化经营问题上存在分歧。调研中，占主导的观点认为，公司化运营是发展的方向。同时，也有观点认为，应允许个体经营存在。个体也应该成为与公司相平等的市场主体，与公司化经营并不矛盾。

从行业来说，规模化经营是非常好的事情。政府特许经营的要求越来越高，要根据社会发展和经济发展来考虑。**一是**个体经营的风险会推向社会，个体没有承担上百万赔偿风险的能力，最后风险推向社会，会造成不稳定。公司经营可以面对风险。**二是**个体经营，政府面临的是巨大的群体，难以管理。个体经营自由度太大，出租车问题的根源是经营权的多次转包，造成个体经营利润空间越来越小，不解决这个问题社会就难以稳定。**三是**目前的经营模式中,司机都认为自己是经营者,只追求利益最大化,服务质量往往得不到保证。**四是**规模化管理是一个趋势,它可以降低成本、规范企业经营,鼓励做大做强。

一些出租车司机认为个体应该与公司具有平等的市场准入地位,政府的经营权配标不仅应该配给公司,也应该配给个人。

出租车行业实行规模化、公司化经营是值得鼓励的,但根据各地发展水平不同,历史遗留问题不同,全部采取公司化经营的方式可能会存在一定问题。因此,应主张多种经营模式并存,鼓励出租车行业朝着规模化的方向发展。

公司在经营过程中必须对经济和社会效益同时考虑,否则这个行业很难生存。社会责任—安全优质服务问题、车辆维护检查、社会认同度问题、培训教育投资和职业道德问题等等,这都需要投资,而一般个体经营是难以做到的。

政府通过对出租车公司的扶持促进公司化制度的完善。把出租车公司放在促进城市服务业发展和城市化的高度上来认识。出租车行业的发展对民营经济发展提出了新的要求。

公司化经营要区别对待:国有企业参与出租车行业的经营要求强化其公益性,要把营利性建立在公益性基础上,促进人民福祉最大化;民营企业参与出租车行业发展的,政府应当从促进民营企业发展的高度加强对其支持和帮助。

公司化经营的企业,首先面临的是企业与司机的关系问题,是承包合同还是劳动合同,不同的方式产生的影响也不同。签订相应的劳动合同是十分必要的,这对于司机权益的保障起到重要作用,同时司机经营的风险并非由之前的个人承担,而是由公司、司机共同承担,这对于司机群体的生计保障及稳定有着重要的功能。然而,劳动定额管理是出租车企业面临的一大困惑,因为出租车行业的特殊性,司机的工作路线及工作时间具有流动性和缺乏规律性,这使得劳动定额管理非常困难。在出租车企业劳动定额管理的问题上,还需要做深入研究。

从社会管理角度看,政府不可能面对成千上万的个体出租车主,如果这样的话，管理成本太高。据说，北京1 000多辆个体出租车的管理难度远远大于60 000辆公司经营的出租车。一些城市，个体出租车主的管理耗尽了政府主管部门的精力。在社会管理体制建设上，必须强化公司作用，弱化主管部门的介入，使企业承担更多的责任。据研究，个体化经营对司机的盘剥远远大于公司经营。

进一步，实行公司化经营有利于政府管理、服务质量和出租车司机工作及生活水平的提升。关键是处理好企业与政府的关系，企业与司机之间的关系。如同准公共服务一样，建议探索经济关系与劳动关系合一的新型治理模式。**一是**公司经营过程中解决企业和司机关系问题的关键是经营牌照管控对收入分配格局的影响，建立和完善职工社会保障制度。探索建立正常的经营和劳动者关系，建立经济关系和劳动关系合一的经营模式。**二是**建立出租车司机工资集体协商制度。通过出租车司机工会与出租车公司协商确定工资分配制度、分配形式、收入水平等长期困扰这个领域劳资关系的问题，实现双方共同参与、共同决定出租车司机的收入分配形式。除了工会外，鼓励建立各种形式的工资集体谈判制度。加强对最低工资的监管力度，切实保护出租车司机的利益。要发挥政府协调作用和制定规则的作用，着力解决企业不愿意谈、担心利益受损，职工不敢谈、担心被解雇等问题。出租车公司的性质也决定了它需要承担起更多的社会责任。**三是**积极探索有组织经营的方式方法，鼓励探索出租车合作组织、股份公司等形式。**四是**建立过渡性的方式方法，实行“新车新办法，中车中办法，老车老办法”。积极开展员工制试点工作，及时总结经验。**五是**经营承包关系必须建立在劳动合同关系基础之上，坚决杜绝经营权层层转包。

四、以购买服务实现基本公共服务的可持续性

2013年7月31日，国务院常务会做出决定，积极推进政府购买公共服务。“要放开市场准入，释放改革红利，凡社会能办好的，尽可能交给社会力量承担，加快形成改善公共服务的合力，有效解决一些领域公共服务产品短

缺、质量和效率不高等问题,使群众得到更多便利和实惠。”[①]完善基本公共服务体系的基本目标是要关注民生,惠及人民,为了实现这个目标,**一是**要靠改革,要改革政府自身,也要改革机构和社会组织。**二是**要靠开放,要开放国内市场和国际市场,也要开放服务领域,允许国际资本和国际组织参与公共服务的供给,与国内社会组织和机构开展竞争,在竞争过程中,提升国内机构和社会组织的服务水平。要承认,总体而言,国内能够承接政府社会服务的机构和社会组织还不能满足人民群众对于基本公共服务的需求,竞争能力也不够强。尽管这些年来,一些社会组织在承接政府社会服务方面做了一些尝试,但是,真正专业化、成规模的社会组织和机构还不多。这里要特别提出事业单位改革的问题,要通过政府购买公共服务加快事业单位改革,逐步把事业单位推入市场和社会。

政府购买公共服务涉及的问题很多,国务院常务会议已经做出了具体规定。“将适合市场化方式提供的公共服务事项,交由具备条件、信誉良好的社会组织、机构和企业等承担。**一是**各地要在准确把握公众需求的基础上,制定政府购买服务指导性目录,明确政府购买服务的种类、性质和内容,并试点推广。**二是**政府可通过委托、承包、采购等方式购买公共服务。要按照公开、公平、公正原则,严格程序,竞争择优,确定承接主体,并严禁转包。**三是**严格政府购买服务资金管理,在既有预算中统筹安排,以事定费,规范透明,强化审计,把有限的资金用到群众最需要的地方,用到刀刃上。**四是**建立严格的监督评价机制,全面公开购买服务的信息,建立由购买主体、服务对象及第三方组成的评审机制,评价结果向社会公布。**五是**对购买服务项目进行动态调整,对承接主体实行优胜劣汰,使群众享受到丰富优质高效的公共服务。”[②]但是,具有操作性的问题还需要在实践中逐步摸索和研究。尤其涉及社会组织、机构和企业的资质,要制定具体标准,尤其要发挥行业组织的作用。要进一步借鉴国际经验,更加丰富和发展政府购买服务的方式方法,逐步从比较单一的购买方式走向更加多元、丰富多彩的购买方式,尤其要结合中国的实际和各地的具体特点,逐步摸索出一套适合国情的政

① 《国务院常务会研究推进政府向社会力量购买公共服务》,新华网2013年7月31日。
② 同上。

府购买公共服务的方式方法，从人才培养和使用到资金筹措，从机构建设到体制机制完善，等等。完善政府购买公共服务，不仅仅是社会组织、机构和企业的任务，对政府自身也提出了严峻的挑战，这就是要求政府加强自身的专业化水平和廉洁自律水平，在此基础上，不断提升政府的监管能力。

第10章
在新的机制中把智慧和情感融合起来

机制设计的基本思想就是给个体提供激励，以使他能够以确保最优结果的方式行事。

——〔美〕埃里克·马斯金

我们正处于一个大转型时期。从2005年的中共十六届五中全会首次提出基本公共服务均等化至今已有十年，这十年间，从中央到地方在基本公共服务领域进行的实践探索和理论创新把公共服务提供推进到了一个新的阶段。与此同时，中国的经济社会发展也步入新的历史时期。这个新的时期的特点不仅仅表现在经济转轨和社会转型上，在深层次意义上，它表现在我们熟悉的事物和生活正在失去效用，过去熟悉的事物仿佛已经改变，生活变得好还是不好，人们褒贬不一。人们生活中几乎一切都在快速改变，20世纪50年代和60年代出生的人在短短的几十年内经历了人类历史上前所未有的技术变革，从出生时没有电话、电脑等现代通信手段，到历经有线电话、无线电话、互联网、微博、微信，这些都改变了人与人交往的方式和方法，传统的社会结构正在解体，新的社会结构还没有建立起来。

在这个转型时期，困扰着人们的核心问题之一是技术如何和情感有机统一起来,这不仅要求把传统意义上的社会共同体重建起来,也要求在利用技术的同时把面对面的交流也延续下去,一起面对全球化、互联网的神奇力量、计算机和移动通信领域令人震惊的变革,毫无疑问,这些技术变革正在引领世界进入一个过去的理论和框架都无法解释的时代。我们的生活方式已经被改变,思考问题的方式也不得不适应这种新的变革,认识世界的方式也无法因循守旧,在这样的一个时代,重新认识公共服务供给体系的建设就显得特别重要,创新的意义也更加突出。这也将是一个新的思想产生的时代。

一、从顶层设计公共服务体系

从顶层设计基本公共服务体系,就是要在政府明确政府作为制度安排者和充分发挥政府这一角色的前提下,在公共服务供给过程中正确处理市场和社会的关系,明确社会和市场在不同类型的公共服务供给中的不同角色。首先,政府作为制度安排者不是说政府可以无所顾忌,而是要不断提升自己的科学决策、民主决策和依法决策的水平,在充分发挥各个利益相关者作用的过程中,不断提升政府治理水平。在此基础上,进一步对公共服务进行分类,在把基本公共服务充分剥离出来后,进一步界定准公共服务,并对基本公共服务和准公共服务进一步分类,明了它们各自的特点和性质,尤其是提供过程需要的方式和人际关系的类型,这对于改善公共服务提供最为关键。同时,这的确要改革现有的认识方式和决策方式。如何形成适应全面深化改革的思维方式和领导方式,是关系到应对改革艰巨性、复杂性、关联性、系统性的关键问题。这要求,在政策制定中,要考虑总体设计、统筹协调;在实施过程中,整体推进、督导落实;对其效果要科学评估,使各项政策行之有效。要逐步建立和完善实施全面深化改革的综合决策机制。

(一) 发挥技术创新的支撑作用

1. 积极发挥大数据的作用

我们越来越依赖信息和技术实现决策科学化和提供各类服务。网络销售替代传统的商场和购物中心对于公共服务供给模式的启示是,我们在各类公共服务供给过程中,必须考虑信息技术和大数据问题。庞大而复杂的决策系统,必须依赖数据来治理国家。纵观世界,包括亚洲国家,对于大数据战略日益重视,都试图通过数据分析引领政府决策和社会进步。

全面改革公共服务提供的综合决策的数据支持,一方面依靠各个部门的专业数据,也可以通过"云数据"来扩充自己的数据来源。作为全面规划基本公共服务的机构须拥有自己的"数据科学家",这是当代科学决策、综合决策的基础。作为一个协调结构,需要走出去,主动收集数据,了解社会对于全面深化改革的评价,单个社会成员对于某个具体问题的看法。世界各国对于民意调查都是非常重视的,从历史上就是这样。近年来,美国政府尝试建立"数据驱动的决策方法",试图通过数据来改变目前的决策过程,从而使政府更有效率、更开放、更负责,引导经济社会发展的将是"基于实证的事实",而不是"差不多"的判断。准确地判断可以在更大程度上避免利益集团对于决策的影响和左右,实现决策科学化、民主化和法制化。在竞选美国总统之前,奥巴马承诺,为了确保每一个政府机构都能跟上21世纪的步伐,会任命国家的首位首席技术官。奥巴马实现了自己的诺言,2009年3月5日,奥巴马上任不到两个月,就认命了联邦的首位首席信息官,4月18日,他又任命了联邦的首位首席技术官。2011年12月,美国联邦政府宣布了"云优先"政策,要求所有政府机构的信息系统,必须优先考虑建立云平台。2011年2月,白宫发布了《联邦政府云战略》,要求联邦政府机构必须在三个月确定三个可以推向云平台的系统,年内完成一个。2011年,联邦政府的2 094所数据中心,通过云计算,在2011年合并完成了137所,未来五年再精简800所。2012年,奥巴马政府发出大数据研究和开发倡议,探索如何使用大数据处理政府面对的问题,该倡议跨越6个部门,共有项目84个。

完成公共服务提供的改革任务,必须至少考虑三个数据库建设,**一是**业务管理数据,诸如医疗卫生、社会保障、就业、经济运行、金融财政等。**二是**社情民意数据。一方面,要求决策人员和决策咨询人员深入实际调查研究;另一方面,要求政府支持建立第三方的社会调查系统,通过科学抽样,问卷调查,及时了解民意,使社情民意数据成为改革的"晴雨表"。**三是**物理环境的数据。这样,就可以实现各地区、各部门互联互通、资源共享,为把握改革的复杂性、关联性、系统性提供有力的技术支持。如习近平同志要求的,要把握好整体政策安排与某一具体政策的关系、系统政策链条与某一政策环节的关系、政策顶层设计与政策分层对接的关系、政策统一性与政策差异性的关系、长期性政策与阶段性政策的关系。全面深化改革的大数据系统要具备把这五个关系的内容数量化的能力,这样才能够真正使其成为综合决策的技术支撑。

就公共服务提供的改革需要进行的综合决策而言,建立信息收集和分析的步骤包括:**一是**在利用已经建立起来的全面深化改革信息系统和数据库的基础上,确定全面深化改革的具体方案,确定调查的范围、对象和时间。**二是**仅仅利用指标体系所建立的调查表格并不能说明所有问题,应当使用全面深化改革数据分析之外的其他研究方法,诸如政府文件、会议、对于参与者和公众的访问等。**三是**建立信息分析系统(数据库),充分利用大数据。**四是**建立分析模型——包括全面深化改革统计资料分析模型、全面深化改革现状评估模型、综合决策最优化规划模型等,这些模型可用于诊断预警、决策问题分析和决策问题求解。大数据在全面深化改革中的科学广泛应用,将使深化改革领导机构如虎添翼。

2. *充分借鉴现代智库的方法*

从全球趋势看,随着信息技术的广泛应用,全球化进程的不断加速,世界各国政府都面临着复杂的内政、外交的问题,这些促使政策制定者寻求政府体系以外的思想库的智力支持。中国改革开放三十六年,参与这场改革的老中青专家活跃在发展改革的不同领域,发挥他们的聪明才智是把改革推向深入的重要资源。专家提供的技术和信息将影响到综合决策的可行性、决策的执行、监督和评估。召集一批能够将专业特长运用于综合决策的出色经济学者、政治学者、文化学者、社会学者、环境学者以及历史专家建立某种研讨机制非常重要,这些人必须熟悉经济、政治、社会、文化等领域的工作,既有理论,又有实践经验,但又不具体执行政策、没有实权,比较超脱独立地进行政策设计。在全面深化改革领导小组下建立这样一个机构非常必要,在一定时期,应让优秀学者能够集中精力研究与公共政策相关的问题,在全面深化改革进程中发挥作用,提供真知灼见。以加拿大咨询局为例,该局本着“促进在不同思维方式下事实和观点的交流,及早发现和解决问题,并深化公众对这些问题的理解”的宗旨,在为加拿大政府提供决策咨询中发挥了重要作用,这个群体在政策制定的共同体中找到了一个清晰的服务领域。

(二)建立相关部门的合作机制

(1)创造有效的合作文化或良好的人际工作关系准则。“全面”,意味着两个或多个部门从事共同的改革,通过一道工作而不是独立行事来实现改革的总目标,至少包括,“为合作调配人力和财力资源;设计良好的运作系统并实施有效管理;在追求的主要目标和多种次级目标间的平衡上达成共识并保持共识;创造有效的合作文化或良好的人际工作关系准则;获得政治家的认可和支持等。”通过综合思维来认识当前的重大改革举措牵一发而动全身,在行动过程中稳妥审慎。全面深化改革要求建立共同工作的文化和行为规范,共同工作需要人与人之间的相互信任,“为合作意图构建一个高效的运作系统需要一系列的前提条件,包括以信任和务实为特征的人际文化,一套能够促使决策层形成并保持共识的有效机制。”

(2)提高协调利益关系的能力。在谈到苏联20世纪后期改革的教训时,原苏联部长会议主席尼·伊·雷日科夫写道,“我国在着手改革的时候,它的领导并没有以应有的方式深入评估进行改革应采取哪些相互联系的必要步骤,以及由此产生的长期后果。”在当前,推进全面深化改革,对于介入综合决策的各个利益集团,不论是政府管理部门还是地方社区,都要考虑到他们在综合决策过程中的实际关系和实际利益,这是他们作为参与者的激励机制所在。一旦执行综合决策的行动开始,就会出现既得利益者和受损失者,如果一部分人拒不接受改变这一现实,那就要与其进行协商。在国内外形势瞬息万变的状态下,必须考虑到综合决策计划的变通问题。综合决策一旦进入实施阶段,可能会涉及社会的方方面面、不同层次,诸如个人、家庭、企业、部门、地区和国家,甚至涉及有关的利益群体,综合决策的目的就是要协调这些利益群体的相互冲突,推动他们共同去实现全面深化改革的目标。

(3) 提升从全局高度把握具体改革工作的能力。政策的行动框架包括在各级政府、各类部门和相关利益群体的参与者之间进行综合决策问题的培训、教育和沟通。要通过干部培训,使各级领导干部了解中央全面深化改革的整体政策安排与本部门本地区具体政策的关系,例如就全面深化改革的总目标而言,国有企业改革必须紧紧围绕发展和完善中国特色社会主义制度与推进国家治理体系和治理能力现代化进行,正确处理完善混合所有制与建立现代企业制度的关系;了解中央的系统政策链条与某一政策环节的关系,例如,就民政部门贯彻落实国务院关于政府购买公共服务的政策,必须明了社会组织、企业和机构都是提供服务的主体,而不仅仅是社会组织,鼓励社会组织参与公共服务供给,就需要一定的优惠政策;了解政策顶层设计与政策分层对接的关系,例如,就人力资源和社会保障部门扩大社会保障覆盖面来说,加快推进基层社会保险经办机构建设必须与发挥市场在配置资源中的决定作用的制度安排衔接,更多发挥银行、保险机构在资金收缴发放中的作用;了解政策统一性与政策差异性的关系,例如,地方政府的改革政策与中央政府的统一安排要衔接,北京市在成立中共北京市全面深化改革领导小组后,下设 14 个小组,在与中央的六个小组一致的同时,考虑北京大城市病和雾霾等特点,专门设立小组就是一例;了解长期性政策与阶段性政策的关系,例如,教育体制改革的长期目标是培养德才兼备的创新型人才,阶段性的改革要致力于逐步取消教育机构的行政级别,取消文理分科,实行多次高考制度,实现教育公正平等。努力提高多元改革目标的互补性,两个以上的政策一道实施,必须提高它们之间的互补性。

(4) 提高绩效评估的实施和组织能力。为了保证综合决策按既定的目标实施,必须对综合决策的实施不断进行评估。在综合决策过程中,评估的频率取决于条件的变化速度和变化的方向,以及全面深化改革遇到的问题。在成功的综合决策的设计和执行过程中,评估往往是以隐含的形式出现的。在实施综合决策战略中,评估贯穿于决策目标的确定、决策的制定和决策的执行。在评估的过程中,要不断根据实际情况,修正目标和调整措施。

二、在信息化基础上满足个性化服务需求

(一) 从性质类型、供给方式与需求特点细化公共服务

要根据社会问题、社会服务、公共服务的对象、活动类型、评价效果、时限等进行分类,然后采取不同的处理和解决办法。不同的社会问题需要采取不同的解决办法,如针对老年人和残疾人采取慈善可能更好一些,而对于刑释解教人员可能采取社会经营会更加有效。在基本公共服务供给领域也是如此。例如,社会经营的根本特征是在其设计上要求必须是可持续的,这也就要求它的服务对象不能仅仅依靠捐赠,必须在社会发展中增加帮助穷人和其他人群的就业和增加收入。与社会慈善比较,社会经营鼓励受助者保持个人尊严和自立,我们看到,即便是一些很好的慈善机构和慈善项目也往往难免使受益者的自我发展动力消失殆尽。以消防为例,消防作为确保人民生命安全的服务理应划入基本公共服务范畴,但是,消防有其特殊性,火灾发生的概率不是人们能够预测的,所以消防设施、设备和人员的配置就成了一个难以估算的问题,特别是人员,配置多了会浪费,配置少了会在紧急时刻不够用,针对这种情况,美国和加拿大在人员配置上采取政府消防人员与消防志愿者相结合的人事体制安排。这就是所谓公共服务分类的实质和根本之所在,有很多细致工作要做。政府与市场、政府与社会的边界也只有在这样的细化过程中才能真正明晰起来。

要从以人为中心、注重保护农民利益、与农业现代化相辅相成的新型城镇化战略出发,要注重探索在中小城市促进产业发展,创造就业机会的发展模式,在解决就业的同时,解决困扰农民工及其家庭乃至整个社会的留守儿童、留守妇女和留守老人问题,并建立与这种经济发展方式相适应的基本公共服务供给模式。

要打破部门分工界限,统一研究公共服务的供给问题,建立社会工委或社会建设办与发展改革、民政、医疗卫生、公安司法、残联、人力资源和社会保障等部门参与的联席会议制度,一道研究当前政府购买公共服务的问题,共同分类和分工,协同推进,使政府购买公共服务工作更加有效。

实现基本公共服务的私人定制更能彰显消费者的生活个性，在信息化时代这不是不可能的。以互联网为基础，以面对面的服务和视频为交流方式，教育、医疗领域已经在尝试中。北京市海淀区社区卫生服务中心建立了“一键式”智能呼叫电话，拥有接打电话等普通电话的一般功能，也具有“一键”呼叫功能，当需要健康问题咨询或者寻求用药指导时，按下“家庭医生”键就可以直接联系到家庭医生式的医生服务团队的健康咨询服务。通过建立和完善各种各样满足群众需求的服务项目，使智能化让居民看得见、摸得着，成为实实在在的服务。

如何做好老龄人口服务？这恐怕是中国今后必须面对的严峻问题。由于家庭结构和人口流动等因素的影响，孤独是老年人难以回避的问题，如何解决好这个问题？居家养老、社区养老和机构养老都是基本的办法，但是在各种养老的过程中，如何使老年人在服务和情感上都得到满足，恐怕仅仅靠家庭是不够的。北京市西城区钢铁学院社区老年人从前几乎都是一个单位的职工，彼此非常熟悉，老邻居、老街坊互相说说心里话是他们社会生活的重要组成部分。居委会正是抓住了这点，从社区里选出 10 位老年志愿者，组建了一支平均年龄 73 岁的居家养老管理小组，通过走访摸信息，为社区老年人提供“私人定制”的服务。

（二）打造适应扁平化公共服务需求的供给体系

扁平化的公共服务供给体制建设要求把社区和基层社会组织作为便利居民的供给主体，真正实现公共服务的便捷服务目标。**一是**通过改革来解决发展的瓶颈问题。从基层和面向居民出发，加强基层的公共服务机构建设，不搞上下一般粗的管理体制机制。要提高基层政府提供公共服务的能力，必须解决地方财力不足的问题。针对基层政府改革的措施多一些，以便解决一些发展中的瓶颈问题，诸如土地、资金和人才等问题。人事制度上的突破，比土地和资金上的突破更重要。要进一步调整和完善政府职能，注重加强地方政府的社会管理和公共服务职能。公共服务和社会管理的职能主要在基层，完善基层公共服务体系，加强基层社会管理体制机制，已经成为政府自身改革和建设的突破口。**二是**着力促进公共卫生资源向基层延伸。

推动优质医疗资源城乡均衡分布。国家应在这方面加大投入。确保基层人员的工资和奖金能够反映出他们的地位和价值。应为农村卫生院招聘人才建设公转房,以便留住人才。制定适合农村卫生工作需要的人才政策,解决农村卫生人才匮乏问题。卫生部门要协同教育部门,改革农村卫生人才的培养方式。建立符合农村实际的乡村医生养老保障制度。**三是**鼓励地方积极探索和创新。我们在调研中看到,湖南省劳动厅、编办和人事厅联合发文,加强基层保障平台建设,要求各级人民政府加大投入,加强公共就业服务机构信息网络建设,逐步实现就业服务全程信息化管理,以满足当地就业工作需要、保证公益性就业服务和就业援助,合理核定公共就业服务机构人员编制。各级公共就业服务机构的人员工资和工作经费足额纳入同级财政预算,资金由省、市、县三级财政按 5∶3∶2 的比例分担。这些经验值得借鉴和推广。

新开发的住宅小区,要规划出一个养老机构,叫养老楼或养老中心,凡是超过五万人的新建居民小区,都要建立相应的养老设施,配套 100 至 300 床位的养老机构,可以公办,也可以民办。

(三)培育基层公共服务供给主体

基层公共服务主体除社会组织和社区组织外,还有大量的事业单位,企业在一定条件下也可以发挥重要作用。**一是**利用社区组织为居民提供服务。要进一步强化基层自治和基层建设。建立政府资助机制,在各级民政部门内部设立社会组织专项资金,通过多种筹资方式,重点扶持、补助公共服务供给迫切需要的社会组织。积极推行购买服务制度,利用社会组织的优势,降低行政成本,提高公共服务效率。**二是**适当让民营医院和机构进入。适当放开一些领域,让民营医院进入。同时,针对民营医院运行不规范和可能造成国有资产流失等问题,其一加强政府监管,完善各种制度、标准、体制、机制,确保各类医院在发展框架内运行。给医院一定空间开展竞争,以此来提高国有医院的效率。其二在国有资产管理上可以采取多种形式,比如,要求接受国家投资的民营医院在一定时期对病人实行免费或优惠,在规定期限内通过这种方式把国有资产转化为对民生事业的投入,使老百姓受益。加强专业化的人才队伍建设,包括政府、私人部门和社会组织的人才队伍建设。

三、创新制度环境

(一) 创新法律环境

制度建设是公共服务体系和公共服务能力提升的关键。有关营利企业和传统非营利组织的法律法规在世界各地已经日趋完善,但是涉及社会金融、社会经营的法律法规还是凤毛麟角,处于空白状态。无论是在现有的法律还是非法律框架内开展社会创新都存在诸多难题。值得欣慰的是,2007年,加拿大政府以及美国的一些地方政府开始考虑与社会经济有关的法律。① 如何通过技术研发来提供一些能够解决贫困、饥饿、疾病、健康、失业、遗弃儿童、毒品、住宅、污染、环境问题的产品,这是社会创新的关键。要建立一个社会创新发展的全球环境,让企业家们充分认识社会创新,鼓励非营利组织、非政府组织、基金会以及慈善机构参与到这个领域。奥巴马总统宣布 2012 财政年度将拨款一亿美元来支持社会创效证券,马萨诸塞州首先响应。2012 年 1 月,马萨诸塞州要求中间组织和非营利组织使用社会创效证券来为无家可归者提供稳定住房,为未成年犯罪者提供社会矫正等。其他一些州也纷纷探索社会创效证券。社会创效证券的应用和发行范围因地而异,从无家可归者到未成年犯罪、成年犯罪,以及低收入老年居民都可以成为社会问题解决的受益者。如果政府和社会都承认社会经营将是人类解决所面临的挑战不可或缺的活动,那么为其立法就需要提到议程上来。社会经营的立法首先涉及如何鼓励企业家在实现推动自己企业正常运行的同时,也考虑一定程度的社会经营,相应的税收、财政和金融政策也需要进行调整。新兴产业的发展也意味着政府自身的改革和创新需要加快步伐。

---

① Muhammad Yunus with Karl Weber, *Building Social Business: The New Kind of Capitalism that Serves Humanity's Most Pressing Needs*, Published by Public Affairs, 2011, pp. 127, 128, 129.

(二)建立和完善竞争机制

目前,我国的公共服务存在的问题是,政府和事业单位提供占主导地位,企业和社会组织参与有限。公办主体的激励机制不足、缺乏竞争,机制体制不灵活,给政府财政带来很大压力。

由于社会金融、社会经营以及企业社会责任的出现,市场与社会的边界也越来越模糊,双轨体制可能会逐步走向综合体制。利用私人部门和资本市场不仅仅是为了解决资金问题,也发挥它们的社会和环境价值。这代表了当前推动社会发展和公益事业的最新战略构想。一批新兴的企业慈善、非营利组织、合作社和社会企业家正在探索经营模式和转向私人投资领域,以获取他们开展项目和进行创新需要的资金,实现自己组织的持续发展和满足更大范围的社区发展需求,推动经济增长,最终,使投资者获得更多投资回报,以及获得更大的社会和环境效益。

(三)提高政府的监管能力

政府对于基本公共服务绩效的监管的核心是,它必须清晰地知道社会组织和企业承担基本公共服务供给的能力和提供的效果,否则它无疑就会把控制基本公共服务绩效的责任拱手交给了社会组织和企业,这就不是一个简单地将基本公共服务的供给转移给私人或社会的问题,其中还包含着政府责任遭到破坏的风险,如果社会组织和企业没有足够的良知的话,事实上,大部分情况,社会组织和企业都有自己的利益,不仅仅是市场有自己的利益。

政府把责任和权力交给市场、社会,中央政府把权力和责任交给地方政府,虽然在服务方面的投入减少了,但是在监管方面的投入不能随之减少,而且必须增加。从美国的经验来看,“大社会”建设的结果之一是许多政府项目的实施效果令人失望。[1] 政府不仅要为社会组织和企业承担政府社会服务提供环境,也要加强自身内部的建设,包括利用现代信息技术和大数据

① 〔美〕唐纳德·凯特尔:《权力共享:公共治理与私人市场》,北京大学出版社 2009 年版,第 167 页。

掌控基本公共服务供给的效果,一个精明、为公众满意的政府必须是一个内部运作能力极强的机构。医改的教训是,“医疗回扣、腐败窝案,媒体曝出的福建漳州医疗腐败案,内幕惊人。从今年(2013年——笔者注)年初至今,市直区县73家医院涉嫌医疗腐败,包括22家二级以上的医院无一幸免,全部涉案。案件背后涉及的是医疗购销体制性的问题。以药养医被众多媒体解读为造成药价虚高的根本原因而备受诟病。医院的发展,不是医就是药两条路,政府给的钱有限,医院可能就把它盯在药品上。”①

(四)建立和完善实现公共利益的体制机制

1. 决策机制

公共利益的实现需要建立和完善公共决策机制,发挥所有利益相关者的作用。要通过公共决策机制把各个方面的意愿表达出来,使各项基本公共服务的建设有的放矢,真正满足人民群众的需求,避免公共资源的浪费和在社会领域制造“泡沫”,也避免社会矛盾和社会冲突。政府要支持各类居民自治组织的建设和完善,通过诸如业主委员会等形式的公共参与机制来实现公众意愿表达和公众监督的目的。“十三五”时期基本公共服务规划要在实现公共利益的公共决策机制方面有所创新,就需要跳出单纯的就基本公共服务谈基本公共服务的视野,另辟蹊径。

2. 评价机制

评价机制的关键是居民的满意程度和公共服务达到的实际效果。这就要求客观全面评价公共服务的绩效。所谓客观,就是要真正建立独立的第三方评估机制和机构,使评估方在不受到实施方干扰、影响和左右的情况下,行使评估职能。所谓全面,就是要从效率、效益、经济和公正四个方面评价公共服务发挥的作用。同时,既要评估公共服务的直接产出,还要评估公共服务的间接产出或长远影响。要充分认识到,基本公共服务作为政府确保个人实现基本权利的制度安排,更要着眼于长远,如,政府负责义务教育,不仅仅是着眼于当前的升学率,更是着眼于国家和民族人口素质以及由这

---

① 《漳州医疗腐败,何以全线失守?》,《领导决策信息》2013年第29期。

种素质所决定的国家和民族的竞争力。再比如,各地实行的所谓“名校制度”的实际效果到底如何?需要怎样去评价?从长期看名校培养的人才是不是真正成为社会需要的人才?名校真正成才的人是得益于名校的教育质量、名校的领导与教师的素质吗?还是得益于它吸引的生源的素质、家庭、社会关系?这个问题至今没有研究,但是真的需要深入研究,因为它决定着教育改革的方向。

(五)创新社会福利和社会保障模式

当年罗斯福通过《社会保障法》缓解了经济大萧条带来的失业和贫困等问题,现在却成为福利国家必须面对的财政压力。布什自己解释道,“在1935年这种制度是非常合理的,当时每40个在职员工承担1位退休者的生活费用。但是随着时间的推移,出生率下降,人口比例逐渐变化,生活成本则不断攀升。结果,到2005年的时候,社会保障体制要求每3个在职员工承担1位退休者的生活费用。对于在21世纪头十年里步入职场的年轻人来说,这一比例将会变成2∶1。”[①]如何让更多的人承担起自己对于社会的责任和自己对于自己的责任将是问题的出发点。随着人口尤其是老年人口的增加和医疗技术的不断进步,人类创造的社会保障制度本身已经出现问题,可以使用的资金数量捉襟见肘。如何动员社会中的非资本化资源(Non financial Resources)——志愿服务和志愿者,已经成为当代社会不能回避的问题。另外,社会经营可以推动社会保障领域的改革,这就是,通过引入志愿机制,动员更多的志愿服务资源作为非资本化资源投入到日益短缺的社会保障资源中去。在社会保障体系建设中,志愿服务可以提供社交和互相帮助的机会,加强人际间的接触及关怀,减低彼此的疏离感。通过志愿者与服务对象的接触,能有效地协助服务对象扩展社交圈子,并可以鼓励他们多参与社交活动,加强他们对人、对服务及对社会的信心。志愿者来自社会的各个角落,了解所服务机构的情况,他们可担任桥梁的角色,将机构的工作、作用、困难及其他服务信息传达至社区中,将彼此的距离拉近,加强志愿机

① 〔美〕乔治·沃克·布什:《抉择时刻》,中信出版社2011年版,第276页。

构在社区中的形象及建立密切的关系。志愿者以亲切的关怀及鼓励,协助服务对象减低在接受服务时的自卑感及疏离感,从而建立起自尊与自信心,推动他们以积极的态度参与社会,促进社会融合与进步。通过倡导、鼓励和支持利他主义的文化价值把社会上的大量非资本化资源与有限的资本化资源有机结合起来,形成社会保障、社会福利和基本公共服务的新的资源组合。

四、创新社会组织方式

(一)培育适应社会创新需要的智库和复合型人才

社会创新,尤其是在金融领域的社会创新,需要复合型人才和多部门、跨领域合作的智库。通过这类人才的培养和智库的建设,来打破传统意义上的社会与市场、营利与非营利之间的分界,使社会问题得到全面、彻底的解决。以公共精神、企业家精神和慈善精神为价值基础的政府、市场和社会之间的密切合作是实现社会创新的组织基础,在此基础上,能够理解公共精神、企业家精神和慈善精神的复合型人才的培育是实现社会创新的关键。

(二)创新社会组织

社会组织问题已经成为当前的一个热点问题,尤其是学界把发展社会组织摆在重要位置,各种讨论不曾间断。社会组织在中国如何发展?发展与创新必须结合。社会组织在20世纪后期得到了长足发展,尤其是在发达国家。中国的社会组织方兴未艾,基金会也在最近几年蓬勃发展。如何使这些社会组织在更好地发挥作用的同时,能够自立自强、自力更生,将是中国社会组织发展面临的新挑战。这也包括国务院已经决定、目前正在分步推进的事业单位改革。事业单位转向公益性之后如何实现其社会目标和可持续发展,这是改革目标中最需要考虑和提出切实可行对策的,如何建立与事业单位目标相适应的社会文化环境和事业单位内部的文化价值也不能忽视,没有这样一套文化价值与之相适应,这项制度改革将会大打折扣。所以文化的大发展大繁荣不是一句空话,需要与当前的各项发展和改革措施有机地结合起来,实现各项体制机制的互相适应和相互渗透。

(三)探索社会动员机制

有人说,自20世纪90年代,中国公众参与的动力源不足,其原因之一在于过度的利己主义导致财富占有的两极分化和财富过度向少数人手中集中,社会利益格局不合理。不管这种说法准确与否,资源配置需要双轮驱动,既要发挥市场机制配置资源的作用,也要发挥志愿机制的作用。既要激发人们创造财富的热情,也要激发人们参与社会生活的热情。既要给利己主义留有空间,也要给利他主义留有余地。市场机制基于个人利益驱动,这是市场行为的动因之一。在人类本性中,都能找到利己主义和利他主义的影子。在托克维尔看来,美国天生就是一个"参与者"的国度,人们通过参与来实现一些共同的目标。80%的美国消防队员来自志愿者。无论是捐赠比重,还是志愿服务时间,美国都居于先进地位。所以不能简单地否定利己主义,也不能无限扩大利他主义,最好的选择是,把利己主义和利他主义有机结合起来。一方面,政府要通过法律法规明晰产权,建立公平的竞争环境,为价格机制有效配置资源创造宏观环境;另一方面,政府要通过法律法规使在产权明晰和公共竞争中由于历史、个人、家庭、机会等原因造成的不公平利益格局更加合理化,使每个社会成员在涉及他们利益攸关的问题上可以表达自己的意愿,激发他们参与社会事务的积极性和创造性,为发挥志愿机制动员社会资源创造条件。在这样的条件下,利己主义和利他主义,市场机制和志愿机制就会实现有机结合。

把志愿机制作为公众参与的核心问题不仅仅是为了激励更多的社会成员参与社会服务,因为,志愿机制不仅仅是动员人们参与社会服务和各类此活动,而且它也是善治的基础,试想,即便是有了民主参与的环境,没有公民自愿参与社会的积极性,民主从何而来?这不仅是一个理论问题,更是一个非常现实的问题,中国某些地区试点基层社会治理曾经发生过村民因参与议事会过多而向基层政府索要误工费的事情,这就足以证明民主需要其价值基础,民主的价值基础不仅仅是一个简单的制度设计问题,而且也不仅仅是一个中国问题,它本身就具有世界意义。过去,中国三十六年的发展是以建立市场经济为目标的,把激发人们的经济活力摆在重要位置,充分发挥市场机制在配置资源中的作用。未来,科学发展是要在继续发挥市场经济体制机制作用的同时,发挥与市场经济体制相适应的社会体制的作用,充分调动广大社会成员参与社会生活,解决社会问题,激发社会活力的作用。如何像三十多年前通过完善市场体制来激发经济发展的动力那样来激发全体社会成员参与社会决策,参与提供公共服务的积极性,是新的发展不能回避的问题。毫无疑问,激发社会活力非常复杂,涉及社会的公平公正机制的建立和完善等。

毫无疑问,人类具有志愿行为的本质或者叫作本质属性,如何让这种本质性的东西展现出来?需要制度。志愿行为的制度环境至少应当包括合理的利益格局和社会公正的参与。合理的利益格局和公正的社会关系将调动大部分社会成员的积极性和创造性。在这个意义上,社会动员必须加强顶层设计。就现实意义而言,顶层设计已经不是理论问题,而是操作问题,不是个口号问题,而是必须面对各类现实问题。它需要打破现有的利益分割和权力分割,统一考虑一些全局性、宏观性和战略性问题。

(四)建立与公共服务型政府相适应的公共服务体系

要配合经济发展方式转变,加速行政体制改革,建立与公共服务型政府相适应的地方公共服务体系。基本公共服务供给体制改革的实质是政府自身的创新。

建立政府与企业的契约关系,利用市场机制发挥社会保险的功能。鼓励保险公司,诸如人寿保险等营利机构与社保基金合作,搭建服务平台,解决政府经费不足、人员不足和管理不到位等问题,真正实现“管办分开”,节省管理成本。目前广东的番禺、江苏的太仓等地在这些领域已经开展探索,应当鼓励支持。太仓利用基本医保基金购买大病保险,提高了参保人群高额医疗费用的补偿比例,放大了基本医保的效用,减少了参保居民的灾难性医疗支出,强化了社会互助共济的功能。2011 年,全国新农合基金总量超过2 000 亿元,如何进一步发挥这部分资金的作用值得进一步探索。政府需要在日常管理、经办网络建设、风险管控等方面发挥更加积极的作用。

五、创新社会沟通方式

（一）理解社会沟通

通常，社会沟通是指发生在社会关系中的、两个以上的社会实体通过技术环境（电话、普通信函、电子邮件、微博、微信等）或常规环境（面对面的、语言的或肢体的）开展的知识、思想、感情交流。随着信息技术的进步，人们越来越把发生在开放社会的非正式的社会沟通作为社会沟通的重要内容。这是社会沟通在新形势下的新趋势新情况，也是我们面临的新问题新挑战。“社会联系不仅能够提高长期的生活满意度，而且能够带来最直接的快乐。”[①]日常生活中的亲密关系、业余时间的社交关系、晚餐、放松，以及工作中的社交关系，等等，都能够使人快乐。人们总是认为，追求物质财富会使自己幸福，其实不然，强大的物质财富并不意味着强大的社会关系。孤独的社会关系会导致社会抑郁。这些观点，对于我们理解当前的一些暴力事件应当有所启迪，对于维护社会稳定有所启发，对于处置社会矛盾有所促进。如果我们的经济建设能够考虑与社会建设结合起来，产业布局、城市规划等能够考虑人与人之间的交往、休息、休闲等活动，整个社会的和谐状况可能会逐步得到改善。缩短工作时间，可以增加人们的休闲时间和交往时间，进而促进人与人之间的融合，促进社区和家庭的凝聚力。

人们为什么需要社会沟通？马克思指出，在现实生活中，人是一切社会关系的总和，人在与他人的交往中得到发展和实现自己的价值。一个人除了渴望得到财富、成功，还希望在社会和社区中得到人们的认可，得到人们的理解和了解，体现出自己的价值。个人在与他人的交往中得以交流、分享，获得心理上的满足和释放，得到精神上慰籍和平衡。在现代社会，社会交流是缓解精神和心理压力的重要途径。过去一两个世纪的现实是，市场经济加速、工业化进程加快、社会生活节奏变动，传统社会的社区生活似乎已不复存在，人们能够提供的这样的社会交流的机会太少了，人们对于这样

① 〔美〕约翰·格拉夫、戴维·巴特克：《经济到底为了什么》，中信出版社 2012 年版，第 35 页。

的机会重视也不够,这也就是为什么在经济得到快速发展后,患心理疾病的人会不断增加的原因之一。这实际上是一个世界性的问题。但是,人类确确实实需要社会沟通。

沟通需要理解。我曾经在地铁上看到父子吵架的事。一家四口出门,起初全家都站着,后来父子和姥姥(或奶奶)坐上了三个腾出来的位子,大约 10 岁的男孩问爸爸的手机在哪,父亲大怒:“刚才没有座,你嚷着要坐,现在有了座,你就想玩!”孩子很厉害:“我没有你想得那么龌龊,我只是问问手机还在不在!”(可能担心丢了吧),父亲被严严实实地堵了回去。父子无语。过了一会儿,父亲教训儿子:“你坐好,看你坐没坐相。”儿子不甘示弱:“怎么了?我不是坐得挺好的嘛!”父子吵了一路。我分析,童言无忌,儿子可能真的是担心手机在地铁上被盗,问了父亲,父亲按照自己的理解教训了儿子,儿子不服,争吵起来,父亲心里有气,再在坐姿上找儿子的茬,于是就发生了这一幕。我想,若是父亲一开始就心平气和地说:“手机在,不用担心。”也许就没有后来的舌战。或者说,父亲若是站在孩子的角度理解孩子的心态,也许不会发生这一幕。现实生活的情况往往是,我们一般会按照自己的经验、心态、知识来理解别人,用自己的经验、心态、知识来解释别人的行为,其结果常常是误解,最终造成沟通障碍,甚至发生冲突。理解,就是设身处地,人具有设身处地的能力,这是一种重要的心理特征和行为模式,只是在不同的人身上表现得不同罢了。

沟通需要沟通的愿望、友好、平和、平等的心态,这是顺利沟通的基础。沟通的愿望来自于对别人的关心和希望得到别人的关心。友好是人生的基本态度,包含了对美好社会的理想和渴望,渴望建设一个美好社会是人类自古以来孜孜以求的理想,这些体现在古代美丽的传说、小说、诗歌、绘画等艺术作品和其他文献中。平和来自从容的生活和开放包容的心态,以及对于生活的深刻理解,对于人类本性和做人准则的全面把握。平等是个人信仰和文化的积淀,它产生于对于社会地位、权力财富等的正确认识。社会学家费孝通在二十多年前就说,在实现小康之后,心和心之间的关系就变得特别重要。尽管人们的地位、财富、知识、能力不一样,但是平等对话是最基本的,这需要理性平和和谦卑的心态,在一个急速转型和身份变化巨大的社会,尽管理性平和和谦卑并非那么容易,但也不是不能做到的。

在没有根本利害冲突的情况下,社会隔阂可以通过一定方式的社会沟通来实现融合。比尔·克林顿说过:“马丁·路德·金曾经说,人们之所以相互仇恨,是因为他们相互害怕。他们之所以相互害怕,是因为他们相互不了解。他们之所以相互不了解,是因为他们相互不能交流。他们之所以相互不能交流,是因为他们相互隔离。我们经历中令人悲哀的教训是,有时我们相邻而立,却仍彼此隔离,心与心之间相距千里。如果想要建立稳固的社区,我们就必须缩短这种距离。”[①]在这段话中,克林顿把社区概念作为一个民族或者国家共同体来使用。仇恨和恐惧可以是个人内在的心理状态,也可以外化为具体行为;了解和交流是人与人之间的行为。改善个人的内在心理状态和外在行为需要通过人与人之间的沟通和交流,也正是在这个意义上,我们才可以理解马克思所说的人是一切社会关系的总和这一科学理论。

推动沟通与融合进入社会管理或社会治理领域, 而不是把社会管理仅仅局限于社会组织和基层组织的管理,对于提升当代中国社会治理水平至关重要,它意味着中国社会管理格局要从当前如何发挥企事业单位、人民团体、社会组织和基层组织的作用以及它们自身的建设,进一步延伸到人民的实际生活。人们的社会生活其实也非常简单,就是以物质生活为基础,以精神生活为目标,发生在人与人之间的交往活动。

心态问题说到底是个人修养和家庭教育问题。个人的心态培养始于个体最初的社会化进程,从家庭开始,再到学校和工作单位。一个社会从家庭开始,到机构和市场,甚至到政府治理的混乱会潜移默化地改变人们的心态,逐步导致社会内在规范的失序,包括道德沦丧,一旦出现突发事件,这类社会内在规范的失序就会显现出来。在这个意义上,贴近社会生活来实现社会秩序是提升社会治理能力最现实不过的措施和手段了。

心灵的东西非常重要,也最容易为人们忽视,维系一个民族、社会、社区长期发展和存在的往往是人们内心的价值积淀,也是我们在谈以人为本时

---

① 〔美〕比尔·克林顿:《希望与历史之间:迎接 21 世纪对美国的挑战》,海南出版社 1997 年版,第 91—92 页。

很少考虑到的。社会学家费孝通早就看到了这一点:“由于文化的隔阂而引起的矛盾会威胁人们的共同生存。”[①]他是从文化人类学的角度看文化的,即,文化是人们的价值体制和行为模式。文化的隔阂是怎么形成的?地理、种族自然是原因。许多现实中的隔阂却是由于收入差距、社会地位差别引起的。而在公平发展的机会机制下的收入差距又是不可避免的,要消除人们之间由此产生的误解和隔阂,沟通、了解是非常重要的。在全球化和中国经济持续发展下,中华民族作为一个巨型共同体,其建设需要更加宽阔的视野、心态,尤其是在当前,面对纷繁复杂的国际局势,这种视野和心态不仅对于国家稳定具有重要意义,对于国家安全也不可或缺。

当前,经济运行出现了一些令人关注的问题,这是坏事,也是好事。美国近百年的经济历史表明,大萧条时期的失业率升高了,休闲时间也增多了,娱乐活动增加,高尔夫似乎就在20世纪的大萧条中在美国得到长足的发展。当然,这里绝不是提倡失业,而是提醒人们关注如何在处理好提高就业与推动经济高速增长的同时,尽量减少人们的工作时间,增加人们之间的社会交往、社区生活和家庭生活。

(二)社会沟通需要做好的几点工作

1. 从家庭和谐来铸造健康个人心态

中国的社会建设必须从家庭和社区开始,对此,社会治理的学者和部门要逐步达成共识,不能仅仅寄希望于依靠政府机构和社会组织。社区的牢固性取决于家庭建设。家庭是社会核心价值延续、保护和发展的最基本的单位,通过父母的尽职尽责、慈爱、关心、鼓励,孩子会区分好的行为和坏的行为,会在社会生活中充满友爱、信心和希望,这些正是一个健康社区的基础,也是一个和谐社会的基础。这也是为什么很多国家和地区把家庭与社区放在一起讨论和审视的原因。

克林顿在谈到社区时说:“人们很容易忽略这样一个事实:即共同工作以建立共同基础是我们这个民族最重要的价值观之一。”“共同工作是美国

① 费孝通:《人的研究在中国》,天津人民出版社1993年版,第10页。

人民最擅长的事情。”[①]从这里可以看到社区的一些特点:共同的目的、同一居住地、共同的归属等。美国人对社区的擅长来自美国的历史和文化,包括“五月花”号的天路客们的历史。美利坚最早的社区就是教区。在教区中,人们有着共同的信仰、共同的目的,居住在一起。无论从马克思主义经典作家的论述,还是中国思想史上的分析,以及历史事实都说明,社区共同体是人类在自然发展过程中形成的,因为作为生命个体的人类彼此相互需要自己的共同体。社区在本义上就是把个体连接在一起,使其为共同体服务,参与共同体事务,保持健康的心态。

健康的心态也来自于社会规范。人是社会的存在物,人要在社会中生活,就必须遵循社会组织为维持一定的社会秩序而建立的各种社会规范,其中社会责任感是最普遍的、最广泛的、渗透性最强的社会规范。这是人们和平共处的基本前提。真正的、高品位的生活质量应当包含居民毫无顾忌地交流和愉快地相处,真正高品位的生活也应当是使人们回归共同体的生活。

近年来,在创新社会管理的实践探索中,国内的一些省市,诸如北京市、江苏、安徽、广东、贵州、江西、湖南、山东、浙江等地都从不同的角度对社会沟通进行了探索。2011 年,北京市西城区委区政府提出运用信息化技术手段,加快推进“全响应”社会服务管理建设设想,探索社会视角下的社会各类主体在互动过程中,形成的全息、全元、全维、全联动、全反馈的社会运行状态。在此基础上, 2012 年初,西城区启动了“访民情、听民意、解民难”工程,领导干部带头下基层,各部门、各级领导与社区建立联系点,街道、社区全面收集民情信息,形成区、街、社区三个层面全面感知社情民意、快速处理民生问题的机制,使居民反映急迫的民生需求在第一时间得到响应。总体看来,西城区创新社会服务管理注重顶层设计,起点高,在网格化、信息化、标准化、精细化、人性化等方面形成了自己的一些思路和做法。

2. 从社区融合来铸造健康社会生活

“成功的社区在拥有共同的目标或活动的同时,还有着共同的经历和共同的信念。其成员拥有共同的思维方式和价值体系,因此他们可以相互预

---

① 〔美〕比尔 · 克林顿:《希望与历史之间:迎接 21 世纪对美国的挑战》,海南出版社 1997 年版,第 80 页。

见并尊重彼此行为。”[①]社区的要素包括区位、人群、组织、共同的意识或归属感。具体说来：**一是**区位，其是共同体的重要因素，但不是唯一的因素。区位也可以叫作空间因素，是指社区的自然环境、资源状况。社区是指人们共同居住于同一地区，在这一地区中他们共同的活动比较多，接触多，在这一地区之外，他们很少有或者没有共同活动，也没有接触，当然人们在此之外可能与其他人群形成另外的活动和接触。在这个意义上，我们说作为单个个体的人，在其现实生活中，可能会交叉处于不同的社区。**二是**人群，社区必定有一批不同年龄、性别、职业、教育的人居住或生活，他们在收入、信仰、地位、社会态度上也不尽相同。尤其是现代社会，政府和社会有意在规划上安排不同的阶层搭配居住，以减少社区分离，促进社会融合。中国传统的社区，同一单位的人居住在同一社区，随着改革开放的深入，这种状况基本改变，不同单位，甚至不同地区的人口居住在同一社区。**三是**组织，正如美国社会学家罗伯特·帕克（Robert Park）说的“每一个社区即是一个社会”[②]，根据我们对社会的理解，居住在同一地区的居民必然会有若干的社会组织，这些组织可以是正式的，也可以是非正式的。**四是**共同的意识，也就是认同，是指居住于同一社区的人们由于相同的生态环境、共同的活动，在心理上形成的相同的归属感，大家属于同一社区，在语言上或话语上一致，可以很快地彼此进行交流。人是社会的存在物，人要在社区中生活，就必须遵循社区组织为维持一定的社会秩序而建立的各种社会规范，从事类似的活动。作为个体的人之所以遵守社会规范，进行道德选择，是出于自身和社会生存与发展的需要。一个人能否得到社区和他人的认同和赞许，是人的一切利益中最基本的利益，而得到认同和赞许的关键，则在于一个人是否有美德和具有社会责任感，品德高尚的人会得到社会和他人的赞誉。人类社会要存在和发展，就必须有共同的价值目标和行为规范，并要求全体社会成员共同去维护和遵守之，这就要求人们做出正确的道德选择。社会责任感作为一种

---

① 〔美〕克莱尔·高蒂安妮：《繁荣社区的智慧资本》，德鲁克基金会主编：《未来的社区》，中国人民大学出版社2006年版，第62页。

② Robert E. Park & Ernest W. Burgess, *Introduction to the Science of Sociology*, Chicago, University of Chicago Press, 1921, p.161.

自主的选择,旨在维护社会的和谐发展,实现个人的自我肯定、自我完善,社会责任感对于社会发展和个人自身的发展具有十分重要的作用。只有每个社会成员都承担起社会责任,才能保证社会的和谐与健康发展。在社区内部也是如此。20 世纪以来,社区精神一直是人们极力追求的东西,也是社区建设的灵魂。同时也是人们最感到困惑的。社会人类学家费孝通很重视社区精神的价值。他已经看到,"社区中的住户,彼此都很了解,有什么事务,大家都是一种责任感,要一起去解决,而不是那种'各扫自家门前雪'的分离状态。这种意识,在城市人的生活中,特别是在邻里关系中,是早就有的。"① 对于大部分社区建设实践者来说,社区是培育社区精神和激励合作技巧的过程,它包括一群人为了共同承诺的目的和目标所具有的热情、天赋、洞察力和经验,包括:相互之间的包容、相互之间的熟悉、相互之间的尊敬、对于思想和观念冲突的容忍、可信的相互沟通、成员之间为了组织的成功和健康发展相互负责、有理想的、一致的治理机构。

3. 以民族和国家的凝聚力来建设共同体

二十多年前,费孝通提出了"各美其美,美人之美,美美与共,天下大同"的著名表述,就是讲文化和民族之间的沟通问题的。民族之间的沟通是多民族国家维护社会秩序的重要内容。要凝聚一个民族和社会的向心力,必须建立强大的社区。民族认同是在历史发展长河中形成的维系整个民族凝聚力的一种内在力量,从历史的经验看,民族认同和民族凝聚力是民族复兴的不可缺少的条件。凝聚力是基于认同的。凝聚力首先表现在感情方面,但凝聚力又不完全归结于情感。我们可以把凝聚力界定为一种理念形态(价值观、理想、感情),它蕴藏在每一个社会成员之中,是社会成员共同的心理和精神的集中体现。民族凝聚力是某个民族整体对其民族成员的吸引力、这个民族的成员对民族整体的向心力以及民族成员之间的亲和力。这三种力量有机统一起来,才能形成强大的凝聚力。而民族整体吸引力处于决定地位,它决定着民族成员的向心力和民族成员之间的亲和力。

人类发展的历史表明,文化的复兴是民族复兴的重要标志。文化也是

---

① 费孝通:《居民自治:中国城市社区建设的新目标》,《江海学刊》2002 年第 3 期。

一个民族、一个国家、一个社会保持健康、稳定、协调发展的保证,也是一个民族、一个国家、一个社会立于不败之地的根本所在。中华民族的崛起离不开我们祖先留下的文化。进入新的历史时期,中华民族的发展已经不再是面对民族生存的巨大挑战,而且它正以重新崛起的面貌立足于世界民族之林。与20世纪上半叶不同,中华民族在当前的任务已经不再是挽救民族生存,而是促进民族复兴,在促进民族复兴的过程中,提升整个中华民族在世界民族之林中的地位,这也是当前提高民族认同和强化民族凝聚力的基础。在提升整个中华民族地位的过程中提升民族整体对民族成员的吸引力,民族成员对民族整体的向心力和民族成员之间的亲和力。

4. *以关注信息化时代的社会沟通来建立新的社会沟通方式*

互联网已经形成了一种新的政治生态,既要谨防互联网问题引发的社会管制危机,又要充分利用新媒体化解各种社会风险。互联网是一把双刃剑,人们可以利用互联网来满足生活需求,提高便利性,创造一个新的社会环境,但是也有很多人利用互联网来传播虚假信息,带来社会混乱,造成很多社会问题。解决好这些问题需要各国政府、社会、企业的共同努力,我们将其视为未来的全球社会治理。全球社会治理已经不再是很遥远的事情,对此,我们要有足够的心理准备。

当前互联网出现了一系列过去不曾出现的新情况,需要以新的思维方式方法认真对待。例如,过去中小学生各自写作业,现在利用QQ,他们可以通过一个QQ群来沟通和完成作业,这就形成了一种新的交往圈子和社会关系,年长的一代如何理解这种新的方式方法非常重要,父母理解这种现象,有利于了解孩子的行为,也便于沟通;老师了解,可以与时俱进,改进教学方式方法,提高教学水平和质量;领导干部,尤其是从事社会管理的领导干部了解,会改进管理方式方法,使社会管理的方式方法更有针对性,更加贴近实际,达到维护社会秩序、激发社会活力的目标。

在当前,面对互联网迅速发展带来的各种新现象,要解放思想,首先要跳出简单的"管理"的思考问题和处理问题的模式,认真考虑如何利用互联网与社会沟通,进而采取各种方式方法进行引导。这样,我们的工作才能适应新的历史条件出现的新情况新问题。

5. 干部要学会与群众沟通

不知从什么时候开始,一些领导干部,尤其是负责制定政策的领导干部不知道甚至不愿意与公众沟通了。这样,就在政策制定和政策实施之间人为地建起了一堵墙。政策脱离实际,政策不能实施,甚至根本就达不到预期的目标,都与政策制定者与公众缺乏沟通有关。要改变公共服务领域存在的"强制性"服务和"被服务",领导干部就必须与群众面对面开展交流。当前,各级领导干部要把社会沟通作为创新社会管理的重要手段和联系群众的重要方法,也要作为坚持群众路线、密切联系群众的重要修养。要敢于与群众接触、交流,对于群众提出的问题,能够解决的要努力解决,解决不了的要耐心向群众说明情况,赢得群众的谅解,凡是涉及法律法规的问题坚决依法处理,只有这样才会赢得群众的理解、信任和支持,才能不断提升自己和党组织的威信,才会永远处于不败之地。毛主席说要相信群众和依靠群众。新民主主义时期,我们党依靠群众,夺取了全国的胜利,建立了中华人民共和国,社会主义革命时期,我们什么时候坚持了群众路线,我们的事业就不断前进,什么时候脱离了群众路线,我们的事业就遭受挫折,甚至失败。

公共服务是政府职能,也是社会治理,既是政府财政支出预算,也是社会服务体系——在深层次上是可以打通的。最近看到一位朋友圈子里的微信,大致讲了这样一个故事,一个眼镜店的老板在为顾客服务时,不仅从本店的营业考虑为顾客讲解配制眼镜的知识,更从顾客的需求的方面考虑来讲解眼镜相关问题,赢得顾客的深深信任,引来大量顾客,其中80%是回头客,20%是回头客带来的新顾客。这个故事说明,如果服务者能够从顾客的享受出发提供服务并得到相应的报酬,服务业的社会认可值会大大提升。这实际上是在讲收益和职业主义的故事。

我们看了,觉得释然,也觉得有趣,这就是服务业的真正美妙之处吧,当然,基本公共服务和公共服务也都不例外。

主要参考文献

1. Lauren Fulton & Louise Savell, *Payment by Results in the Youth Sector*, Social Finance Ltd., 2012.

2. *Financial Inclusion: Families with Disabled Children Understanding Their Financial Needs*, Social Finance Ltd., 2011.

3. Canadian Task Force on Social Finance, *Mobilizing Private Capital for Public Good*, Social Innovation Generation, 2010.

4. Sean Markey, etc., *Social Enterprise Structure: Options and Prospects for a 'made in Canada' Solution*, Center for Sustainable Community Development, Simon Fraser University, 2011.

5. Lisa Barclay & Tom Symons, *Guide to Social Impact Bond Development*, Social Finance Ltd., 2013.

6. Bill Clinton, *Back to Work: Why We Need Smart Government for A Strong Economy*, Published by Hutchinson, 2011.

7. Muhammad Yunus with Karl Weber, *Building Social Business: The New Kind of Capitalism that Serves Humanity's Most Pressing Needs*, Published by Public Affairs, 2011.

8. Geert Hofstede, Gert Jan Hofstede, and Michael Minkov, *Cultures and Organizations: Software of the Mind*, McGraw-Hill, 2010.

9. Vivian Hutchinson and the New Zealand Social Entrepreneur Fellowship, *How Communities HEAL: Strories of Social Innovation and Social Change*, The Florencw Press, 2011.

10. Ram Charan, *Leadership in the Era of Economic Uncertainty*, McGraw-Hill, 2009.

11. 刘世锦:《中国经济增长十年展望(2013—2022)》,中信出版社 2013 年版。

12. 〔美〕杰里米·里夫金:《第三次工业革命:新经济模式如何改变世界》,中信出版社 2012 年版。

13. 〔美〕德博拉·沙普利:《承诺与权力:麦克纳马拉的生活和时代》,江苏人民出版社 2000 年版。

14. 〔美〕狄克逊·韦克特:《大萧条时代》,新世界出版社 2008 年版。

15. 〔美〕斯坦利·布德尔:《变化中的资本主义:美国商业发展史》,中信出版社 2013 年版。

16. 吴敬琏、马国川:《中国经济改革二十讲》,生活·读书·新知三联书店 2012 年版。

17. 〔美〕普莱斯·费希拜克等:《美国经济史新论:政府与经济》,中信出版社 2013 年版。

18. 〔美〕珍妮特·V. 登哈特、罗伯特·B. 登哈特:《新公共服务——服务,而不是掌舵》,中国人民大学出版社 2010 年版。

19. 魏礼群:《社会管理创新案例选编(上中下)》,人民出版社 2011 年版。

20. 〔美〕乔治·沃克·布什:《抉择时刻》,中信出版社 2011 年版。

21. 余英时:《中国文化的重建》,中信出版社 2011 年版。

22. 〔美〕罗伯特·J. 希勒:《非理性繁荣》,中国人民大学出版社 2004 年版。

23. 吴敬琏:《当代中国经济改革教程》,上海远东出版社 2010 年版。

24. 张平等:《中国改革开放:1978—2008》,人民出版社 2009 年版。

25. 〔美〕卡莱斯·鲍什:《民主与再分配》,上海世纪出版集团 2011 年版。

26. 〔意〕杰奥瓦尼·阿瑞基:《漫长的 20 世纪:金钱、权力与我们社会的根源》,江苏人民出版社 2001 年版。

27. 〔美〕莱斯特·M. 萨拉蒙等:《全球公民社会——非营利部门视界》,社会科学文献出版社 2002 年版。

28. 〔美〕赫伯特·斯坦:《美国的财政革命》,上海财经大学出版社 2010 年版。

29. 〔美〕约翰·格拉夫、戴维·巴特克:《经济到底为了什么》,中信出版社 2012 年版。

30. 〔美〕约翰·麦克米兰:《重新发现市场》,中信出版社 2014 年版。

31. 〔美〕詹姆斯·科尔曼:《社会理论的基础》,社会科学文献出版社 2008 年版。

32. 〔法〕托克维尔:《美国的民主》,南海出版公司 2007 年版。

33. 〔美〕戴维 · 霍尔:《大转折时代:生活与思维方式的大转折》,中信出版社 2013 年版。

34. 《经济学人》:《大转变:2050 年的世界》,中华工商联合出版社 2013 年版。

35. 姜海如:《中外公务员制度比较》,商务印书馆 2013 年版。

36. 《普京文集(2012—2014)》,世界知识出版社、华东师范大学出版社 2014 年版。

期刊

1. 张康之、张乾友:《解读“新公共行政运动”的公共行政观》,《公共管理与政策评论》2013 年第 1 期。

2. 任剑涛:《事业单位改革能否成功关键在政府》,《改革内参》2011 年第 16 期。